タルドとデュルケム
―― 社会学者へのパルクール ――

夏刈 康男

学文社

はじめに

　貴族の称号を与えられた由緒ある家柄出身の Jean-Gabriel de Tarde と，その名に識別化政策の名残りであるユダヤ教徒の証としての名を持つ David Émile Durkheim。

　犯罪発生の要因が，生物学的遺伝的要因とする考え方が主流の時代に，社会要因説を説いて犯罪社会学を樹立し，かつ社会とは模倣であると主張して模倣の社会学者と称され，コレージュ・ド・フランス教授にまで昇りつめたタルド。他方，まだ独立科学として社会学が公認されていなかった時代に，科学としての社会学の樹立を目指して研究に取り組み，それに見事に成功したデュルケム。彼は，フランスの大学で初めて社会学を講じ，「社会学年報」の創刊によって一大学派，デュルケム学派を創った。

　ほぼ同じ時代に個人と個人の関係，あるいは個人の側から社会学の研究を推進したタルドと，社会そのもの，あるいは社会の側から個人を捉えたデュルケム。彼らは異なる立場から激しい論争をしつつ，フランス社会学の形成に極めて大きな貢献をはたした。これらまったく異なる立場に立つ2人は，一体どのようにして社会学者となったのか興味深い。

　まさに，本書の目的は，そのことを解明することにある。すなわち，タルドとデュルケムの2人がどのようにして社会学を構築して，社会学者となったのかを解明すること，そして，そのために特に彼らの生活史と研究史に着目して明らかにすることにある。なぜ，そのようなことに関心を持ったのか。それは，長年デュルケムについて彼の生活史や研究史に興味を持ち，彼の社会学の形成過程を研究する中で，タルドを欠いてデュルケム及びフランス社会学の形成過程を語ることはできないという考えに至ったことと，もう一点，タルドの生活史と研究史，あるいは学的生涯は，デュルケムとあまりにも対照的で，その違いに興味を持ったことの2点をあげることができる。例えば，タルドは61年の人生のうち約50年

間を生まれ故郷のサルラで暮らし，仕事は，大学をきちんと卒業することもなく，父親のしていた判事を本務とした。大学教授の地位は，晩年の数年間だけであるが，短期間とはいえ，フランスでもっとも権威のあるコレージュ・ド・フランスの正教授の席を占めるのに成功している。他方，デュルケムは，マイノリティーであるがゆえに教育制度を正しくふまえて教授資格を取得し，念願の大学講師に若くして就任し，そこから独自の社会学を構築していった。ただし，コレージュ・ド・フランスの正教授にはなれなかった。ボルドー大学を経てパリ大学教授になったのは，1905年であった。

　本書は，これら2人の社会学者についてその違いに関心を寄せるが，デュルケムに関する生活史，研究史についてはすでに1996年の拙書『社会学者の誕生』で詳しく見ているのでタルドの生活史と研究史を軸にして話を展開し，デュルケムについてはタルドとの比較対照，あるいは違いを見る程度にする。なお，タルドの伝記及び書誌学的分析に関しては，特に注記のない部分は次の文献に依拠している。

1) Jean Milet, *Gabriel Tarde et La philosophie de l'histoire*, Librairie philosophique, J. Vrin, 1970.
2) Alfred et Guillaume de Tarde, *Gabriel Tarde*, Louis-Michand, 1910.
3) デュルケムに関しては，夏刈康男『社会学者の誕生』恒星社厚生閣，1996年

　第1章は，タルドが生まれた1843年から彼が本格的に研究を始めた1880年までを彼の生活史をたどりつつ，研究者へのプロセスを捉える。所々で，タルドの正統的あるいは卓越的な家系との違いという点からデュルケムの出自を取りあげ，彼がいかに外部社会を意識したのか，など彼の特異な環境での社会認識の発端などを知る手掛りを得る。

　第2章は，1886年に出版された『比較犯罪学』を中心にタルドがいかにして犯罪社会学者となっていったのかを特に，イタリア犯罪学派との交流，離反，対立，フランス学派との合流等々，彼の生活史と研究史を通して捉える。第2章は，第1章に続く1880年から彼がパリに出る前の93年頃までを対象としている。

第3章は，主にタルド社会学の中心を成す1890年出版の『模倣の法則』と1898年出版の『社会法則』を取りあげて，彼の模倣の社会学について理解する。そこでは，タルド独特の心理学的社会学あるいは個人主義的社会学を理解するとともに，彼の模倣論を『自殺論』において批判したデュルケムの模倣についての観念についても取りあげる。

　第4章は，犯罪社会学者及び模倣の社会学者として名声を得たタルドが，生まれ故郷をあとにし，パリで活躍した約10年間を主にデュルケムとの論争及びコレージュ・ド・フランスの教授職の席をめぐる両者の争い等々を中心に取りあげ，2人の社会学の違いを明らかにする。

　第5章は，タルドから徹底的に批判されたデュルケムの社会学のうち，彼の多様な社会観を解明する。そこからデュルケム社会学には，タルドが批判したような社会拘束説に止まらない社会観があることを明らかにする。

　第6章は，2つの異なるテーマについて取りあげる。1つ目は，19世紀末フランスの国論を2分したドレフュス事件に対してタルドとデュルケムは知識人としてあるいは社会学者としてどう与したのか明らかにする。2つ目は，タルドからもデュルケムからも批判されたが，19世紀末のフランス社会学の中で勢力を誇ったもう1つの社会学者グループ，ル・プレー学派のリーダーであるル・プレーについて取りあげる。

　最後に，本書出版を快く引き受けて下さった田中千津子社長に御礼を申し上げるとともに，編集部の方々に大変お世話になった。改めて謝意を表したい。

2007年10月

夏　刈　康　男

目　次

はじめに　　　　　　　　　　　　　　　　　　　　　　　　　i

第1章　社会学者タルドの後景―1843年から80年まで―　　1
第1節　タルドの出自，その卓越性と思想形成　　1
第2節　挫折を乗り越えて，絶望と光明の時　　6
第3節　研究者への道　　17

第2章　犯罪社会学者，タルドの誕生　　27
第1節　イタリア犯罪学派　　27
第2節　タルドの比較犯罪学　　30
第3節　フランス学派での犯罪学の研究　　39

第3章　模倣の社会学者タルド　　55
第1節　『模倣の法則』の中の主要観念　　56
　1.　社会的事実の観念　　56
　2.　模倣論　　59
第2節　デュルケムによる模倣論批判　　64
　1.　『自殺論』の目的　　64
　2.　自殺の非社会的要因の否定　　66
　3.　模倣論の批判　　69
第3節　社会法則論　　74

第4章　パリ時代のタルド　　85
第1節　タルドとデュルケムの社会学論争　　85
　1.　デュルケムによるタルド批判　　88
　2.　タルドによるデュルケム批判　　90

第 2 節　犯罪は正常現象　　　　　　　　　　　　　　　　　94
　　第 3 節　キャリアの勝利者タルド　　　　　　　　　　　　　97

第 5 章　デュルケムの社会観 ——————————————— 111
　　第 1 節　社会的事実の概念　　　　　　　　　　　　　　　　113
　　第 2 節　社会的結合の観念　　　　　　　　　　　　　　　　118
　　　　1. 結合の事実　　　　　　　　　　　　　　　　　　　119
　　　　2. 結合の異常形態　　　　　　　　　　　　　　　　　123
　　　　3. 集合意識論　　　　　　　　　　　　　　　　　　　126

第 6 章　ドレフュス事件及び第 3 の社会学者ル・プレー ——— 139
　　第 1 節　ドレフュス事件の中のタルドとデュルケム　　　　　140
　　第 2 節　タルドとドレフュス事件　　　　　　　　　　　　　141
　　第 3 節　デュルケムとドレフュス事件　　　　　　　　　　　150
　　第 4 節　ル・プレー，19 世紀後期におけるもう 1 つの社会学の潮流　155
　　　　1. ル・プレーの略歴　　　　　　　　　　　　　　　　155
　　　　2. ル・プレーの社会学　　　　　　　　　　　　　　　157
　　　　3. 護教論に基づく社会改良　　　　　　　　　　　　　162
　　　　4. デュルケムのル・プレー批判　　　　　　　　　　　165

資　料　　1. タルドの記念像 ————————————————— 174
　　　　　2. デュルケム通りの誕生　　　　　　　　　　　　　176
　　　　　3. 甦るコント協会と教会（チャペル）　　　　　　　179
　　　　　4. Durkheim のカタカナ表記論争　　　　　　　　　188
　　　　　5. その後のフランス社会学の展開　　　　　　　　　198

年　譜　　タルドとデュルケムの年譜 ————————————— 205

あとがき ————————————————————————————— 209

索　引 ——————————————————————————————— 212

第1章　社会学者タルドの後景—1843年から80年まで—

　犯罪社会学のパイオニア，心理学的社会学の祖，パリ社会学会初代会長，コレージュ・ド・フランス哲学教授等で知られるガブリエル・タルドは，不思議な社会学者である。その不思議さとは，例えば，まず彼の犯罪社会学の研究や彼のもっとも有名な著書『模倣の法則』は，大学を卒業しないで就職したサルラの裁判所で判事をしながら，独学で著されたことや，『模倣の法則』の出版と同じ年に578頁にも及ぶ大作『刑罰哲学』も出版されていること等々，並大抵の人間ではできない偉大さへの驚きからくるものである。さらに，なぜ彼は生まれ故郷のサルラに51年もの長い間止まったのか。なぜ大学を卒業しなかったのか。これらのことも不思議である。これらのなぜ，には彼のバイオグラフィーを解明して，明らかにしなければならないこともある。そこで，タルドがどのようにして社会学者となっていったのか，先ずは彼のバイオグラフィーや個人史に焦点を当ててそれらの不思議さの解明をしてみたいと思う。それによってやや大げさではあるが，彼の学問形成のプロセスと学問的特徴の一端を理解することにつなげたいと思う。

第1節　タルドの出自，その卓越性と思想形成

　J-G. (de) タルドの学的生涯を理解する上で先ず重要なのは，生まれ故郷のサルラとタルド家発祥の地で現在でもタルド家の館（又は城）のあるロックガジェアックでの幼・青少年期である。彼は，フランス南西部ドルドーニュ県サルラで生まれた。この地方は，今日でも緑深く，豊かな自然を保ちフォアグラやトリュフなど美食の地としても知られている。サルラは，古い街並を保存するためのマルロー法によって，中世当時の姿を残した伝統ある町である。従って，タルドが長年勤務した裁判所とその前庭に設置されたタルド像もほぼ当時のまま現存しているし，

彼が寄宿生活を強いられた古いイエズス会のコレージュの建物も残っている。

　ロックガジェアックは，サルラから約10km離れた小村である。そこは，蛇行するドルドーニュ川と川沿いの奇岩風景でフランスでもっとも美しい村の1つに数えられる，まさに風光明媚な山と岩と川の村である。タルドの学問形成を問う場合，彼自身が述べているようにこの祖先の地，ロックガジェアックは，自身の精神と思考を培った重要な場所[1]である。後に述べるように彼の生活史を見てゆくと，まさにこの地がなければ，彼の哲学と社会学は形成されなかったかも知れないと思えるほどである。ロックガジェアックには，現在でもこの村の象徴的存在としてタルドの館（又は城）が存在し，タルド家は今もこの地に脈々と大きな存在感を示している。

▲ロックガジェアックのタルドの館

第1章　社会学者タルドの後景　3

　タルドは，1843年3月12日この地方で極めて誉れ高い，旧家の一人息子として生まれた。彼の父方は，17世紀〜18世紀の間，王朝への忠実な旧家としてサルラの町の選挙評定官という官職を世襲する家柄でフランス革命までは貴族の称号を冠してド・タルドと呼ばれていたし，一時貴族の称号が廃止された後，再び1885年8月12日の復権法によってタルド家は貴族の称号を与えられた。つまり，G. タルドは貴族の称号を継承した社会学者である。彼の父方の血統をたどると，歴史家，地理学者で天文学者でもある，かのガリレオ・ガリレイを友人に持つジャン・ド・タルド（1561-1636）がいる。彼は，アンリ4世の王室付司祭の肩書を持っていた。母方は，祖父が弁護士であるとともに1854年から69年までサルラの市長であった。つまり，G. タルドが11歳になった時，彼の祖父は自分の住むサルラの現役の市長になり，それが15年間続いた。しかも，G. タルドの父親もサルラで判事をしており，タルドは極めて恵まれた家族環境の中で生まれ育ったことになる。それらの環境はあたかも彼を生まれながらにして法律の世界での活躍を準備しているかのようにも思わせる。実際，後述するように彼は，さまざまな経緯を経てサルラの裁判所に務め，判事として長年働くことになる。このように彼は，卓越した環境の中で生まれ育った。これをデュルケムの出自と比較してみると，その差異は，好対照である。このあと詳しく述べるようにデュルケムは，フランス東北部エピナルでユダヤ教ラビの息子として生まれ，反ユダヤ主義運動の中で外部社会からの敵意を感じて育った体験を持っている。

　しかし，タルドは順風満帆に幼・少年期を過ごした訳ではない。彼が7歳の時，判事をしていた父は急死する。その時，母親はまだ28歳であった。若い母親と幼いタルドは突然の不幸に襲われたのである。父亡き後の母との生活についてタルドは，死をむかえる年の1904年の1月29日及び6月15日付のG-L. デュルラへの手紙の中で次のように語っている。「母は，一人息子の私に身を捧げてくれた」「母は，私を育てるためにだけ生きた」。その母親の献身と愛情を一身に受けて彼は，「私は，結婚しても母と，離ればなれに暮らすことを決して望まなかった」「私は，1891年の母の死まで彼女の元を決して離れず，彼女の私への献身に

応えて暮らしたし，彼女の世話をした」[2]。　まさに，母親は，息子のために再婚せずに彼女の一生を息子タルドのために生きたのであり，彼もその母親の愛情と献身を十分に理解してサルラでの生活に執着したことがこれらの手紙から読みとれる。実際，タルドがパリの司法省統計局長としてサルラを去るのは母親の死後であり，その間51年間，彼は，生まれ故郷でほとんどを過ごした。従って，父の死とその後の深い愛情に満ちた母・子関係[3]なくして，サルラでの犯罪社会学と模倣の社会学の誕生は，なかったとも言えるし，又なぜタルドがパリに出るのが50歳を過ぎてからだったのかの主要な理由もここにある。

　父親を亡くした悲しみの中で母親は，息子G.タルドに優しく接するばかりではなく，厳しい姿勢も見せている。それは，彼を中学校（コレージュ）に入学させてからしばらくして，自分の手元から離して，彼を寄宿舎に入れていることから想像される。タルドは，10歳になった時，サルラに新設されたイエズス会運営の中学校に入学する。初めは，自宅から通学していたようであるが，この学校での訓練が耐え難い苦痛であることを息子が母親に訴えると，母親は逆に彼を寄宿舎に入れてしまった[4]のである。彼女は息子を寄宿舎に入れることによって「厳格な教育を授けさせようとした」[5]のである。しかし，彼にとって寄宿生活は「無実の徒刑場であり，教育という名のもとでのはなはだしい悪習の文化の強制と感じられた」[6]。こうしてみると，母親の思いとは別にタルドにとって中学校での生活，特に寄宿舎生活は，初めての耐え難い拘束と強制の体験であったのである。そして彼は時に寄宿舎から脱出を試みたこともあったという。その脱出行為について稲葉三千男[7]は，「鋭敏な感受性と傷つきやすい自我をかかえ，孤独へむかって逃避的な若年のタルドをしのばせる興味深いエピソード」と見ている。加えて，彼の社会の拘束力や教育の義務，強制力への拒絶反応からは，個人と社会との関係において彼がいかに青少年期にすでに個人の自律と独立を重要なものと考えていたかが，うかがえるし，かつ又，そうした個人主義思想が，後の彼の社会学の根幹となったことも想起させる。

　結局，彼は3年間の寄宿生活を経て，1860年，17歳で中学校を卒業するが，

その1年前には「科学をめぐる旅路につくことを決意し」[8]，17歳で文科と理科のバカロレアに優秀な成績で合格する。いよいよ優れた能力を開花し，夢を実現する時が来た。

　一方，デュルケムは，ドイツとの国境に近いボージュ山脈の山ふところ，フランス北東部ロレーヌ州エピナルで1858年にユダヤ教ラビの子として生まれている。彼の誕生は，父モイーズ・デュルケムがエピナルに移住して約23年後のことである。彼の家系は，代々ラビで彼自身もラビになることを期待して育てられたし，彼もそのつもりで少年期は，生活し勉強した。従って，彼もまたユダヤ教徒として由緒ある家系の子として生まれてきた。しかし，ユダヤ教徒であるがゆえに，彼と彼の家族を含むユダヤ教徒は，不条理な環境を強いられた。

▲エピナルに残る「ユダヤ人橋」

　その頃のフランスでは，一般にフランス革命とナポレオンによってユダヤ人の

解放がなされ，彼らはフランス人としての市民権を得ていた。しかし，エピナルでは必ずしもそうではなかった。エピナルでは，市当局が市民との融合化を規制するためにユダヤ教徒を一定の街区に居住させるなどユダヤ教徒に対して公然と差別政策をとっていた。彼の幼少年期の生活は，まさに，彼が著書『自殺論』で述べたユダヤ教徒の生活，すなわち敵対的外部社会を常に意識させられる中で宗教性と共同性を高めつつ自尊心を持って自らの小社会（ユダヤ共同体）を守る日常の中で成長した。

しかも，彼は，12歳（1870年）の時に勃発した普仏戦争の敗戦を契機に起った反ユダヤ主義暴動を目の当たりにしている。「1870年の敗戦の結果，非難されたのはユダヤ人であった。私自身ユダヤ人の家柄であったので反ユダヤ主義運動を身近に体験した」[9]。サルラにいたタルドとは違い，ドイツ国境に近いエピナルに住んでいたデュルケムにとってこの戦争は，彼の身に直接の危機的体験を強いたのである。

そうした歴史的事件のさ中，デュルケムはラビ小学校を卒業後，13歳で公立の中学校を卒業し，16歳（1874年）で文科バカロレア，17歳（1875年）で理科バカロレアに合格して，偏見うずまくフランス社会の中で自らの能力を十分に生かすことのできる限られた職業選択と青少年期に感得した公正な社会を構築する夢の実現のために進むべき針路を大学教授に定めて18歳（1876年）の時，パリのエコール・ノルマル・シュペリュール（高等師範学校）目指して1人エピナルを発った。

第2節　挫折を乗り越えて，絶望と光明の時

17歳のタルドは，コレージュを卒業する当時は，「非常に自由な思想家」[10]となっており，自分の将来を夢みていた。そこで彼は自分の進むべき方向性を数学の分野に定め，パリのエコール・ポリテクニックの入学を目指して受験準備を始めた。つまり，彼は初め数学の世界での活躍を夢みたのである。しかし，受験準

備を始めてしばらくすると,彼は眼病に襲われた。ほとんど薄ぼんやりとしか物が見えなくなり,読書もできないほど眼病はすすんだ。彼は,部屋の中で安静にして過ごさざるを得なくなった。結局,彼は眼病で希望したエコール・ポリテクニックへの進学を断念した。「失明の恐れへの不安,苦悩に意気消沈した」[11] 彼は,止むを得ず部屋の中で一人思考する時間を持ちつつ,寄宿生活時代から始めた詩を書いたりして過ごした。将来の夢と希望を託したエコール・ポリテクニックへの進学の断念は,彼にとって身体的個人的要因による最初の挫折体験ということになる。又,そうした試練の中で彼は「孤独と沈黙を沈思黙考の喜びに変え,偉大な感性を発展させ」[12] かつ「人間の心の探究」[13] を始める契機とした。そうしたことが詩作のみならず,後の彼の哲学と心理学研究に結実されることになる。挫折の体験は,この時だけに止まらない。

　1862年(19歳)になると眼病は,ようやく快方した。この時,彼はエコール・ポリテクニックへの進学を完全にあきらめ,新たに進むべき方向を考えた。彼は,母親の強い要請を受け入れて「比較的確実な司法官の道をふまねばなるまいとまで覚悟」[14] して,トゥールーズ大学法学部に入学することにした。つまり,彼の法律の勉強への変更は,母親の希望にそったもので,止むを得ず選択した消極的なものであったようである。しかし,トゥールーズ大学に入学してしばらくすると,眼病が再発し,トゥールーズでの勉強も続けられなくなった。彼は,そこでの学生生活をあきらめサルラに戻った。こうして彼は,再び自分の進もうとする道を病気によって阻まれてしまった。19歳の青年タルドにとってそれらの出来事は,相当にショックなことであり,彼が苦悩したことは想像に余りある。しかし,彼の精神力は人一倍強いものであった。彼は悩みぬいた末,1863年(20歳)になって生まれ故郷サルラとタルド家の館のあるロックガジェアックで,独学で自らの将来を切り開こうと考えた。そうした決意の中,彼は眼病を患いつつ,哲学書を読み始めた。その時読み始めた著作の中で先ず,注目されるのは,メーヌ・ド・ビランのものである。メーヌ・ド・ビランは,タルドと同じドルドーニュ県(ベルジュラック)で生まれ,育っている。そして,アカデミックな研究活動は,

政治家としての仕事の傍ら行った。タルドは，彼を今世紀フランスにおけるもっとも偉大な唯心論的心理学者と位置づけ，彼の心の分析に魅せられ，彼を内なる指導者とした。なお，タルドの学会デビューというべき最初の研究発表のテーマは，1876年にドルドーニュ県ペリグーで開催された学会（Congrès scientifique de France）での「メーヌ・ド・ビランと心理学における進化論」であった[15]。そして，メーヌ・ド・ビランの著作との出会いの後にさらに彼にとって重要な哲学書と出合う。それはクルノーの著書である。

　タルドは，その時クルノーのどのような著書を読んだのか直接語っていないが，当時出版されていたクルノーの著書は，1851年出版の *Essai sur les fondements de nos connaissances et sur les caractères de la critique philosophique*（『認識の基礎と哲学的批判についての試論』）と1861年出版の *Traité de l'enchaînement*

表1-1　デュルケムもクルノー（1801-1877）を評価

　コントによって構成された実証主義社会学は，コントの死（1857年）とともにその後知的活動を停止したし，生まれたばかりの社会学は，その後30年間姿を隠した。

　なぜ停滞したのか。その原因は，社会学を誕生させ，その生命を持続させた生気の喪失，すなわちフランス社会の道徳的再組織化についての科学的熱意の喪失による。

　しかし，その30年間の時期唯一社会学的貢献と認められる研究があった。それは，クルノーの Essai sur les fondements de nos connaissances et sur les caractères de la critique philosophique（認識の基礎と哲学的批判についての試論）と題する著作である。その本の中で彼は歴史的方法について論じているが，それらは社会学に適用できるし，この本の第二巻全体は，社会的環境の研究に当てられている。

　ただし，クルノーは新科学を構成したり，発展させたりすることを目的としていなかった。彼は，単に既存の諸科学の諸観念の総体を組織化することを意図したにすぎない。彼の研究は哲学的観察であり，明らかに社会学的伝統を再開するに十分なものではない。

出典）É. Durkheim, *La sociologie en France au XIXe siècle* (1900), in La science sociale et L'action, PUF, 1970. 佐々木交賢・中嶋明勲訳「19世紀におけるフランスの社会学」『社会科学と行動』所収，恒星社厚生閣，1988.

des idées fondamentales dans les sciences et dans l'histoire（『諸科学と歴史学における基本的諸観念の連鎖について』）の2冊がある。1902年のコレージュ・ド・フランスでの近代哲学のクルノーについての講義の中[16]でタルドは，クルノーの1851年の著書は，単に数学，天文学，物理学，化学だけでなく，法律学，経済学，比較言語学，比較宗教学など，あらゆる社会諸科学を含んだ科学哲学の偉大な著書とし，61年のTraité（『概論』）は，51年の著書をさらに広くかつ深遠なものとし，高度に完成された彼の代表作と評している。おそらく1863年当時眼病の中，感動をもって読み始めたのはこれらの著書であったと考えられる。なお，61年出版のTraité（『概論』）では，社会環境や社会組織についても論じられており，それらはまさにクルノーの社会学である[17]，とタルドは言っている。

　タルドは，クルノーの著書に出合って以降，他の本を一切読むのをやめ，クルノー哲学だけを読み耽った。1864年の3月には眼病でとうとう完全に読書が禁止されたが，それでも彼はクルノーを読みたくて母親に代読してもらうほど，彼の哲学にのめりこんだ。この時のタルドにとってクルノーはまさに生きる光明であり，彼の思考を導く唯一の指導者であった。その当時のことを振り返って，タルドは，『模倣の法則』（1890年）の初版序文で次のように述べている。「私はクルノーの生徒でも弟子でもない。会ったこともないし，知り合いでもない。しかし，コレージュを卒業した後，クルノーの本を十分に読んだ。彼は私の生活に幸福な機会を与えてくれた。眼の病気で読書は，一冊に限定された青年時代の不幸な時期に私が精神的飢えで死ななかったのは，クルノーのおかげである。そのことは決して忘れることはできない」[18]。この文章からは，彼が眼病によって青年期に挫折を味わい，精神的に苦悩する中でクルノーに救われたことが理解される。換言すれば，クルノーなくしてのちのタルドは存在していなかったかも知れないと言えるほど，この時期のタルドにとってクルノーの哲学との出合いは，大きな意味があったことがわかる。なお，タルドは，『模倣の法則』のみならず，1886年出版の『比較犯罪学』[19]でもクルノーに関して洞察力の鋭い批判家と評するとともに，彼自身へのクルノーの影響についても述べている。その著書の中でタルド

は社会統計を用いた研究の重要性を説き，実際にデュルケムに先んじて道徳統計を用いて犯罪社会学の研究を行っているが，その社会学への統計学の適用に関して影響を受けたのは，クルノーからであることを示唆している。さらに，タルドは，1902〜03年，コレージュ・ド・フランスの近代哲学講座で「クルノーの哲学的諸観念」と題して講義して，クルノー研究の造詣の深さを示している。その講座の第1回講義は1902年12月6日に行われたが，その記念すべき第1回目の講義テーマは「コントとクルノー」であった。タルドは，そこにおいて[20]クルノーの哲学と対比させる形でコントの哲学を取りあげている。クルノーに関しては，オリジナルな実証主義哲学者と説き，コントについては，決して諸観念を批判しなかったし，単に科学的諸理論を仮説的に統合しただけの形而上学者とし，デュルケムがコントに与えた実証主義社会学者の祖としての位置づけとはまっこう対立する。タルドが実証主義に求めたものは，コントが求めた事実の観察と客観主義ではなく，まずもってしっかりとした観念に基づく洞察鋭い批判である。クルノー哲学には，数学的統計的研究とともにそれがあり，コントには欠けているとタルドはみたのである。コントに対するタルドの評価は，1898年に出版された『社会法則』でも，「コントは最初の社会学者である」が，しかし「実はコントの樹立したのは社会学ではなく…単なる歴史哲学にすぎないし，彼の説く実証主義は一種の世俗的新カトリシズム（néo-catholicisme laïque）」と手厳しく批判[21]している。

こうしてみるとタルドが青年期の眼病の中で出会ったクルノーの批判哲学は，タルドの精神的知的光明となっただけでなく，その後の彼の哲学及び社会学に欠かせない大きな存在であり続けたことがわかる。また，クルノーに与したタルドは，同じ時代のコントが実証主義によって科学としての社会学を説き，それをデュルケムが継承し，発展させて，専門科学としての社会学を構築したその系譜とは，まったく異なる立場にあることも理解される。

20〜21歳のタルドは，いわば生きる意味を見出せない閉塞状況（マージナルな状況）をクルノーによって救われたと言っても過言ではないが，1864年（21歳）

表1-2　A. コント（1798-1857）

　デュルケムは，科学的社会学の基本的条件とした，個人と異なる一種独特の性格を有する社会的存在を認める観念を有し，実証的方法を説いたこと等によりコントを社会学の父と呼ぶ。

『実証哲学講義』第4巻（1839年）の201頁で，それまで用いてきた社会物理学（physique sociale）に換えて，初めて社会学（sociologie）を用いた。「あらゆる社会現象の根本的発展法則についての実証的研究に関して，これまで用いてきた社会物理学に換えて，今からまったく新しい用語（社会学）を思い切って使用する。」（A.comte, *Cours de philosophie positive*, p.201. note (1), Au siège de la société positiviste, 1893(1839).).

3段階の法則
人間の知識も文明の発展も必ず3つの段階を次々に通る。
① 神学的段階。これは虚構の段階で，知的揺籃期である。完全に想像が観察に優先している。
② 形而上学的段階。これは抽象の段階で，批判と議論の時代である。この時代は，中間的折衷的であって過渡期である。
③ 実証的段階。科学の段階で，事実を関連づけるのは，事実自体によって示唆され，確認される。観察は想像を支配する。科学と産業の時代。実証主義とは，事実の観察と規則性を確定することを目的とする。
◎実証科学としての社会学の必要性を主張

出典）コント，霧生和夫訳「社会再組織に必要な科学的作業のプラン」pp.80-81, 115-117,『世界の名著　コント，スペンサー』中央公論社，1975.
M. Giacobbi, J. P. Roux, *Initiation à la sosiologie*, p.230, Hatier, 1990.

の12月には，視力の状態が改善し始め，読書の量も増やすことができるようになった。そこで彼が新たに挑んだのはヘーゲルであった。ヘーゲルの歴史哲学との出合いもまたタルドの哲学研究への希望をより一層高め，新たな発見をもたらした。田辺壽利によれば[22]，タルドの宇宙現象の本質を反復，反対，適応とする観念はヘーゲルの弁証法に由来している，という。従って，ヘーゲルのタルド社会学への影響は極めて根源的であり，その影響の契機は，眼病との闘いの中，独学ですすめたロックガジェアックの書斎においてであった。まさに，20～21歳のタルド青年の不安と絶望の危機の中で彼を覚醒させ，精神的知的関心を高め

させ，学問的意欲をかきたてさせたのはクルノーとヘーゲルの哲学であった。

　約2年間，眼病と闘いながらの独学の時を経て，タルドは再び将来進むべき方向性を見定めて新たな決意をする。それは，パリに出て法律の勉強をすることであった。眼病のため一度放棄せざるを得なかった法律勉強への道を再び決意した理由は不明である。母親の要望があったのかもしれないが，彼は独学ではなく大学での勉強を選んだ。1865年2月，彼は母親とともにサルラを発ち，パリに移り住んだ。当時彼は，パリでの生活に魅了され，夢と希望を大きく膨らませたが，しかしパリに住んでわずか約1ヵ月で，それまで経験したことのない激しい苦痛を伴う眼病を患ってしまう。彼は，落ちこみ，絶望感に噴まれ，自殺さえ考えたという。そうした状況下で，彼は法律の勉強を達成するまではパリに滞在しようとがんばったが，眼病はいっこうに改善しなかった。結局，約1年2ヵ月で再び大学での法律の勉強は放棄された。1866年5月，タルド親子は精神的にも身体的にも深く傷ついたままその傷を癒すためにロックガジェアックに戻った。タルド23歳の春である。自然豊かなロックガジェアックに戻ったタルドは，静養に努めた。心を休め，身体を休めた。自然豊かな地にあるロックガジェアックの館は，タルドにとって唯一安心してそうしたことのできる特別な場所であった。ゆったりと蛇行して流れるドルドーニュ川。その川の流れを利用して材木やワインを運ぶ船着場の活気に満ちた賑わいと，川の浸食で造られた美しい岩壁と奇岩。そして，タルドの館からそのまま広がる山と緑の大自然。彼は，そうした自然をこの上なく愛し，長時間散歩をした。又，ドルドーニュ川の岸壁の上にそそり建つ館（現在も当時とほぼ同じ姿で建っている）には，眼下にその川の流れを見渡す部屋に研究机が備え付けられていた。ロックガジェアックの自然とともにその書斎は，彼自身の精神の拠であり，避難所であった。そこで彼は，瞑想したり，本を読んだり，熟考したり，詩を書いたりした[23]。

　不思議なもので1ヵ月もたたないうちに彼の眼病は少しずつ鎮まった。彼は再び生気を取り戻し，生きる喜びが湧き上がってきた。彼はロックガジェアックがあらゆるトラブルを鎮めてくれる場所として感謝した。そこは，彼にとってタル

ド城に象徴されるタルド家の権威と威信を誇る場所としてではなく，彼の心を癒してくれる場所として特別意味がある。加えて，ロックガジェアックは，彼が裁判所に勤めたのちに彼の哲学研究，犯罪学研究，社会学研究の拠点となり，多くの優れた研究成果を生み出す場所となる。そうした点からも彼にとってそこは，卓越した格別重要な意味を持つことになる。

　こうしてみると，タルドは病気によって18〜23歳の5年間に大学進学に関して3度の挫折を経験したことになる。彼のそれらの挫折の特徴は，彼の外部あるいは社会の側に原因があるのではなく，あくまでも彼自身の身体的個人的要因によるものである。それらの青年期に経験した3回の挫折が彼の後の研究にどのような影響を与えたのかは直接的にはわからないが，みたように多少なりとも彼の思想構築の上で貴重なバックグラウンドになっていることは十分に考えられる。特に，個人の力，精神の力についての貴重な生きた経験は，人間の心や魂の問題に関心を持たせた[24]だけでなく，後の彼の心理学的社会学研究に生かされている。

　ちなみに，デュルケムの場合は，既述したようにタルドとは対照的に外部社会を意識させられて成長し，不条理な体験の中から将来の目標を見定めて向学心に燃えて故郷を発った。若い時代，タルドは自分自身の身体と闘い，デュルケムは外敵（社会）と闘った。そうした2人の生まれ育った生活史あるいは社会的文化的環境の差が，後の彼らの社会学の違いを生む背景となっていることは否定できない[25]。

　さて，ロックガジェアックに戻ってタルドの眼病は回復したものの，彼はすでにエコール・ポリテクニック，トゥールーズ，パリと3回の挫折を経験し，生きる方向を閉ざされた状態に陥った。パリに再度戻って法律の勉強をすべきなのか，別の道に進むべきなのか。結局，彼は，パリ，すなわち大学での勉強をあきらめた。この後，彼は大学に進むことはなく，学歴としては，コレージュを卒業して，大学教育は中途半端な状態で終わった。そのことは，タルドにとって一種の学歴上の「恥辱の烙印」[26]ということもできる。大学での勉強を放棄したタ

ルドは，1867年，24歳で父親が判事として生前働いていたサルラの裁判所に判事書記助手（secrétaire assistant du juge de Sarlat）として働くことになった。この就職は，病弱ではあるが，才能豊かな地元有力者の子息に与えられた卓越した出自ゆえの家族の職業の選択のように思われる。しかし，いずれにしても彼の法律家そして犯罪研究者への出発は，3度の挫折を乗り越えて決定づけられた。

バカロレア試験に合格してパリに出たデュルケムも順風満帆とはいかなかった。当時デュルケム家は，不運にも父親の病気が重なり経済的に困窮しており，デュルケムのパリでの生活は，タルドとは異なり，経済的問題と，初めての大都市での孤独な生活に支配された[27]。彼は，おそらく一刻も早くエコール・ノルマル・シュペリュールに合格し，家族を安心させたかったに違いない。しかし，その年の受験に彼は失敗してしまう。そのことは，ナンシーアカデミー区で1，2位の成績を誇ったデュルケムにとって相当なショックであったろうと思われる。彼にとって受験は，おそらく後戻りできない，いわば退路を断っての挑戦であった。それだけに彼の挫折感は大きかったに違いない。最初の受験失敗の後，彼は名門ルイ・ル・グラン・リセの受験準備学級に入学し，受験勉強に徹した。そのクラスには南フランスから来ていた1つ年下のJ.ジョレス（1859-1914，トゥールーズ大学講師，社会党代議士，1914年7月31日暗殺される）もいた。2人は同じ寮で生活し，社会問題などで良く語り合い，かつ勉強した。デュルケムにとってジョレスはパリでの初めての友人であるばかりか，生涯の友人となった。

78年（翌年），ジョレスは見事にエコール・ノルマル・シュペリュールに合格するが，デュルケムは，再び失敗してしまう。彼の精神状態など想像できないが，敗北感，焦り，不安の増幅等々辛い時を過ごしたに違いない。まさに，試練の20歳である。彼にとって，ラビの子として決定づけられた運命を断ち切り乗り越えるためにもエコール・ノルマル・シュペリュールは，どうしても突破しなければならなかった。彼は，3度目の挑戦でようやく合格をはたした。タルドとは異なるもののデュルケムもまた青年期に受験という大きな障壁にぶつかりながら新たな世界に歩み出すことができた。

エコール・ノルマル・シュペリュールの3年間，彼はどのような学生生活をおくったのか。先ず，同校の図書館でのデュルケムの図書貸出記録を見ると，ユダヤ教，キリスト教等の宗教書，リボーなどの最新の心理学書，デカルトなどの哲学書，トクヴィルのアメリカの民主政治，それに歴史書等々の本を読んでいる。

その中で興味深いのは，宗教史とともにルナンの『反キリスト』など，当時期出版された研究書も含めた宗教に関する著書とリボーの心理学に関する著書，それにコントとスペンサーの著書を借り出していることである。宗教研究は，彼の後の研究と直接結びつくばかりでなく，青年期の早い時期から悩み続けてきたデリケートで根源的な問題であるユダヤ教信仰の棄教問題とも絡んでいることは十分に考えられる。ユダヤ教棄教の決断はジョレスとベルグソンの影響もあったと言われるが，いずれにしてもこのつらい決断は，彼の大学校生活の中で極めて大きな問題の1つであったことは間違いない。リボーの著書を借り出して読んでいることは，当時期から心理学への関心が高かったということだけではなく，彼はリボーの実験心理学に強い影響を受け，かつリボーの紹介でヴントのもとに留学をはたすことになるなど，この時期のリボー研究は後の彼とリボーとの公私にわたる関係を見る上で興味深い。コントとスペンサーの著書を読み始めたのは，貸出記録から見る限り3年生になる9月である。このことは，デュルケムがいよいよ社会学研究に本格的に進み始めたのが，この頃であったことを示すものと考えられる。なお，この時期の彼の研究テーマは，「個人主義と社会主義の関係」であり，当校を卒業する82年には博士論文について考え始め，テーマも「個人と社会との関係」とされた。次に，大学校に入学しなければ得られなかった友人たちとの出合いも重要である。浪人時代からのジョレスをはじめ，哲学者になるベルグソン，心理学者になるP. ジャネ，言語学者になるF. ブルーノ，歴史学者になるH. ベール，C. ジュリアン，地理学者になるL. ガロワ等々多くの優れた能力を持った友人ができた。彼らとは，寝食を共にしての寮生活の下，活発な議論などによって友情が深められたに違いない。又，師との出合いにも触れておかなければならない。当時，エコール・ノルマル・シュペリュールには，まだ社会学講

> ### 表 1-3　H. スペンサー（1820-1903）
>
> イギリス社会学のパイオニア。進化主義，社会有機体説を唱える。
> 主著；1850 年『社会静学』　1874-75 年『社会学原理』
> 1) ダーウィンの『種の起源』（1859 年）出版以前に，『心理学原理』（1852-57 年）の中で進化という用語を用いて論じた。彼にとって進化の観念は，あらゆる著作の中核を成している。彼の進化の原理は，社会は同質的なものから異質的なものへ，単純なものから複雑なものへと進化する，という考えを基本としている。
> 2) 社会を軍事型社会と産業型社会に分類し，社会は軍事型から産業型の社会へと変化する，とした。軍事型社会では，個人は国家の所有物である。社会の保持が第 1 の目的であり，メンバーの保持は 2 次的なものである。強制的協同の社会。産業型社会での従属関係は，まったく義務によらない。産業社会での市民の個人性は，社会によって保護される。社会は本質的にメンバーの個人性を守るためにある。自発的協同の社会。
> 3) 社会制度を人間の身体組織と比較して社会有機体説を唱えた。そこから彼は，両者の類似点のみならず，大きな違いにも気づいた。例えば，動物は，全体を統治する器官が 1 つしかないが，社会はそうではないとか，意識は，動物の場合特定のポイント 1 ヶ所に集中されるが，社会は社会体を構成する個人それぞれが有している等である。彼の社会有機体説は，イギリス国内に止まらず，ドイツでは A. シェフレ，ロシアでは P. V. リリエンフェルト，L. グンプロヴィッチ，フランスではエスピナス，イズレ等々に影響を及ぼした。
>
> 出典）M. Lallement, *Histoire des idées sociologiques*, tome 1, pp.113-117, Nathan, 1993.

座は開講されていなかった。デュルケムが関心を示したのは歴史学のフュステル・ド・クーランジュと哲学のブトロー等であった。クーランジュからはデュルケム社会学で用いられることになる比較法や近代歴史学の研究方法を学び，ブトローからは社会学の専門化の重要性などについて学んでいる。1882 年，デュルケムは哲学教授資格を取得し，大学校でもっとも研究に励んだ学生に与えられるアドルフ・ガルニエ賞を受賞して，卒業した[28]。

デュルケムはエコール・ノルマル・シュペリュールを卒業すると同時にリセの哲学教授になるが，偶然にも年齢は，タルドが挫折を乗り越えて生まれ故郷に腰を据えて裁判所に勤務することになった年齢と同じ 24 歳であった。ただし，み

てきたようにタルドは，いわば決定づけられた運命（卓越した家系）に救われて，就職を受け入れ，他方のデュルケムは，家族によって決定づけられた運命を断ち切り，自らの人生を自らの努力によって切り開くための一歩を踏み出したのである。

第3節　研究者への道

　タルドは，裁判所の仕事に就いて以降，ますます個人的な関心事，特に哲学の研究への関心を高めた。彼は，後に25歳から30歳の時期を振り返って，自分の観念体系の形成期であったし，かつ哲学的研究の成果をあげ始めた時期であったと述べ[29]ている。つまり，彼は判事書記助手の仕事と哲学研究の時間を分けて両立させたのである。その頃には，眼病の恐れからも解放され，彼は充実した毎日をおくれるようになった。タルドの昼の裁判所の勤務とその勤務後の哲学研究の生活ぶりは，裁判所勤務当初からずっと続けられたが，稲葉三千男は，そうしたタルドを「昼の自我と夜の自我とのあるいは昼の生活と夜の生活との二重生活者あるいは二重人格者」[30]と指摘している。しかし，彼の昼の仕事と夜の研究は，少しずつ関連づけられ犯罪研究として成果をあげることになるし，その研究によってパリの統計局長への道が開かれることになる。

　彼は，早くも，就職して2年後の1869年には仕事ぶりが評価され判事補（parquet de Sarlat）に任命された。しかし，「一番喜んだのは，…彼の母であった。彼は，その母の喜びを感じた」[31]程度で，むしろ彼は犯罪への関心を高めるとともに，哲学研究に励むようになった。1870年の夏に，そうした関心の成果として彼の世界観を示した「普遍的相違」と題した論説を著している。時代（70-71年）は，普仏戦争勃発とその戦争でのフランスの敗戦，それに伴うアルザス・ロレーヌのドイツへの割譲，さらにはパリ・コミューンと混沌としていた。しかし，アルザス・ロレーヌ地方エピナルに居住して，ドイツ軍の占領や敗戦の原因をユダヤ人にあるとする不条理な反ユダヤ主義運動の遭遇など苦難の中にいたデュルケ

ム少年と違い，タルド個人は，仕事も私生活も安定し，哲学的思索も徐々に深まった時期である。

　1873年（30歳），タルドは生まれ故郷のサルラを離れ，ポワティエ近くの町リュフェクに検事代理（substitut de procureur de la République）で転任したが，そこでも個人的時間を作って哲学研究に打ちこんだ。その結果，74年3月に「可能性」と題する論文を書きあげるとともに，その年の夏には，ロックガジェアックに滞在して『現象の反復と進化』と題する著書の起草を始めた。この原稿は，見事に書きあげられ，75年に出版社に持ち込まれたが，残念ながら日の目を見ることはできなかった。「可能性」と題する論文も公にされることはなかったものの，そこで論じられた本質的観念は，95年公刊の『社会学論文集』（*Essais et mélanges sociologiques*）に生かされることになる。特に，「普遍的変化」と題する章（第11章）は，「可能性」論文の一部がほとんど無修正で収録されたものであり，さらに「可能性」論文におけるライプニッツのモナド論は，同書の「モナドロジーと社会学」の章（第10章）で展開される新たなモナドロジー論と社会学にゆきつく[32]。こうしてみるとタルドは，74年（30歳）の頃には，独学で哲学研究をする中で自信を深め，その後の研究に結びつく本質的観念を形成していたことと，そうした哲学研究の中に社会学的関心が含まれていたことなどが理解される。なお，ここで言う彼の社会学とは，形而上学的社会学である。彼にとって形而上学的社会学は，1890年に出版された彼の代表作である『模倣の法則』で，この本が「具体的応用的な社会学ではなく，純粋な抽象的社会学」[33]，すなわち形而上学的社会学に立って著されていると，彼自身言明しているように，その後の彼の社会学の根幹を成すことになる。

　1875年，タルドは故郷から離れた任地から2年ぶりにサルラに予審判事となって戻る。病気での挫折を経て，郷土の裁判所に判事書記助手として職を得て，わずか8年でタルドは予審判事となった。この出世ぶりは，彼の法律家としての能力，勤務状態が優れていたことを評価するのに十分である。そうした公務とともに哲学及び心理学の研究もすすみ，前述したように76年にはドルドーニュ県の

ペリグーで開催された学術会議に「メーヌ・ド・ビランと心理学における進化論」と題する研究を発表[34]している。1877年（34歳），彼はボルドー法院の評定官（conseiller à la cour d'appel de Bordeaux）の娘マルテ・バルディードリスル（Marthe Bardy-Delisle）と結婚する。彼の結婚は，まさにサルラにおけるタルド家の卓越した法律一家をさらに印象づけることになった。結婚生活は，順調に推移し，彼はその後1878年（Paul），80年（Alfred），85年（Guillaume）と3人の息子を得ることになるが，ちょうどこの結婚をした頃から彼は新たな研究に関心を持ち始める。それは犯罪学への関心である。彼は，イタリアのフィレンツェとローマに新婚旅行に行っているが，それは，彼のイタリア犯罪学への関心と無関係ではないと思われる。そして，彼は78年からそれまで私的時間の多くを哲学の研究に注いでいたが，哲学以外に彼の本務に直接かかわる犯罪学にも多くの時間をさいて本格的な研究をするようになる。従って，この時期からタルドは，昼間の判事の仕事の他，夜の自由な時間には哲学，心理学，社会学，それに犯罪学の研究を加えたのである。

　彼の犯罪学研究は，急速にすすめられ，多くの成果を発表することになる。その彼の犯罪学研究で注目されるのは，1つは，C. ロンブローゾ，E. フェルリ，R. ガロファロを中心としたイタリア犯罪学派との接触と批判である。彼は，犯罪学を研究しはじめてすぐに，イタリア犯罪学派に関心を持ち，1880年に結成されたばかり[35]のその学派に，82年に手紙を送り接触を始め，交流を深めて意見の交換を行っている。しかし，翌年には彼はロンブローゾ批判を始め，イタリア犯罪学派と敵対することになる。犯罪発生の主な要因を生物学的遺伝的解剖学的特質など人類学的条件[36]に求めたロンブローゾに対し，タルドは社会的要因に求め対峙した。いずれにしてもタルドの犯罪学研究は，イタリア犯罪学派との関係の中で促進された。さらに，もう一点，タルドの犯罪学研究で注目されるのは，そうしたイタリア犯罪学派の批判をタルドと同じように行ったフランス犯罪学派とも言うべきフランスにおける犯罪学研究者との交流である。そのグループは，リヨン大学医学部のA. ラカサーニュ教授らによって1886年に創刊された「犯罪人

類学紀要」(Archives d'Anthropologie Criminelle) を中心とするものである。タルドは，87年からその雑誌に論文を投稿し始め，93年からはラカサーニュとともに共同編集責任者となり，そのグループを代表する研究者となる。この雑誌にタルドは生涯，責任者として携わり，犯罪に関する論文を中心に合計28篇の論文を掲載している。まさに，ここが彼の犯罪研究の1つの重要なベースになる。彼の犯罪学研究に関して言及しなければならないのは，何と言っても彼の最初の著書が，1886年に出版された『比較犯罪学』であることである。イタリア犯罪学派批判に基づく犯罪者類型論や犯罪統計論，刑罰論等々を論じたその著書によって彼は，犯罪社会学者としての確固とした評価を得る。すなわち，サルラの判事タルドは，『模倣の法則』を発表する以前に犯罪社会学者としての地位を築くのである。

このように結婚後始められた犯罪学研究は，ほぼ6〜8年のうちに大きな成果を生み，彼に犯罪社会学者としての地位を確立させることになったし，新たなチャンスを得る研究となったのである。なお，彼の犯罪学と模倣の社会学については，次章以降でもう少し詳しく触れる。

さて，タルドが犯罪社会学者として名声を得る前の1877年に戻ろう。1877年に結婚し，私的時間を利用した研究はますます充実するが，ただ1つ彼にとってぬぐい去れない不安があった。それは，健康に対する不安である。当時期，青年期に苦しめられた眼病は再発しなかったものの，今度は気管支炎を患い，喘息に苦しめられることになった。しかし，彼の精神力と忍耐力は人並みはずれて強力でそうした病気との闘いの中でも研究は行われ，成果を生み出したのである。青年期から長年続けられてきた哲学的心理学的社会学的研究の成果もそうした体調の中，結婚後にいよいよ公表されることになる。

タルドが学界デビューをはたし，かつ幅広い研究活動の基盤とした雑誌は，1876年に心理学者のT.リボーによって創刊された「哲学評論」(Revue philosophique) である。彼は，「哲学評論」に大変な関心を持つ。先ず，78年に匿名の手紙を編集責任者であるリボーに送る。なぜ匿名の手紙だったのかは不明で

あるが，その手紙で彼は，リボーに旧い体質のアカデミーの中で1つの保養地となるような哲学会を結成することを強く要望した。リボーは，その匿名の手紙の一部を「哲学評論」に公表し，名前を知らせるよう要請した。その後，タルドはリボーと連絡を取り，リボーはタルドを「哲学評論」のメンバーに入ることを許した。そうした経緯の中で，タルドは「哲学評論」への論文投稿を目指して一層研究に力を注いだ。

　リボーに匿名の手紙を出して2年後の1880年，独学で研究を積み重ねてきたタルドは，「哲学評論」第10巻に「信念と欲望」と題する論文を投稿し，掲載に成功する。これによって彼は，研究者として学界にデビューしたことになる。37歳のことである。この論文において彼は，信念と欲望を心理的量として計測することの可能性を論じた。特に彼が強調したのは欲望と同様，信念も度合いを計ることができることであった[37]。この論文の中心は，「心理的現象の原因としての基本的ファクターである信念と欲求について分析した」ところにあるが，その分析は「単に心理学的であるばかりでなく，社会学的でもある」[38]とする指摘も可能である。従って，この論文は，彼の公にされた最初の心理学的社会学の研究成果という記念すべき論文と，位置づけることができる。なお，彼はこの論文発表後の10年後に出版された『模倣の法則』の中でも「信念と欲望の2つは心理的量である」ことを強調し，続けて次のように付け加えている。すなわち，「発明されるもの，模倣されるものは常に1つの観念であり，又は1つの意欲であり，同時に1つの判断であり又は企画である。そこには一定量の信念と欲望が具体化されている」。そして，それらは「人間の欲望や行為の量」として統計的に計測することが可能で，それらを「計測する方法は優れて社会学的方法である」[39]とした。ここには人間の意識，観念，信念，欲望を統計的に計測し，集められたデータを社会学的に分析し説明することが説かれている。それらは，彼の言う心理学的社会学であるが，そこには，まさに今日の社会意識調査の先駆けとなる観念が内包されており，その点で信念と欲望の観念は，社会学史上意味がある。ただし，彼は1880年と90年との信念と欲望の観念について「80年の時は個人心理学に

おける信念と欲望の役割を少し過大視していた」が，90年は「社会心理学において大いに意義を持たせた」[40)]と述べているように，彼が10年の間により社会学の側に比重を置くようになったことを付け加えておかなければならない。

　1880年の「信念と欲望」発表後，86年までは，彼は「哲学評論」を主舞台に続々と論文を発表し，哲学者，心理学者，社会学者としての評価を高めてゆくことになる。まさに，彼の社会学者としての扉は，1880年（37歳）に開かれたのである。

　以上，タルドの誕生から1880年までのバイオグラフィーや個人史を見て来た。彼はまさに孤独の中で研究生活を始めた。そして，彼がなぜ51年もの長い間，生まれ故郷のサルラに止まり判事をしながら独学で，後の社会学研究史上に残る『比較犯罪学』や『模倣の法則』を著すことになったのか，その理由の一端を垣間見ることができた。そのことは，彼の社会学理論の解明には直接結びつかないが，彼がどのような過程を経て研究を進め，社会学者になっていったのかを理解するだけでなく，例えば，眼病による絶望の中でのクルノー哲学との出合いのように，彼の観念形成の特性を，部分的ながら，理解することにつながる。

　彼の決定づけられた青少年期の運命は，幸運と不運とが交叉している。彼の卓越した出自は，彼の正統な趣味としての学問を専門家へと昇華させるための偉大なバックグラウンドとなった。そして，その幸運な運命は，ロックガジェアックのように彼の生涯を支えることになる。他方，不運は，外の社会との関係ではなく，彼自身の身体にまつわる出来事，すなわち，幼児期の父親との死別，青年期の眼病に伴う3度の挫折等，肉体的精神的危機体験などである。しかし，タルドはそのような不幸な運命を哲学，心理学，社会学の研究によって見事に乗り越え，彼独自の世界を形成させる。それはここで取りあげてきた研究期を経て，1880年以降に次々と生み出される研究成果によって見事に達成されることになる。

　なお，デュルケムはエコール・ノルマル・シュペリュールを卒業し，その後社会学研究を本格化するが，彼の処女論文は1885年の「哲学評論」第19巻に発表された「シェフレの社会体の構造と生活」と「フイエの社会的所有とデモクラシー」と題する2つの書評論文であった。奇しくも，タルドもデュルケムも処女

論文は,「哲学評論」に発表されたことになるが, 37歳のタルドに対し, デュルケムは若干27歳のデビューであった。デュルケムの論文等については, この時の書評論文を含めて次章以降に必要に応じて随時触れることにする。

注
1) Marc Renneville, *Abécédaire Gabriel Tarde*, École nationale d'administration pénitentiaire. p.26, 29, 2004.
   本書は, 著者名が明記されていないが, ENAP（国立刑務行政大学校）のM. Rennevilleが中心となって出版したため, 彼を著者とした。ドルドーニュ川は, 当時材木とワインを積んだ大きなはしけが行きかっていた。ロックガジェアックは小村ながら船着場があり, 活気に満ちていた（Abécédaire, p.37）。現在は, かつての船着場は, ボートやカヌー遊びなどを楽しむ場所にかわっている。
2) ibid., p.1, 27.
3) なお, 母親の影響については次のような指摘もある。すなわち, 母親の高雅な心情と慈愛の心が, G.タルドの神経質な感情の発作をなだめ, 父親の死の暗い深淵に沈みがちな悲しみや青年期の眼病の悩みに対して常に彼を勇気づけた。そしてそうした母親の精神はG.タルドに内在化された。さらに, 母親のそうした愛情は, タルドの学説にも影響している。彼が生物学派の功利主義的立場を批判し, 自らの学問を愛の社会学と自称したのは, その影響であるし, 彼の個人主義的立場がスペンサーやウォルムスと異なるのも母親の影響である。河合弘道「G.タルド伝（一）」, 18-21頁,「社会学徒」第11巻4月号, 1937.
4) 河合弘道「G.タルド伝（一）」22頁,「社会学徒」第11巻4月号, 1937.
5) 小林珍雄「タルドについて」193頁, G.タルド『社会法則』所収, 創元社, 1943.
6) M. Renneville, op.cit., p.18.
7) 稲葉三千男「ガブリエル・タルド」231頁, G.タルド『世論と群集』所収, 未来社, 1977.
8) M. Renneville, op.cit., p.1.
9) É. Durkheim, Antisémitisme et crise sociale, pp.252-254, *textes* 2, Minuit, 1975.
10) M. Renneville, op.cit., p.1.
11) ibid., p.39.
12) ibid., p.31, 39.
13) 小林珍雄, 前掲書, 194頁.
14) 同上書, 194頁.
15) G. Tarde, *Maine de Biran et l'évolutionnisme en psychologie*, p.54, Institute d'

édition sanofi-synthélabo, 2000.
   Anne Devarieux, Gabriel Tarde lecteur de Maine de Biran ou la difficulté formidable, pp.13-15. in *Maine de Biran et l'évolutionnisme en psychologie*, 2000.
16) Gabriel Tarde, *Philosophie de l'histoire et science sociale*, p.28. Les empêcheurs de penser en rond. 2002.
17) ibid., p.170.
18) G. de Tarde, *Les lois de l'imitation*, ed. Kimé, pp.XXIII-XXIV, 1993(1890), 風早八十二訳『模倣の法則』5-6頁, 而立社, 1924.
19) G. Tarde, *La criminalité comparée*, p.129, Les empêcheurs de penser en rond, 2004 (1886).
   タルドは, p.129の脚注でクルノーの著した小論文 Mémoire sur les applications du calcul des chance à la statistique judiciaire,（司法統計の確立の適用についてのメモ）によって彼は犯罪統計の基礎を築いた, とクルノーの功績をたたえている。
20) G. Tarde, *Philosophie de l'histoire et science sociale*, p.28, 29, Les empêcheurs de penser en rond, 2002.
21) G. Tarde, *Les lois sociales, esquisse d'une sociologie*, p.113, Institut synthélabo. 1999(1898), 小林珍雄訳『社会法則』138-139頁, 創元社, 1943.
22) 田辺壽利「フランス現代社会学」19頁,『田辺壽利著作集第三巻』所収, 未来社, 1988.
   また, 稲葉三千男も「タルドの反復と対立と順応とを社会法則とするところは, ヘーゲルの理論的な影響がある」と言明している。（「ガブリエル・タルド」訳書タルド『世論と群集』所収, 234頁, 未来社, 1977.）
23) M. Renneville, op.cit., p.1, 5, 8, 29.
24) 河合弘道, 前掲書, 25頁.
   小林珍雄, 前掲書, 194頁.
   なお, 小林によれば, 当時タルドは精神的危機の中でキリスト教的神秘思想に親しみを感じ, その方向に向いたこともあったが, それは一時的なものでそうした思想に魂の永遠の憩を見出し得ないことを理解し, そうした思想を放棄した, という。しかしこのエピソードは青年期の眼病に基づく挫折による彼の心の危機的状態を伝えている（小林珍雄, 195-196頁）。
25) 大野道邦は, 2人の育った文化的環境の違いから, デュルケムは理性, 秩序, 権威を追求するデカルト主義の思潮に, タルドは個人の自律性や行動の自発性を説く自発主義の思潮にそれぞれ適合的なパーソナリティを有していたかもしれないとし, 彼らの社会学は2人のそうしたパーソナリティと文化的環境との絡まり合いのなかから形成されたと, 説いている。「構造化されたもの」と「構造化するもの」, 288-289頁,『社会学の焦点を求めて』所収, アカデミア出版会, 1986.
26) P. ブルデュー, 石井洋二郎訳『ディスタンクシオンⅠ』36頁, 藤原書店, 1990.

27) 父親の病気やパリでの不安な受験生活に関しては，
　　http://www.rest.uiuc.edu/durkheim/Bioraphy.html
28) S.Lukes, *Emile Durkheim*, p.44, Allen lane the penguin press, 1973.
　　J-C.Filloux, *Durkheim et le socialisme*, p.14, Librairie droz, 1977.
　　http://www.relst.uiuc.edu/durkheim/Bioraphy.html
29) M.Renneville, op.cit., p.1.
30) 稲葉三千男，前掲書，232頁．
31) 河合弘道，前掲書，27頁．
32) G. Tarde, "les possibles; Mémoires originaux" pp.8-9, *Archives d'Anthropologie Criminelle*, tome XXV, 1910.
33) G. Tarde, *Les lois de l'imitation*, p.133, edition Kimé, 1993(1890). 風早八十二訳『模倣の法則』267頁，而立社，1924.
34) Marc Renneville, "Préface : Le printemps des sciences du crime in G. Tarde" *La criminalité comparée*, p.13, Les empêcheurs de penser en rond, 2004.
35) L. Mucchielli, "Introduction" p.3, *Revue d'histoire des sciences humaines*, 2000,3, Universitaires du Septentrion.
36) エンリコ・フェリー，浅野研眞訳『実証派犯罪学』12-13，54，61頁，文精社，1926.
37) G. Tarde, "La croyance et le désir" p.161, *Revue philosophique*, tome X, 1880.
　　G. Tarde, *La criminalité comparée*, p.128, Les empêcheurs de penser en rond, 2004（1886）．
38) 鈴木泉「哲学と社会学の幸福な闘争—タルドという奇跡についての考察—」97頁，『社会学雑誌』20，神戸大学社会学研究会，2003.
39) G. Tarde, *Les lois de l'imitation*, p.115, pp.157-158, édition Kimé, 1993(1890). 風早八十二訳『模倣の法則』202-203，274頁，而立社，1924.
40) ibid., pp.157-158, 同上書，275頁．

第2章 犯罪社会学者，タルドの誕生

　2004年は，タルド没後100年に当たる年であった。この12～13年前当たりからフランスでは，タルドの著作が続々と復刻されたり（例えば，Œuvres de Gabriel Tarde aux Empêcheurs de penser en ronde sur la direction d'Éric Alliez），彼を特集した雑誌 (Revue d'histoire des sciences humaines, Presses universitaires du septentrion, 2000.3.) が発行されたりして，タルド社会学の復活又は再検討の時期をむかえている。そうした潮流の中で彼は，社会心理学に諸原理と方法的基準を与えた創設者であり，制度的ヒエラルヒーの上では，コレージュ・ド・フランス教授に昇りつめたことでわかるように明らかにデュルケムより高い地位を常に占めていたと，タルドを盲目的に高く評価するタルドマニアも現われれば，他方，タルドは，デュルケムによって絶えず批判されたフランス社会学史上の偉大な敗者とレッテルを貼る者も現れた[1]。

　いずれにしてもタルドは，19世紀末から20世紀初頭にかけて犯罪社会学と心理学的社会学によって独自の社会学を創りあげたフランス社会学形成の功労者の一人である。そこで，本章では先ず彼の犯罪社会学研究の道程を追い，次章で『模倣の法則』を中心に彼の心理学的社会学の形成過程を解明して，彼がどのようにして社会学者となっていったのかを明らかにして，彼の社会学を理解し，評価しようと思う。又，タルドの社会学を特徴づけるために，彼の論敵デュルケムも折々に登場させて，彼らの社会学の理解につなげたいと思う。

第1節　イタリア犯罪学派

　タルドの著書『比較犯罪学』が出版された1886年当時のフランスは，第3共和政のもと，学校教育の世俗化，義務化，無料化が行われるなど教育改革がすすめられるとともに，食品や衣類などに対する消費文化が増大したり，鉄道の発達

の他，電気，石油，ガスなど新エネルギーの開発によって，第二産業革命とも呼ばれる時代であった。しかし，その一方で，都市化と工業化によって都市への人口移動（離村化現象）が生じたり，1880年以来経済不況[2]にみまわれるなどして犯罪抑止の危機[3]と呼ばれるほど犯罪問題が大きな社会問題となった時代であった。犯罪問題でも特に問題とされたのは，再犯の切れ目のない増加であった。そのため「再犯者流罪法」(1885年5月27日)などの法律が施行されたりした。学問の世界でも犯罪の問題に当然関心が高まった。まず，頭蓋骨の形状によって性格を判定する骨相学が犯罪者研究を始め，次に犯罪者を精神異常から捉える精神医学が，さらに心理学や刑罰哲学が犯罪研究をすすめた[4]。

　そうした中で注目されるのは，イタリアを中心とする犯罪人類学派の登場である。第1章でも少し触れたようにこの学派は，ロンブローゾ，フェルリ，ガロファロ等を中心に1880年に始まった。ロンブローゾは医学人類学者で，生得的犯罪者（criminel-né）理論で有名である。彼にとって犯罪者は遺伝的所産であり，原始的な人間タイプへの回帰の所産とされる[5]。フェルリは，1883年頃，「犯罪社会学」(sociologie criminelle)という表現を初めて用いた法律家であり，ガロファロは，フェルリ同様法律家で，1885年に「犯罪学」(criminologie)という用語を創った。彼らの犯罪研究は，実証科学に準拠し，形而上学と対峙するという点で実証学派（l'école positive）と呼ばれたり，中心人物の名を冠してロンブローゾ学派とも称された[6]。

　しかし，『実証派犯罪学』を著わしたフェルリによれば[7]，この学派はイタリアにおける犯罪の未曽有の増加に対して，それまでの古典派犯罪学では対処し得ないとして犯罪を犯した犯罪者自身を理解しなければならない，と説くロンブローゾの1872年の人類学的研究から始まるという。そしてロンブローゾの人類学的研究を社会学及び法律学の見地から補充したのが，フェルリとガロファロだという。彼らの研究は，犯罪発生要因とその発生の状態解明に注がれた。ロンブローゾは，1872年から76年までの間に犯罪研究に道を開いた。彼は，犯罪者の解剖学的，生物学的，遺伝的特質など人類学的条件に着目して犯罪発生要因の研

> **表2-1　C. ロンブローゾ（1835-1909）**
>
> 　ロンブローゾは，1876年出版の『犯罪者』（L'uomo delinquente）の中で，犯罪の原因は明らかに解剖学的生物学的素質に結びついていることを強調した。犯罪者の一般的な身体的特徴として，彼はせまい額，弓形に曲がった耳，豊富な髪の毛，薄いひげ，巨大なあご，角張って突き出たあご，大きなほお骨，不均整な顔の持主等々としている。
> 　彼は，ユダヤ教徒でイタリアのヴェロナ（Verone）に生まれた。彼は医者であるとともに犯罪人類学の創始者の役割をはたした。彼は，犯罪者は，自然淘汰の結果であり，かつ危険に満ちた家系の所産とした。
>
> 出典）M. Renneville, *Abécédaire Gabriel Tarde*, p.11, 24. École Nationale D'Administration Pénitentiaire, 2004.

究を行った。彼は，それらの条件が人格形成に影響を与えると考えた。換言すれば，人類学的条件は，出生において遺伝し，一生涯の間に人格化して，それが人間活動の個人的因素を作る。つまり，人が正常になるか，犯罪者になるか，狂気になるかを決定づけるのは，個人的因素だとロンブローゾは主張した。

　人類学的側面を強調するロンブローゾに対してフェルリは，犯罪の地理的要因と社会的要因を加えた。彼の説く地理的要因とは，風土，気候，気温等地理的環境が神経系統を通じて人々の生活と活動に影響を及ぼして犯罪の要因となるとする考え方である。社会的要因とは，出生，生活など家庭環境の他，経済的困窮，政治的道徳的不安定それに金銭に対する闘争と競争などが犯罪の源泉とする考えである。明らかにフェルリには，犯罪を1つの社会現象とみて社会学的視点からも解明しようとする観念が認められる。その上で彼は，犯罪社会学という用語を初めて用いた法律家としてのみならず，実証科学に基づく犯罪社会学研究の創始者の一人として名前を刻む必要がある。

表 2-2　タルド以前の犯罪社会学研究についてのピナテルの説

　犯罪社会学研究は，地理学的研究にさかのぼる。その代表的人物は，ベルギーのケトレ（1796-1874）とフランスの A.M. ゲリィ（1802-1886）である。彼らは 1825 年から調査されたフランスの犯罪統計を拠り所とし，気候と季節による犯罪の変動や地域における犯罪性のバリエーションを統計資料から解明した。

　地理学的パースペクティブによる研究の後に，犯罪社会学は，1850 年以降，マルクスとエンゲルスの社会主義者らによって犯罪性と経済的条件との関係の研究がなされた。そして，イタリア犯罪学派のロンブローゾが登場する。その中で彼の協力者であり，かつ弟子のフェルリ（1856-1929）は，社会主義的観点も取り入れ，犯罪を 1 つの全体的研究の中に統合した。彼は，犯罪性が社会生活の通常の状態の中で規則正しく生ずる一定数の違法行為から成ることを主張した。

　フェルリは，犯罪研究を統計的アプローチだけに固執しなかった。彼は，犯罪の発生要因の相互作用を唱えた。すなわち，犯罪は，もっぱら生物学的現象でもないし，地理的社会的環境からのみ生ずるのでもない，さまざまな影響の結果であることを強調した。

出典）J. Pinatel, "Introduction" in *La philosophie pénale* par G. Tarde (quatrième édition), p.VII, editions cujas, 1999.

第 2 節　タルドの比較犯罪学

　1886 年，タルドは，サルラの裁判所に判事として勤務する傍ら，自由な時間を利用した，いわば，卓越した趣味で始めた犯罪研究によって犯罪社会学者としての地位を確立する『比較犯罪学』を出版することになる。この著書は，4 章から構成されているが，第 3 章を除いて他の章は，1886 年以前，すなわち 83 〜 86 年にかけていずれも「哲学評論」に発表された論文を再録して出版されたものである。このことは，彼のもっとも早い時期の研究が，犯罪を対象にしたものであることを理解させるし，成果をまず研究誌に投稿し，後にそれを 1 冊の著書にまとめるという，彼の研究スタイルあるいは研究プロセスを理解する上で興味深い。彼がこの著書をまとめるに当たって念頭にあったのは，当時イタリアを中心に犯罪と刑罰の研究が興隆していたことと，現実社会における犯罪の増加傾向へ

の社会的危機意識である[8]。実際，それらのことは，この後見るように『比較犯罪学』に反映されている。すなわち，この著書で彼がもっとも関心を寄せて焦点を当てたものの１つは，彼が後に就任することになる司法省統計局から毎年送られて，サルラ裁判所の記録保存室に眠っていた犯罪に関する統計年報のデータであり，もう１つは，当時イタリアにおいて古典派犯罪学に代わって台頭著しかったロンブローゾを中心とした実証犯罪学である。さて，『比較犯罪学』の第１章の「犯罪者のタイプ」は，1885 年発行の「哲学評論」に掲載された論文であり，第２章の「近年 50 年間の犯罪統計」は，1883 年発行の「哲学評論」に掲載された論文であり，第４章の「犯罪性の諸問題」は，この著書が出版される数週間前に発行された「哲学評論」に掲載されたものである。

　第１章「犯罪者のタイプ」で主に問題とされているのは，1884 年にフランス語に翻訳され，出版されたロンブローゾの著書『犯罪者』(1876 年) である。そこにおいてタルドはロンブローゾの主張を真っ向から批判するのであるが，それはロンブローゾが犯罪者を解剖学的 (体格や骨相)，病理学的，生理学的 (犯罪を病気とみなす)，遺伝的所産としたり，さらには現代文明における狂人，野蛮人として捉えたり，生得的犯罪者とみなすことに対してである。そうした，いわば人の犯罪性を，生まれ持ったものと捉えるロンブローゾに対して，タルドは，犯罪は人種や民族とは無関係であるし，犯罪者は野蛮人でも狂人でもなく，産業化と自由な現代社会に生み出された近代人であるとし，さらに人は殺人を犯したり，レイプをしたり，放火をしたり，隣人の物を盗むなど罪を犯すために生まれて来たのではないと，ロンブローゾの説をはっきりと否定する。タルドが強調するのは，犯罪発生の要因を社会的に説明する必要性である[9]。1882 年に犯罪に関心をもったタルドがロンブローゾ，フェルリ，ガロファロ等イタリアの犯罪学者に自ら手紙を書いて意見交換をして親しく交流し，83 年には彼らの一員として[10]刑罰に関する研究をすすめたタルドであったが，85 年に「哲学評論」にこの論文が発表された時点で，犯罪発生要因に関してロンブローゾとの考え方の違いが鮮明となったため，それ以降，彼らとの論争と対立は熱をおびることになる。

1885年は,「哲学評論」を通してイタリアの研究者との関係が敵対化した年であるが, デュルケムとの関係では, 記念となる興味深い出会いがあった。それは, タルドがロンブローゾ批判を行った『比較犯罪学』の第1章を成すこの論文を掲載した同じ「哲学評論」第19巻に, デュルケムの処女論文[11]「シェフレの社会体の構造と生活」と題する書評論文も掲載されており, 後に論争を繰り広げることになる2人が初めて「哲学評論」誌上で出合った年なのである。この当時タルドは, サルラの判事とはいえ1880年以来「哲学評論」に毎年論文を投稿し, 5年で10篇の論文を掲載し, 犯罪社会学者としての評価を着実に高めていた。一方, デュルケムはエコール・ノルマル・シュペリュールを1882年に卒業し, リセで哲学教授をしていたが, 1885年は社会学研究を本格的にすすめることを決意し, ドイツの社会学に光明を見出してドイツ留学 (1886年) を準備した年である[12]。

　デュルケムが1885年に発表した論文は, ドイツの経済学者であり, 社会学者であるA.シェフレの著書『社会体の構造と生活』を書評したものであるが, それは単なる書評ではない。この書評を通して[13] 1885年当時, 社会学に関心を寄せながら, まだリセ教授であったデュルケムが社会学の何に関心の目を向けていたのかがわかる。そこには, タルドの考える心理学的社会学とはまったく異なる社会実在論が展開されていて, 後の2人の論争を予兆させて興味深い。デュルケムのこの書評論文における主要な観念は, 次の3点である。1つは, 当時イギリスのスペンサーやフランスのエスピナス等によって隆盛していた社会有機体説と社会学との間に一線を画そうとする観念である。デュルケムはシェフレの考えを入れて次のように言う。すなわち, 社会学は生物学の単なる延長ではない。社会的人間についての理論をあたかも動物学の一部であるかのようにすることは, 誰も試みたことはない。確かに, 生命現象についての知識は, 社会学者に対して主導的な考え方と実り多い示唆を与えることはできる。しかし, 新しい科学である社会学には独自の方法を持つべきである, と。デュルケムはこうして社会有機体説をしりぞけつつ生物学的アナロジーを自らの社会学に適応することになる。2

第 2 章　犯罪社会学者、タルドの誕生　33

つ目は、タルドとの間で論争となる社会実在論である。デュルケムは、シェフレは、実在論者であると言明する。その論拠は、彼の社会を個人の単なる集合ではなく、社会を構成している個人に先行し、かつ個人よりも長く生き続け、個人から作用をうけるよりも個人に作用するほうが多い存在で、独自の生活、意識、利益、運命をもっているものである、とする観念に求められている。これらの観念は、デュルケムが1895年に出版する彼の代表的著書『社会学的方法の規準』において論じられる社会的事実を説明する中に生かされている。3つ目は、社会学への統計学の適応の観念である。彼がここで述べた統計学を社会学に適応するとは、統計学は社会学的帰納法に豊かな材料を提供するだけでなく、社会学を客観的科学とすることに貢献する、ということである。なお、この観念は、1888年に発表される論文、「自殺と出生率」の研究で実践される[14]。このことについては、このあと再び取りあげる。

　又、この書評発表直後、つまりタルドがイタリア犯罪学派との激しい論争をしている頃、デュルケムは社会学の研究をさらに高めるために半年間ドイツに留学し、帰国後、ただちに「哲学評論」(1887年)に留学の研究成果を「ドイツにおける道徳の実証科学」と題して発表する。そこにおいて彼がもっとも注目したのは、ヴント等のすすめていた実践的道徳科学研究であった。彼らは道徳を抽象的規則の体系としてではなく、1つの自立した実証科学に高めようとしていた。デュルケムは、そうした研究は、フランスには見出せないとして、ドイツの社会科学からおおいに刺激を受け、科学としての実践的道徳学研究の必要性と重要性を強くした[15]。

　同じ時期、犯罪社会学研究をすすめる中でタルドもまた関心を持って研究に取り組んでいたのは道徳学であった。彼は言う。「私が道徳科学の基礎の一部分を導き、かつ構築することに努めたのは本当である。私は、「哲学評論」に掲載された「経済学における心理学」(1881年)、「自然と歴史の共通の特色」(1882年)、「考古学と統計学」(1883年)、「社会とは何か」(1884年)などの論文の中でそのことを追求した」[16]、と。その頃、デュルケムは20歳代後半で、将来、大学教授

になることを目指していた新進気鋭のリセの哲学教授であった。タルドにとって社会実在論に基づいて社会学の専門化を説くデュルケムは、どのように認識されたのであろうか。おそらく模倣論を軸に心理学的に社会学を考えるタルドには、彼の観念は受け入れるべくもない観念と読み取られたに違いない。しかし、パリから遠く離れたサルラにいて大学教授職とは無縁のタルドにとってデュルケムは、おそらく自分とは異なる立場に立つものの、無視できない新進気鋭の社会学者の出現と強く感じとられたことは想像に難くない。2人の熾烈な論争の始まるほぼ8年前のことである。

第2章は、1883年の「哲学評論」第15巻に掲載された「近年50年間の犯罪統計」と題する論文の再録である。この論文では、次の2点について留意したい。1つは、この論文によって彼は道徳統計を用いて社会学的研究を行ったこと、もう1つは、犯罪を模倣に関連づけて論じていることである。タルドが司法統計を研究資料としたのは、「法律の改善と社会の研究にとって多くの貴重な資料」[17]としたクルノーの教えによっている。タルドは、統計データは、当時代のフランスの道徳的社会的状態の変化を理解する上で役立つだけでなく、将来の社会の傾向をも教示させてくれる、と社会研究にとっていかに統計データの分析が重要であるか、その有用性を説き、実際に犯罪統計を分析し、当時代の犯罪傾向を読み取っている。彼は、約半世紀の司法統計の分析から、①重犯罪がほぼ5割減少し、軽犯罪が3倍以上増加していることと、②再犯が増加していることをつき止め、それらの犯罪傾向について社会学的研究の必要性と重要性をそこにおいて主張する。統計データを用いた社会学的研究の必要性と重要性を認めた上で、実際に統計データを用いて研究を行ったのは、すでに述べたようにタルドのみならずデュルケムもいるが、デュルケムの研究はヨーロッパの国々及びフランス国内諸県の自殺率と出生率をもとに「低出生率と高自殺率が結びつく」ことを論証した1888年の「自殺と出生率」と題する論文（「哲学評論」第26巻）であるため、タルドの方が5年ほど早いことになる。従って、タルドは社会学に統計を適応した最初の社会学者と位置づけられうる。ただし、既述の通りデュルケムは社会学に統計学を適応す

ることによって社会学が客観的科学になることについて1885年発表の「シェフレの社会体の構造と生活」と題する書評論文で述べているので，社会学に統計学を適応することについては，ほぼ同時期にタルドもデュルケムも気づいていたと言える[18]。もう1点の模倣論との関連であるが，そこにおいて，彼が犯罪との関連で模倣の観念を持ち出したのは，犯罪増加の原因を他の社会現象同様，模倣に求めたためである。

　タルドは，反道徳性（犯罪性向）は，かつて潜在的状態で存在した道徳的な過ちが，今日増加することによって表面化するようになって来ている，とする犯罪増加の説明は，心理的でも社会的説明ではないと断言する。彼にとって反道徳性は，個々人の有する道徳的習慣の破断である。彼は，個々人が道徳的習慣を保持する限り，道徳性は存続するとみる。そして，道徳性が人から人に模倣的に伝播すると，その時に道徳性は，個人的なものから社会的なものとなる，とする。こうして彼は，社会的道徳性は模倣（善の模倣）によって生じるし，反社会的道徳性は悪の模倣によって生じるとして，犯罪の増加要因を探求するためには社会的に捉えることが必要であり，重要と説く。

　当時問題となっていた再犯増加の要因も，タルドは模倣によって説明する。彼は，再犯の増加は，生物的要因（生まれつきの犯罪者）から生じるのではなく，社会的要因，すなわち犯罪者の犯罪を模倣して習慣化することから生まれると，悪の模倣伝染論を打ち出している。その上，彼は犯罪統計は犯罪の増加を示しているが，それは犯罪行為の模倣力，すなわち模倣の危険な力を示すものでもあるとも述べ，彼の模倣説をアピールする。このように第2章では善と悪の模倣論が展開されているが，そのことから彼は，社会学研究の極めて早い段階で模倣論を構築し，それらを犯罪発生の社会的要因説の中軸理論としていたことが理解される。もっとも，1890年に出版される『模倣の法則』の元となった初出論文のうち，第1章部分は1882年に，第4章部分は1883年に，第3章部分は1884年に各々「哲学評論」上に掲載されたものであるので，彼が1880年代の早い時期から模倣を軸に自らの社会学を築き上げていたことは明らかである。

又，この論文が「哲学評論」に発表された1883年当時は，犯罪を伝染あるいは伝播の観点から模倣の事実として捉えようとするタルドの犯罪模倣説は，犯罪発生の要因を遺伝的生物学的要因とするイタリアの犯罪学者からは，フェルリとE. モルセッリを除いて，ほとんど無視されていた[19]。なお，1883年の「哲学評論」には，もう1篇「イタリア新学派の犯罪学者たち」と題する論文をタルドは発表している。そこでは，フランスのみならず，イタリアにおいても増加著しい犯罪についてイタリアでは，どのように研究が進められているかを探るため，「昨日生まれたばかりの実証派」[20]についてトゥラティ，フェルリそれにガロファロの理論を中心に古典学派との対立も含めて論評している。この論文は，『比較犯罪学』には再録されなかったが，この後に生み出される彼のイタリア犯罪学研究の先導的役割をはたしている。この論文のあとに彼は，ロンブローゾを批判する「犯罪者のタイプ」と題する論文を1885年に発表し，それが『比較犯罪学』の第1章を構成していることは既に述べた通りである。

　第3章は，刑罰の諸問題をテーマに，司法上の証拠と責任の問題が論述されている。有罪判決と証拠に関しては，無罪放免は，有罪を決定するために十分な証拠がない時に通常下される。逆に有罪宣告の判断は，被告人の有罪を絶対的な確信があって決定されるのではなく，有罪と思えるための手掛りとなる物証がある時であるとする，証拠重視のクルノー説に拠って立つ考え方をタルドは展開している。罪を犯した者の責任については，個人に求めるだけでなく，社会にも求める必要性が説かれている。

　第4章は，犯罪と気候それに殺人と自殺が取りあげられている。まず，タルドは，イタリア学派の主張する犯罪と気候との間の直接的関連性（犯罪地理学）に反駁する。すなわち，犯罪が暑い気候で多発し，寒い気候では少ないといった犯罪の地理分布の法則説あるいは，季節や天候が犯罪発生に影響を及ぼすとする犯罪発生の物理的要因説を否定する。犯罪だけでなく，モルセッリの説く自殺への気候の影響についても，自殺の地理的分布は地理的説明ではなく，社会的に説明されなければならないとし，犯罪のみならず自殺の分析についても，社会的要因説

を説く。自殺の社会的分析の必要性は，タルドのみならず，デュルケムも同じように主張する，がしかしここでタルドの言う社会的分析は模倣論に基づく。

殺人と自殺については，タルドは殺人をエゴイズムの一形態と見，自殺を絶望の一形態とみる。そして，エゴイズムの発達と絶望の増大はまったく関連しないが，しかし殺人と自殺の各々は，社会進歩の過程で共に生じる出来事であると，社会発展と殺人及び自殺の増加を関連させて捉えている。彼は，19世紀になって多くのヨーロッパ諸国で自殺が急速に増加していることに関心を持ち，その原因について次のように説いている。すなわち，自殺増加の原因は，生理学的諸問題が原因している訳でも身体的人種的違いが原因しているのでもない，自殺の増加は，社会秩序が原因であるとする，社会要因説を唱える。自殺の社会要因説は，1897年出版の『自殺論』の中で，自殺を自己本位的自殺，集団本位的自殺，アノミー的自殺，宿命的自殺の4つに分類し，個人の所属する集団の凝集力や規制力の強弱によって説いたデュルケムが有名であるが，彼とは同じ社会要因説と言っても両者の間には大きな違いが認められる。とはいえ，自殺を物理的でも生理的（人種や性差）要因でもなく，社会的要因から捉えるその見方はデュルケムに先んじて，まずタルドが唱えたことになる。

こうしてみてくると，『比較犯罪学』は，タルドが犯罪社会学者としての地位を確立させるに十分な研究成果であることがわかる。そして，犯罪現象が彼の社会学的研究のもっとも早い時期の重要なテーマの1つであったことと，その研究の発表の場が「哲学評論」であったこと，さらに犯罪発生の社会的要因を説明する上で模倣の観念が極めて重要な位置を占めていること等，彼の犯罪研究は彼自身の社会学研究史を理解する上でも重要である。

『比較犯罪学』への評価はどうか。タルドと激しい論争をし始めた1895年当時の論文の中でデュルケムは，「犯罪を社会学的に説明している」[21]と評価している。そして1886年当時，ボルドー大学文学部の教授であったA. エスピナスは，「私は，社会学における指導者としてあなたに敬意を表します。あなたの著書は力強いし，偉大です。あなたは犯罪の問題を権威をもって真の領域，すなわち社

会学の領域に引き入れました。…私はあなたに真底から本書の出版をお祝い致します」[22]と，『比較犯罪学』出版直後にタルドを評価する手紙を彼に書き送っている。

エスピナスは，1877年に『動物社会』を出版し，その中で個人そのものが，すでに1つの社会であり，個人のうちには社会秩序のうちに見られるような有機的協力ないし，一致の現象が見られる，ということを証明しようと努めた。そして，彼は社会を1個の生きた意識ないしは1個の有機体と定義した[23]。その社

表2-3　A. エスピナス（1844-1922）

1) 主著；動物社会（Des sociétés animales, 1877）
　　1877年　　　　ボルドー大学文学部哲学教授
　　1882-86年　　同大文学部で教育学講座担当
　　1894-1907年　パリ大学社会経済史講座担当

2) スペンサーの影響を受けて社会有機体説を説いた。そのエスピナスについてデュルケムは，彼は何よりも社会は，生きた意識であり，諸観念の有機体であり，動物と同様，生まれ，存続し，死滅し，組織されるとし，社会学は，生物学の一分野である，と説き，スペンサーの社会有機体説を深化させた，と評価している。ただし，デュルケムは社会学は生物学の中に根を持つものの生物学の一部ではないし，心理学とも異なる。社会学は独自の対象と方法を有する専門科学であると，主張することを忘れない。

出典）Durkheim "La sociologie en france au XIXe siècle" pp.123-124, (1900) in *La science sociale et L'action*, P.U.F, 1970. 佐々木，中嶋訳，19世紀におけるフランスの社会学，p.99.『社会科学と行動』所収，恒星社厚生閣，1988.

3) エスピナスは，一切の社会体は，組織された，すなわち異なる諸部分によって作られた一つの全体とし，これらの部分の各々は，一種独特な運動によって全体の保全のために協力している，と説く。そして，外見上，社会は個人と異なるが，両者のうちに同一の法則，同一の機能，同一の生物学的特徴を発見することができる，異なるのは，個人において有機的であったものが，社会においては，意識となり，連続が伝統になったに過ぎない，とした。

出典）田辺壽利『田辺壽利著作集第三巻』pp.64-65，未来社，1988.

会有機体説は，H. スペンサーの影響を受けたもので，彼はこの学説を当時期フランスに普及するためにも力を注いでいた。そのエスピナスがタルドの犯罪研究に讃美をおくる手紙を送ったのである。おそらくこのエスピナスの手紙は，判事をしながらほぼ独学で進めたタルドに自信を与えたに違いない。又，後に出版される『模倣の法則』(1890年)では，逆にタルドがエスピナスの『動物社会』を賞讃すべき著書と高く評価しているのみならず，エスピナスが動物社会の観察（アリの観察）で発見した模倣の不断の個人的創意が，社会において重要な役割を演じるとする，彼の個人的創意（l'initiative individuelle）の原理をタルドは，人間社会にも適応されるとして，エスピナスの個人主義を彼の社会学の中に取り込んでいることを明らかに[24]している。それらのことからタルドにとってエスピナスは，大きな存在であったと思われる。なお，デュルケムもまたエスピナスの『動物社会』を読んで，自らの社会学（社会実在論）の形成に役立てているが，それだけでなく，デュルケムの個人史の上でもエスピナスは大変重要な存在でもある。それは，デュルケムがボルドー大学文学部に1887年に講師として就職する際に，大学内での大反対をおさえて彼の受け入れに自分の担当していた教育学の講座を空けてまで尽力してくれたのがエスピナス[25]であった。奇しくも，タルドの『比較犯罪学』の出版とほぼ時を同じくして，エスピナスは2人の社会学者誕生に力をつくしたことになる。又，タルドの犯罪社会学研究は当時のみならず，現代でもフランス社会学を代表するR. ブードンによって『模倣の法則』以上に経験的研究として高く評価[26]されている。

第3節　フランス学派での犯罪学の研究

1886年は，『比較犯罪学』によって犯罪社会学者タルドを確立させた年であるが，この年は，彼の研究史の上でもう1つ注目すべきことがある。それは，犯罪研究の活動をイタリアの犯罪学者との交流のもとすすめてきたタルドが，1885年末から86年にかけて研究活動と交流の軸をフランス学派へと転換したことで

ある。

　タルドが，イタリア犯罪学派と袂を分けてフランス学派に合流してゆく過程は，86年に急に訪れた訳ではない。彼の犯罪社会学研究は，既に述べた通り，イタリア犯罪学派との接触，交流の中から82年に始まった。83年には，発表された2つの論文（「最近50年間の犯罪統計」，「イタリア新学派の犯罪学者たち」）によってタルドは，この頃イタリア犯罪学派のリーダー，ロンブローゾの刑法の一員とみなされ，イタリア犯罪学者と呼ばれるほど[27]イタリア犯罪学者から学問的に認められ，交流は一層深まった。特に，イタリア犯罪学派の中心メンバー，フェリとガロファロとの知的交流は，共に法律の専門家として刑罰の効力や犯罪発生要因等々について議論することによって深められた。犯罪発生に関しては，主に，非個人的要因，つまり社会的物理的要因の可能性について議論されたり，刑罰の効力については，イタリア学派の2人が，刑罰は犯罪者の有害な能力に見合ったものにすべきであることを強調し，タルドは，犯罪の重大さが基準となることを主張するなど，異なる考え方，立場をこえて議論された[28]。そうした議論を下に知的関係が深まる中，1885年11月にローマで第1回国際犯罪人類学会（Congrès internationaux d'anthropologie criminelle）が開催されることになり，フェリは，タルドを組織委員会のメンバーとしてその学会に招くためにタルドの館のあるロックガジェアックを85年の春（3～4月）に訪問している。タルドは，その時ローマの学会への参加を承諾したものの，実際には出席しなかった[29]。

　ロンブローゾをはじめとするイタリア犯罪学派は，犯罪者に対して刑罰を加えるのではなく，適切な治療を加える必要性を説くなど，生物学や解剖学それに人類学などから犯罪を検討し，その知見を刑法制度にも反映させる必要性を説き，生物学的決定論[30]と称されて当時期，一大勢力を誇っていた。85年に開催されたこの大会でも生物学的決定論，あるいは生得的犯罪者理論を展開するロンブローゾの理論を中心に議論された。例えば，犯罪者として分類可能な人間のタイプを示すものは，存在するのか，及び犯罪の発生過程における社会的要因とは何か，といった2つの理論的問題が議論され，イタリア犯罪学派から次のような観

▲第１回国際犯罪人類学会ローマ大会会場
解体されるため入口は閉鎖されていた。

念が提示された。①犯罪を研究することは，何よりもまず犯罪者を研究することである。②犯罪者は，犯罪の素質を有する人間である。③犯罪者としての素質を有する人間に都合の良い外的要因が強く作用した場合，犯罪行為は，無意識に行われる。なお，ここで言う外的要因とは，気候のような自然的なことと社会的なことで，人類学的なことではない。④それゆえ，犯罪者は，自分が行ったことに対して道徳的責任を感じない。⑤犯罪者の人格への外的要因は，犯罪への傾向をかき立てたり，弱めたり，根絶させたりしうる[31]，等々である。

　これらの観念は，ロンブローゾの理論の中核を成す犯罪者の遺伝的生物学的性質の観念を強く押し出したものであるが，そうしたロンブローゾ理論に支配された大会の議論の中で，真っ向から立ち向かったのが86年にタルドが接近することになるリヨン大学医学部の法医学教授 A. ラカサーニュ（Alexandre Lacassagne, 1843-1924）であった。

表2-4　ロンブローゾの説く犯罪者の特色

　ロンブローゾは，監獄の犯罪者を対象に人類学的な計測調査を行い，これをまとめて「生来性犯罪者説」を唱えた。これは体型説とも言われ，身体構造の差異に応じて，行動のとり方が違う，という生物学的差異を基本にしている。彼がまとめた犯罪者の特異な身体的特徴とは以下の通り。①頭の大きさや形の異常，②顔面左右非対称，③顎と頬骨の異常な大きさ，④目の欠陥と特異性，⑤異常に大きい，あるいは小さい耳，⑥鼻の形の異常性，⑦厚ぼったくて突き出ている唇，⑧袋状に盛り上がっている頬，⑨異常な歯並び等々。

　これらの身体的特徴は，その人が退化していることを表し，類人猿に似た原始人の特徴を示し，犯罪行動を行うべく運命において低級な初期の進化過程の状態に止まっている隔世遺伝（先祖がえり）者である，と説いた。

出典）高橋良彰・渡邉和美『第二版　新犯罪社会心理学』pp.25-26, 学文社, 2004.

　ラカサーニュとロンブローゾは，すでに数年前から犯罪の解釈をめぐって対立していた。例えば，入墨をすることについてロンブローゾは，原始タイプへの回帰のサインと説き，ラカサーニュは遺物と捉えた。85年当時ラカサーニュは，すでに犯罪問題について6篇を超える論文を発表しており，犯罪学の専門家として良く知られていた。2人はともに医者であるが，犯罪発生の要因研究では，ロンブローゾが解剖学的生物学的要因を強調したのに対し，ラカサーニュは社会的環境を重視した。ラカサーニュは，犯罪者を細菌に例え，細菌を発酵させる温床を発見する視点こそ重要とした。つまり，彼は社会的環境のありようこそが犯罪発生の文化的温床としたのである。このように彼は，有機体への社会的環境の影響について研究を行った。そこでは，犯罪性理解の要素として肉体的異常とスティグマ (les anomalies et les stigmats physiques) は排除されていないが，しかし解剖学的異常とか特徴だけが強調されることはなかった[32]。

　ラカサーニュが犯罪発生要因を社会環境に求める考えは，いわば犯罪研究への社会学的アプローチの適応と言えるもので，その点では彼はフランスでいち早く社会学的視点で犯罪研究を主張した犯罪学者と言える。ロンブローゾの生物学的

> **表 2-5　A. ラカサーニュ（1843-1924）**
>
> 　ラカサーニュはリヨン大学医学部法医学教授（専門は，犯罪学の他，骨相学，衛生学，優生学）で，タルドの親友。
> 　犯罪学のフランス学派（又はリヨン学派）のリーダーで，イタリア犯罪学（特にロンブローゾ）と激しく対立した。ロンブローゾに対して公的に批判した最初の人として知られている。
> 　Archives de l'anthropologie criminelle 誌を 1886 年に創刊。特に，フランス語圏の人々に犯罪人類学と法医学の実践的理論的成果を発表したり，刑罰科学の議論を行い原理と教義を深めた。又，この雑誌は，フランス学派の力強い投錨であり，かつ，イタリア犯罪学派と対立する強力な手段となったし，そのことに努めた。
> 　なお，1893 年にこの雑誌は，Archives d'anthropologie criminelle, de criminologie et de psychologie normale et pathorogique に名称を変更した。タルドは，共同責任者となり主に法律部門と社会学部門の責任者として活躍した。
>
> 出典）M. Renneville, *Abécédaire Gabriel Tarde*, p.3, 11, E.N.A.P, 2004.

　決定論対ラカサーニュの社会環境説の論争は，まさにロンブローゾとタルドの社会要因説との論争に置き換えることができる。もし，ローマの大会にタルドが出席していれば，イタリア学派対フランス学派とのさらに激しい論争が行われたことが想像されるし，タルドとラカサーニュとの交流は，もっと早まっていたかも知れない。

　ラカサーニュは，1885 年の第 1 回大会でのロンブローゾ学派との論争後，86 年にリヨンで H. クーターニュ（H.Coutagne），G. A. ブルネ（Garraud A. Bournet）等とともに雑誌「犯罪人類学紀要」（*Archives de l'anthropologie criminelle*）を創刊し，この雑誌を母体にフランス学派あるいはリヨン学派と呼ばれる犯罪研究学派を形成し，イタリア犯罪学派と対峙してゆく。又，ラカサーニュが社会環境の影響を強調したところからこの学派は，社会環境派とも称されるが，タルドにとってそうしたラカサーニュは，彼の犯罪研究を「目覚めさせてくれただけでなく，精神的な指導者」であり，かつ「深い友情を感じさせてくれた」[33] 極めて重要な存在である。タルドは，1886 年からこの学派に与し，この学派の発行する「犯

罪人類学紀要」誌上で活躍することになる。このことは、タルドの犯罪研究が、それまで与してきたイタリア学派を論敵とし、かつ犯罪研究活動の場が、フランス学派を中心にこの後進められたことを意味する。

　なお、その後のイタリア犯罪学派とフランス学派との攻防であるが、タルドによると[34]、1885年の第1回国際犯罪人類学会の後、第2回大会がその4年後の89年にパリで開催され、その大会時には犯罪学者はくっきりと2つの陣営に分かれた。一方は、ロンブローゾ派ともう一方は、犯罪発生要因を心理的社会的原因に帰する陣営である。社会原因派は、さらに犯罪の原因を経済的条件の不平等に帰する社会主義と、社会的要因と同時に諸事実を解釈する社会学者とに区分されるが、89年大会では社会学者が圧倒的な影響力を持ち、明らかに大きな活動の場を得たしかつ脚光を浴びた。そういうことからロンブローゾ派と反ロンブローゾ派との論争は、85年大会より以上に激しくなされ、人類学者、医学者からも社会学的見地が示されるようになり、反ロンブローゾ派が支持されるようになった。反ロンブローゾ派のなかでも特に強力な論陣をはったのは、すでに86年にリヨンをベースに「犯罪人類学紀要」を創刊し、フランス学派のリーダーとして力を増していたラカサーニュであり、彼はロンブローゾ派観念を猛然と攻撃した。そして、85年のローマ大会と89年のパリ大会を比較してタルドは、89年大会は、社会学的見地という新しい犯罪学のエスプリが生起し、それにより犯罪研究が一段と進展し、その成果を存分に味わうことができたと述べている。明らかにその4年間で犯罪研究は、人類学、生物学、医学から社会学へとその中心が移っていることをタルドは実感したようである。又、そうした研究の方向に犯罪研究を導いた研究者の一人は彼自身であることは、彼の「哲学評論」誌上の犯罪研究及び86年に出版された『比較犯罪学』さらには、このあと見る「犯罪人類学紀要」誌上の成果によって明らかである。89年の大会を経て90年、結局タルドは、イタリア犯罪学派から論敵というレッテルを貼られ[35]、その後、彼らと真っ向対峙することになる。そして、犯罪学論争は、1892年にブリュッセルで開かれた第3回国際犯罪人類学会においてロンブローゾの犯罪類型論は、復活の

試みが計られたが，結局タルドのグループが勝利し，ロンブローゾの理論は葬り去られた[36]。

　タルドがフランス学派の一員として活躍していたことについては，デュルケムも認めている。デュルケムによれば[37]，1885年当時はフランスでは社会学はまだ評判が悪く，多くの人たちから厳しい反感と一種の懸念を持たれていた。そうした環境の中にあって，犯罪について多くの成果をあげている社会学研究グループとしてデュルケムは，タルドが所属するフランス学派を指摘している。デュルケムは，そこにおいて彼の所属する研究グループをフランス学派とは称さず，犯罪学グループと呼んで，フランスを代表する犯罪社会学のグループであることを認め，かつそのグループにあってタルドは極めて重要な役割を担う存在であることを認めている。

　さて，タルドは「犯罪人類学紀要」に1887年から没する1904年までの18年間に合計35篇の論文を掲載（1904年の論文3篇は彼の死後掲載されている。又，09年と10年にも各々1篇ずつ論文が掲載されているのでそれらを加えると計37篇になる）するなど「哲学評論」と同様，明らかにこの雑誌を研究の中心に置いていた。そのことは，1893年からラカサーニュを助けてこの雑誌の共同編集責任者の重責をタルドが担ったことでもうかがえる。この雑誌に掲載された論文をテーマによって分類してみると，犯罪性，犯罪社会学，犯罪統計研究，社会有機体説批判，学会大会報告等々多様である。それらの多様なテーマの論文の中で，特に興味深い彼の犯罪研究は，実際に起こった犯罪を社会学的に分析した論文である。それらは，タルドが社会学者として犯罪の内容を彼の理論によって分析し，説明する極めて興味深いものである。後述するようにそれらの論文のうち1篇は，司法省統計局長への道を開かせる論文にもなっている。したがって，「犯罪人類学紀要」は，単に彼の研究のベースになっていただけでなく，彼をサルラの判事からパリへと押し出す契機を作り出した，いわば彼の人生にとっても極めて大きな意味を持つ雑誌である。なお，「犯罪人類学紀要」とかかわり始めた1886年から87年は，イタリア犯罪学派との交流から始まったタルドの犯罪研究が，彼らとの論争

と対立を経て，フランス学派へと研究の拠点を移し，研究活動の場を拡大した，まさに犯罪社会学者タルドにとって新たな研究活動と人生の起点となった年と言える。

1887年という年は，タルドにとってのみならず，フランスにおける社会学の大学教育にとっても大きな意味を持つ年である。当時期，社会学がいかにもてはやされようとも，タルドが犯罪社会学者として名声を高めようとも，1つの専門科学として大学で講じることはまだ許されていなかった。それが，1887年になってようやく新進気鋭の社会学者デュルケムによってはたされたのである。彼は，すでに見たように1886年リセで哲学教授をしていたが，社会学研究に専念するためにドイツに半年留学する。その帰国後，すぐに「ドイツの大学における哲学」と「ドイツにおける道徳の実証的科学」の2篇の論文を発表する。デュルケムにとってドイツでの社会科学研究は，「フランス社会学を進歩させることに貢献した」[38]と自ら言わせしめるほど充実したものであった。これらの2論文によって彼は，1887年，見事ボルドー大学での社会学に関連する講師の職を手に入れることになった。彼は，それによってそれまで堅く閉ざされていた大学の扉を開くことに成功したが，そのことは，独立科学，専門科学としての社会学をフランスにおいて制度的に初めて認めさせたことになる。

1887年10月，デュルケムは，彼のために新設されたボルドー大学文学部「社会科学と教育学講座」講師に就任した。彼の大学講師就任は，生まれ故郷でのユダヤ教徒ゆえの不条理な被差別体験の中で芽ばえた，公正な社会実現とそのための教育的使命実現に一層近づくことになったし，彼の社会学を構築する大きな舞台となった。実際，彼は1887年から1902年までボルドー大学文学部在任中，主著である『社会分業論』，『社会学的方法の規準』，それに『自殺論』を出版するとともに，後にデュルケム学派と呼ばれる一大学派形成の母体となる雑誌「社会学年報」を創刊する。そして講義としては，「社会科学講座」（公開講座）では，社会連帯論，家族論，自殺論，宗教論，道徳論，犯罪社会学等についてフランスの大学で初めて講じ，彼の社会実在論に基づく社会学主義的社会学を樹立し，か

つ社会学を制度として定着させることに成功する。「教育学講座」は,「社会科学講座」と違いすでに1882年にはボルドー大学文学部に開講されており,『動物社会』(1877年)を著したエスピナスが担当していた。デュルケムは,その講座をエスピナスから譲り受け87年から講義した。デュルケムは,そこにおいて将来,小学校や中学校の教師になるための学生と現に教師として現場にいる先生を対象に,彼独自の教育社会学,すなわち,道徳教育論,知的教育論,教育学史等々について講じた。彼の講じた道徳教育論の基本は,世俗道徳教育論であり,それらの観念は,反教権思想に基づく第3共和政下の公教育現場に多大な影響を及ぼした[39]。

タルドとデュルケムの研究者人生における1887年をこのように比較してみると,明らかに2人にとって各々,研究者として節目又は起点を成す年となってい

表2-6 フランスにおける社会学講義と担当者（1887-1918）

①ボルドー大学
　　1887-1902年　デュルケム　　（社会科学と教育学）
　　1902- 06年　リシャール　　（社会科学）
　　1906- 11年　ラピ　　　　　（哲学史）
②モンペリエ大学
　　1898-1900年　ブグレ　　　　（社会哲学）
③トゥールーズ大学
　　1901- 07年　ブグレ　　　　（社会哲学）
　　1907- 20年　フォコンネ　　（　〃　）
④パリ大学
　　1894-1907年　エスピナス　　（社会経済史）
　　1907- 15年　ブグレ　　　　（　〃　）
　　1887- 96年　マリオン　　　（教育科学）
　　1896-1902年　ビュイッソン　（　〃　）
　　1902- 13年　デュルケム　　（　〃　）
　　1913- 17年　デュルケム　　（社会学）

出典）C-H. Cuin, F. Gresle, *Histoire de la sociologie* 1, p.83, La decouverte, 1992.

ることがわかる。しかし，そこには2人のキャリアの差異もまた明確に分かれる。すなわち，タルドは私的活動の中での犯罪社会学者（在野の社会学者）としての活躍であったのに対し，デュルケムは制度的に地位を獲得した社会学者である。その差異の要因は，一方が，哲学教授資格を持たない，叩き上げの判事であり，他方は正当な学歴と資格を有する社会学者の違いによるものと思われるが，大学教授職へのキャリアという点でどちらが勝者か，といった視点で2人を比較すれば，1887年時点では，大学教授職への階段を昇ったデュルケムが一歩先んじたと言える。1887年，タルド44歳，デュルケム29歳であった。なお，タルドが住むサルラ及び彼の館のあるロックガジェアックとデュルケムの赴任したボルドーは，地理的に割合近く，期せずしてフランス社会学の2人の先駆者は，この後タルドがサルラを去るまで，しばらくガロンヌ河上流（タルド）と下流（デュルケム）とで心理学的社会学と社会学主義的社会学という異なる立場から社会学を論じることになる。

　さて，1888年になるとフランス学派の一員として「犯罪人類学紀要」において活躍するとともに，タルドはさらに国際的に新たな交流を広げてゆく。例えば，ベルギーの犯罪学者J. デルブーフ（J. Delbœuf）や社会有機体説によって後にウォルムスの創設する国際社会学会でも活躍するロシアの社会学者J. ノヴィコフ（J. Novikow）などである。そして，1889年，タルドの運命を変える大変重要な論文を彼は，「犯罪人類学紀要」に掲載する。その論文は，「シャンビジュ事件」（L'affaire Chambige）と題するものである。

　タルドによると[40]，シャンビジュ事件とは1882年1月にコンスタンティーヌ（Constantine）近くのシディ－マブルーク（Sidi-Mabrouk）の別荘の中で22歳の青年シャンビジュが女性の死体近くで負傷して発見されたものであった。調べがすすむに従って，事件は，単純な殺人事件ではなく，愛し合う独身青年と子どもも夫もいる女性とが心中したものの青年1人が生き残り，女性だけが死亡したといった事件であることが判明した。この事件は，ダブル自殺，愛人同士の自殺，あるいは愛人殺人事件として興味を持って騒がれ，ヨーロッパ中で話題となった

「特異な事件」である。

　ラカサーニュは，タルドにこの事件の分析を依頼し，タルドは，この「特異な事件」を研究し，「犯罪人類学紀要」に論文としてまとめることにした。すでにこの事件については，新聞報道されており，彼はそうした新聞記事のような報告をするだけではなく，かつまた単なる法律的分析ではない，犯罪社会学者として彼独自の観点から分析，説明することにした[41]。そのために彼は，何と言っても世間の関心を集めたこの事件を科学的に分析することにした。そこで，彼が科学的にするためにとった手法とは，シャンビジュ青年の詳細な生活史記録を入手し，それらの分析から青年が，なぜそうした事件を引き起こすことになったのか，犯罪の心理的社会的解明を行ったのである。この論文の際立つところは，犯人について友人などが語った口述記録を通して当事者の個人史，生活史を解明し，かつ犯人のパーソナリティ形成の歴史的解明（タルドは心の歴史的分析と称している）[42]を行って，事件発生の根源的要因を捉えているところである。この研究は，一人の人間が，家族と社会の中でどのような過程を経て精神的知的成長をしてきたか，いわゆる人間行動のバックグラウンドを掘りおこすことから事件発生の要因を捉えようとしたもので，それは，1886年に公刊された『比較犯罪学』において犯罪発生の原因を生物学的遺伝的に捉えたロンブローゾ説を批判した，彼の心理学的社会学的要因説をまさに適応したものとも読みとれるし，なおかつその方法は，現象学的社会学者A.シュッツが説く，犯人の過去の経験，すなわち生活史に着目して殺人の原因を解明する殺人の「理由動機」[43]からの解明にも通じる。そうした点からすれば，タルドのここでの事件の発生原因を解明するその分析方法には，今日の現象学的社会学に連なるものもある，と言える。又，この研究で彼は，犯罪事件を心理学的社会学的に分析，説明するという新たな学問的幅と深みを増すことになった。なお，シャンビジュ事件論文は，その後発表された3つの事件（Wladmiroff, Achet, Weiss）に関する論文とともに，「4つの痴情犯罪」というタイトルを付して1892年に出版された著書『刑罰と社会の研究』に収められている[44]。

こうした活躍をふまえて彼の友人たちは，グルノーブルとかリヨン，モンペリエ等の大都市の裁判所にタルドを栄転させ，より重要なポストを与えるべく，彼に内緒で下院議員や上院議員に何度も働きかけた[45]。しかし，そのたびにそうした働きかけは不成功に終わった。そうした一種のタルド昇格運動の中で1893年リヨン大学のロレが，タルドのそれまでの研究成果の中で特に89年の「犯罪人類学紀要」に掲載された「シャンビジュ事件」論文に感銘を受け，当時の司法大臣 A. デュボスに，タルドを司法省の重要なポストにつけるよう推薦したのである。その推薦後，タルドにレポートが課せられた。それはフランスの犯罪統計に関するレポートの作成であった。課せられたレポートをタルドは，1ヵ月もしないうちに書き上げ司法大臣に提出すると，大臣は，そのレポートに大変満足し，パリへの転任がただちに決定され，彼は1894年1月，司法省統計局長に任じられた[46]。もちろん，89年の「シャンビジュ事件」論文だけが評価されてパリへの栄転となったとは思われない。それ以前に著書『比較犯罪学』を著しているだけでなく，犯罪統計に関する論文も発表しているし，90年には，彼の社会学者及び犯罪学者としての名声をより一層高めた著書『模倣の法則』と『刑罰哲学』，92年には『刑罰と社会の研究』，93年には『社会論理学』と『法の変遷』を出版しているし，92年にブリュッセルで開催された第3回国際犯罪人類学会では名誉議長を務めるなど，研究者として確固とした地位を築いていた。個人史からみると，夫の死後，28歳から一人息子G.タルドのために身を捧げてくれた母親の愛情と献身に応えてタルドは，結婚後も母親とともに暮らした。その母親も91年に死去し，サルラに止まる特別な想いもなくなった。そうした中でのパリへの進出実現であった。しかし，いずれにしても彼がパリに栄転する契機を作ってくれたのは，フランス学派の拠点であったリヨンの関係者であった。パリへの栄転は，リヨン，すなわちフランス学派での活躍なくして実現しなかったかも知れない。従って，リヨンにおけるフランス学派は，タルドの研究と学者人生にとってかけがえのない基盤と位置づけられうる。

　正統な学歴を有さない片田舎の叩き上げの判事タルドが，何を契機にパリの統

トピックス　今に生きるタルド

① ガブリエル・タルド賞の創設

犯罪学の分野で優れた研究成果をあげた人に贈られる犯罪学フランス賞が，法務省犯罪研究代表者連絡委員会によって1972年3月に設けられた。この賞は，タルドの犯罪学への貢献を称えて，彼の名前を冠した「ガブリエル・タルド賞」とされている。この委員会は，法務省の研究所の再編で消滅したが，1984年賞の運営は，フランス犯罪学協会（Association française de criminologie）に委託され，現在に至っている。当協会の目的の1つは，犯罪学研究を行うあらゆる人たちの研究と教育を促進することにある。
http://www.afc-assoc.org/GTpres.html

② 2002年2月，タルドの個人的蔵書及び資料約3,000点がアジャンにある国立刑務行政大学校（l'école nationale d'administration pénitentiaire）に寄贈された。同校の「犯罪と刑罰の歴史に関する資料センター」所属のJ.ギャルソン氏によれば，それらはタルドが所蔵していたもので社会学，心理学，犯罪人類学，統計学，人文科学，法学，雑誌等々19世紀の犯罪科学に関する文献やタルドにまつわる資料等広く網羅されている，という。それらタルド文献，資料をうけて国立刑務行政大学校内には，タルドの名前をつけた研究施設兼図書館（Médiathèque Gabriel Tarde）がある。

こうした動向から，G.タルドはフランスにおける犯罪社会学のパイオニアとして大切にされていることがわかる。

計局長の職を手に入れたのか，その一端がこれによって明らかになった。そして，彼はパリへの進出を得て，さらなる躍進をし，大学教授へと羽ばたくことになる。彼は，大変な喜びと希望を胸に約27年間勤めたサルラの裁判所をあとにした。あと3週間ほどで51歳になる2月17日のことであった。なお，1894年は，デュルケムがボルドー大学文学部の講師から助教授に昇格した年である。いよいよパリとボルドーを軸に新生科学，社会学に関する2人の論争が激しさを増す年でもある。

注

1) L. Mucchielli, "Tardomania? Réflexions sur les usages contemporains de Tarde" pp.161-184, *Revue d'Histoire des Sciences Humaines*, 2000.3. Presses Universitaires du Septentrion（以後，*R.H.S.H* と略記）
   P.P.Zalio, *Durkheim*, pp.76-77, Hachette, 2001.
2) ジョルジュ・デュプー，井上幸治監訳『フランス社会史』16, 18, 45, 151, 152 頁，東洋経済新報社，1968.
3) Marc Renneville, Préface, Le printemps des sciences du crime, p.7, in G. Tarde, *La criminalité comparée*, (1886), Les empêcheurs de penser en rond, 2004.
4) ibid., p.8, 9. 1872 年の統計によると，投獄される人の 85％が再犯者であった，とルヌヴィーユは書いている。
5) ibid., p.9.
   なお，イタリア犯罪学派のスタートが 1880 年とする指摘は，L. Mucchielli, "Introduction" p.3, *R.H.S.H*, 2000, 3. による。
6) L. Mucchielli, "Introduction" p.3, *R.H.S.H*, 2000,3.
7) エンリコ・フェリー, 浅野研眞訳『実証派犯罪学』12, 13, 54, 61, 64, 65, 79, 80, 10 頁，文精社，1926.
   浅野は，フェリーと表記しているが，今日ではフェルリと表記されているので論文中ではフェルリとした。本書によると，フェルリは 1876-79 年パリに留学し，79 年にイタリアに帰国後，トリノ大学でロンブローゾの学生となった。81 年には，『1826 年から 1879 年に至るフランスに於ける犯罪性の研究』によってフランスの学会で認められる存在となった。84 年に『犯罪社会学』(sociologia criminale) を出版，86 年社会党代議士，1904 年ローマ大学で刑法学教授となった。
8) G. Tarde, *La criminalité comparée*, Avant-propos, p.25, Les empêcheurs de penser en rond, 2004.
9) G. Tarde, "Le type criminel" pp.593-627, *Revue philosophique*, tome XIX, 1885.
   G. Tarde, *La criminalité comparée*, pp.29-76, Les empêcheurs de penser en rond. 2004
10) M. Borlandi, "Tarde et les criminologues italiens de son temps" p.7, *R.H.S.H*, 2000.3.
11) この論文が，公刊されている雑誌に掲載された最初ということで処女論文と位置づけた。ただし，この論文以前に著わされたものとして 1883 年 8 月に当時勤務していたサンス・リセの学生を対象に行った「社会における偉人の役割」(Du role des grands hommes dans la société) と題する講演論文と，1884 年のサンス・リセでの 1883-84 年の哲学講義録 (Cours de philosophie fait au Lycée de Sens) が存在している。
    又，「哲学評論」第 19 巻には，シェフレの書評論文だけでなく，フイエへの書評論

文(「社会的所有とデモクラシー」)も掲載されている。
12) 夏刈康男『社会学者の誕生』46-48頁,恒星社厚生閣,1996.
13) É. Durkheim, Organisation et vie du corps social selon Schaeffle (1885), pp.355-377, *textes* 1, Minuit, 1975. 小関藤一郎・山下雅之訳,シェフレ「社会体の構造と生活」15-38頁,『デュルケームドイツ論集』所収,行路社,1993.
14) É. Durkheim, suicide et natalité, pp.216-236, (1888), *textes* 2, Minuit, 1975. 内藤莞爾編訳「自殺と出生率」164-186頁,『デュルケム法社会学論集』所収,恒星社厚生閣,1990.
15) É. Durkheim, la science positive de la morale en allemagne (1887), pp.267-343, *textes* 1, Minuit, 1975. 小関藤一郎・山下雅之訳「ドイツにおける道徳の実証科学」81-162頁,『デュルケームドイツ論集』所収,行路社,1993.
16) G. Tarde, *La criminalité comparée* (1886), p.91, note 1, Les empêcheurs de penser en rond. 2004
17) G. Tarde, ibid., p.75.
18) É. Durkheim, suicide et natalité, pp.216-236, (1888), *textes* 2, Minuit, 1975. 内藤莞爾編訳「自殺と出生率」164-186頁,『デュルケム法社会学論集』所収,恒星社厚生閣,1990.
É. Durkheim, Organisation et vie du corps social selon Schaeffle (1885),pp.355-377, *textes* 1, Minuit, 1975. 小関藤一郎・山下雅之訳,シェフレ「社会体の構造と生活」,15-38頁,『デュルケームドイツ論集』所収,行路社,1993.
19) M. Borlandi, "Tarde et les criminologues italiens de son temps" p.13 *R.H.S.H*, 2000.3.
20) G. Tarde, "Quelques criminalistes italiens de la nouvelle école" p.658, *Revue philosophique*, tome XV, 1883.
21) É. Durkheim, l'état actuel des études sociologiques en France, (1895), p.82, *textes* 1, Minuit 1975.
22) M. Renneville, Postface, Gabriel Tarde. L'hirondelle de la criminologie in G. Tarde, *La criminalité comparée*, p.210, les empêcheurs de penser en rond, 2004.
23) A. キュヴィリエ,清水義弘訳『社会学入門』26頁,岩波現代叢書,1971.
24) G. Tarde, *Les lois de l'imitation*, p.4, 65, edition kimé, 1993. 風早八十二訳『模倣の法則』6-8, 116-117頁,而立社,1924.
25) 夏刈康男,前掲書,66-67頁.
26) L. Mucchielli, "Tardomania ? Réflexions sur les usages contemporains de Tarde" p.165, *R.H.S.H*, 2000.3.
27) M. Borlandi, op.cit., p.7, *R.H.S.H*, 2000.3.
L. Mucchielli, op.cit., p.3, *R.H.S.H*, 2000.3.
28) M. Borlandi, ibid., p.11, *R.H.S.H*, 2000.3.

29) M. Borlandi, ibid., p.7, 11, *R.H.S.H*, 2000.3.
   M. Renneville, *Abécédaire Gabriel Tarde*, p.13, École nationale d'administration pénitentiaire, 2004.
   これまでほとんどの文献では，タルドは1885年のこの大会に参加したと記されているが，ボルランディは，2000年の論文で実際は欠席したと言明している。そこで本稿は，ボルランディ説に従って不参加とした。不参加が病気のためであったかどうか理由は不明。
30) 池田祥英「タルド犯罪学における模倣論」73頁「日仏社会学年報」第13号，2003.
31) M. Borlandi, op.cit., p.8, 9, *R.H.S.H*, 2000.3.
32) M. Renneville, Préface, Le printemps des sciences du crime, in G. Tarde, *La criminalité comparée*, p.9, 10, Les empêcheurs de penser en rond, 2004.
33) M. Renneville, *Abécédaire Gabriel Tarde*, p.11, 25, E.N.A.P, 2004.
34) G. Tarde, "Anthropologie : Le deuxième congrès international d'Anthropologie criminelle" pp.684-688, *Revue scientifique*, 22, 1889.
35) M. Borlandi, "Tarde et les criminologues italiens de son temps" p.16, *R.H.S.H*, 2000.3.
36) G. Tarde, "Le dernier congrès de sociologie" p.259, *Revue internationale de l'enseignement*, vol.34, 1897.
37) É. Durkheim, l'état actuel des études sociologiques en France(1895), pp.73-90, *textes* 1, Minuit, 1975.
38) É. Durkheim, Deux letters sur l'influence Allemande dans la sociologie française, réponse à Simon Deploige (1907), p.402, *textes* 1, Minuit, 1975.
39) 夏刈康男，前掲書，1-20, 64-83頁.
   http://www.relst.uiuc.edu/durkheim/Bibliography/Bib02.html
40) G. Tarde, "L'affaire Chambige" pp.92-93, *Archives d'Anthropologie criminelle*, tome IV, 1889.
41) J. Carroy et M. Renneville, "Tarde et l'affaire Chambige" (1889), p.4, in *http://champpenal.revues.org/document 260.htm/?format=print*
42) G. Tarde, op.cit., p.96.
43) アルフレッド・シュッツ，森川眞規雄・浜日出夫訳『現象学的社会学』97頁，紀伊国屋書店，1985.
44) J. Carroy et M.Renneville, op.cit., p.1.
45) J. Milet, *Gabriel Tarde et la philosophie de l'histoire*, p.29, Librairie philosophique, J. Vrin, 1970.
46) J. Milet, ibid., pp.30-31, 1970.

第3章　模倣の社会学者タルド

　『比較犯罪学』を出版して4年後，タルドは，1890年に彼の社会学を決定づける『模倣の法則』と題する著書を出版する。今日，タルドの社会学は，模倣の社会学と称されているが，それは，この著書において展開された模倣論によるものであり，彼の名声を高め，社会学者としての地位を確定的なものとしたのも，この著書によるところが大きい。

▲G. タルド

　なお，彼は，同じ1890年にもう1冊全9章，578頁にも及ぶ大作『刑罰哲学』も出版している。この著書は，当時期ロンブローゾ，フェルリ，ガロファロ等を中心とした犯罪人類学派によって広められていた犯罪に関する諸観念，特に犯罪観念や犯罪発生要因説などを批判的に検討し，かつ自説を展開することを主な目的に[1]出版された。取り扱われている内容は，道徳的責任論，免責論，犯罪論，

刑罰論等々，道徳，法，犯罪にかかわる理論的研究の成果である。2冊とも依然としてサルラ裁判所での判事としての公務のかたわら，余暇を利用しての大作の出版である。3人の小さな子ども（5〜12歳）の父親であり，老いた母親（91年に死去）をかかえて，いかに心安らむ，ロックガジェアックに館があったとしても，この年の大作2冊の出版は，彼が並外れた精神力，集中力，能力の持ち主であるかを表している。

　さて，この章では，タルドの心理学的社会学を理解するために，和辻哲郎によって「社会は模倣であると説くタルドは天才的社会学者」[2]と言わしめた『模倣の法則』と，1894年冬に生まれ故郷のサルラの判事を辞し，司法省統計局長としてパリに転じ，パリ社会学会初代会長など堂々たる社会学者としての地位を確立し，すぐ先にはコレージュ・ド・フランスの正教授への道も開かれるという，1898年に出版された，彼の一般社会学に関する観念をまとめた『社会法則』の骨子をまとめて，模倣の社会学者，タルドを理解することにする。

第1節　『模倣の法則』の中の主要観念

1. 社会的事実の観念

　『模倣の法則』は，現在，過去，もしくはあらゆる社会に適用されるべき法則を解明する純粋社会学又は一般社会学の大網を描こうとしたもので，「人間的事実の純粋に社会的側面をできる限り明確に指摘しよう」[3]として著されたものである。『模倣の法則』は，8章から成っているが，その中核を成す章，すなわち発明と発見，模倣，現象の類似と反復等々，タルド独特の心理学的社会学的観念が展開された第1章，彼の社会学をもっとも特徴づける「社会とは模倣であり，模倣とは一種の催眠状態（une espèce de somnambulisme）である」[4]という有名なフレーズを用いて彼の心理学的社会学的観念が論じられた第3章，当時期注目され始めた科学，考古学と統計学が彼の考える社会学にとっていかに有用な学問であるかが説かれた第4章，そこにおいて，特に考古学は，1つの発明がいつどこ

からもたれされたのかなど，過去の社会を見るための方法が社会学研究の方法に役立つとされ，統計学は，現在の社会状態と将来への傾向を捉えるために社会学にとって極めて重要とされている。そして，進歩は一種の集合的思索とされ，信念と欲望の対決こそが論争的争い，あるいは論理的結合を生み出すこと等が論じられると同時に，彼自身の社会学を具体的応用的な社会学というよりは，むしろ，より一層純粋な抽象的社会学，すなわち形而上学的社会学であると言明して自らの社会学を特徴づけた第5章，の各々4つの章は「哲学評論」ですでに発表された論文を修正又は増補して再録したものである。興味深いのは，それら4章のうち第5章を除く，第1章，第3章，第4章の初出は，1882〜84年（つまり，1880年から始められた社会学的研究のもっとも早い時期）に発表されたもので，『模倣の法則』は，前章で取りあげた1886年出版の『比較犯罪学』とともに彼の社会学研究史のうちで極めて早い時期の観念が1890年の研究成果となって生かされていることである。

　さて，本章では前章と異なり，各章を1章ずつまとめるのではなく，『模倣の法則』で唱えられた彼の主要な観念のうちいくつかを取りあげて，彼の模倣論あるいは心理学的社会学について理解しようと思う。

　タルドは，『模倣の法則』によって社会的事実についての1つの科学，すなわち社会学を創ろうとした。彼にとって社会的事実とは，個人的行為によって作られる類似した小さな諸事実の連鎖と，その連鎖を束ねる（résumer）公式，すなわち法則，と定義づけられている。この社会的事実の定義の特徴は，社会的事実を個人的事実から明確に区別される一種独特の実在としたデュルケムの観念と真っ向対立して，個々人の類似行為に着目したところにある。タルドは類似した個人的行為が1つの大きな束になると，それは測定可能な量（quantité）であって，集団（groupe）ではない，と捉える。この個人的行為を量として捉えて説明するところにタルド特有の心理学的社会学の考え方がある。すなわち，彼は，類似した個人的行為は全て社会生活に関連があるとして，類似した個人的行為から社会が捉えられると考え，それを捉える具体的方法として統計学的方法を適応する。例

えば，彼の説く類似した個人的行為とは，犯罪行為，投票行為，出産，結婚，死亡等々である。それらは個人の内面的質，すなわち信念及び欲求を統計的数字，すなわち量として表示されたものである。表示された数字は，社会的欲求，社会的観念，流行の傾向等々社会の新たな欲求，新たな流行の発生，進歩などまさに現実社会の成長，発展，停退，衰退等の社会心理状態を示すものであり，これを彼は個人的行為の連鎖の束，すなわち社会的事実として捉えようと説くのである。こうして説かれる彼の心理学的社会学を成り立たせるのは，個人的行為の束を数量として捉えるところにある。彼は統計学を現実社会の心理を映し出す社会心理学とまで言って，その重要性を強調するのである。なお，現代のフランス社会学界を代表するR.ブードンは，「タルドの心理学的統計学」についての論文の中で，タルドは一連の統計を用いて個人現象を説明するが，その方法は心理学的統計学と呼べる考え方を示しているとし，その観念は彼の最初の論文「信念と欲望」においてその原理が述べられているとして，タルドの人間科学における個人主義的パラダイムを高く評価[5]している。確かに，今日，タルドの説いた個々人の信念も欲望も調査によって計量化され，それらを用いて現代社会の分析が行われたりしている。例えば，信念は人々の生き方をおし計る意識調査などによっ

表3-1　R. ブードン（1934 −　　　　　）

　現在のフランスを代表する社会学者の一人，方法的個人主義を主張。
彼は，機能主義，構造主義，ブルデューのハビトゥス理論など，いわゆる「決定論的パラダイム」と呼ばれる立場を取らない。彼は，社会的拘束や強制を評価する理論，個人の行為への社会，つまり構造又は社会階級の影響を評価する理論を非難。社会現象を個人の外部にある何らかの原因で説明することを拒否。彼は，M. ウェーバーに従って，個人（個人の動機，個人の行為）から出発することによってしか，社会現象を説明することはできないと主張。社会学者は，まず，社会の基礎的要素を成す個人行為を研究しなければならない，個人行為は社会現象に影響を及ぼすし，生み出す，と主張。

出典）M. Montoussé, G. Renouard, *100 Fiches pour comprendre la sociologie*, p.60, Bréal, 1992.

たり，欲望は文化的消費の傾向を知るための調査によって現代人の信念と欲望が計量化され，研究されている。

社会学研究の上での統計学適応の重要性は，すでに前章で何度も指摘しているようにタルドのみならず，デュルケムの社会学研究のもっとも早い時期の研究論文でも見られる。特に，デュルケムの1888年の論文「自殺と出生率」では，タルドが類似した個人行為とした，出産や結婚の統計を用いて社会学的研究を行っている。ただしかし，デュルケムはタルドと異なり婚姻率，出生率，自殺率等の統計データは個人と切り離して統計データそのものを集合精神のある一定の状態とみている。従って，2人が同じように統計学を社会学に適応することを重要視していても，統計データに対する考え方は，まったく異なる。ただ，2人の間にそのような違いがあるとはいえ，当時期，科学としての社会学構築をもくろむ2人の社会学者が統計学に目を向けていたことは，社会学形成史を見る上で着目すべきことである。

2. 模倣論
i 発明と類似

タルド社会学を特徴づけるのは，何と言っても模倣論である。彼の模倣論を理解するにはいくつかの主要な用語があるが，その中で発明と類似に留意したい。

まず，発明である。彼にとって発明と模倣は，人々の観念であり，意志であり，判断であり，意図である。従って，それらは基本的に社会的行為であり，人々の信念と欲望が具体化されており，計測可能な量として現れる，と説かれる。さらに模倣と発明の関係を彼は，発明が山であれば，模倣はそこから流れ出る川のようなものと，例えている。この例からすれば，何かが発明されると，発明されたものが人々に模倣されて，広く社会に伝わり，社会を潤すということと，発明がなければ模倣は発生しない，と解される。又，彼は，発明（発見）は，「新しさ」であり，革新又は改良と説き，言語，宗教，政治，産業，芸術等々あらゆる社会現象において常に作られて，模倣を生み出しているという。つまり，発明と模倣

は，ある特定の人によってのみならず，あらゆる人，そしてあらゆる領域と生活世界に生み出され得る。こうして，彼は慣習，模倣，流行模倣，同情模倣，服従模倣，教授模倣，教育模倣，素朴的模倣，反省的模倣等々，人間の行為や感情等々，あらゆることを模倣によって説明できるとした。しかも，例えば，古代の図柄を現代のアーチストが模倣することがあるように，模倣とは，ある最初の発明者から何千年後にも模倣されることがあるとして，模倣は時・空を越えたものとも捉えられている。

なお，タルドは発明を革新とも説いているが，その革新とは，エスピナスが『動物社会』において説いた個人的創意に通じる観念であり（このことは，第2章でも触れている），それをタルドは精神の革新と表現している。この表現には，個人の自発的な意思によって創り出される発明と模倣が社会を構成するという，彼の個人主義思想が含まれる。又，彼の模倣の観念には，今述べた個人の自発的な模倣だけではなく，他人の行為や考えによって暗示を受けるような時の自発的意思に基づかない，無意識的な模倣[6]もあることもここで留意しておきたい。

次に類似である。類似については，次の2つの点に着目したい。1つは，類似を社会的事実の本質的な一単位とする観念である。先述したように，彼は社会的事実についての科学である，社会学を創ろうとした。彼にとって社会的事実とは，個人的行為によって作られる類似した小さな諸事実の連鎖と，その連鎖を概括する法則である。まさに，模倣から生まれる類似と，その連なりこそが彼の社会学の本質なのである。

もう1つの類似は，集団ではなく，量であり，数として測定可能とする観念である。彼は，事物は類似的なものとして生まれるものではなく，模倣によって類似的なものになる，と言う。つまり，あらゆる又はほとんどの社会的類似は，あらゆる又はほとんどの生物的類似が遺伝を原因としているように，模倣から生まれる，と彼は説く。この観念から，模倣から生じる類似は，あらゆる感覚的質の奥底にある信念と欲望という内面的質（qualités internes）である心理的量（quantités psychologiques）を社会的量として統計的に計測できるとする，既述の

統計学の適応の考え方に結びつく。

　模倣の法則を規定するために彼は，統計学とともに考古学の必要性も強調するが，その中でも類似の観念が生かされている。彼によれば，例えば，ある場所で発見された古い墓に描かれた壁画の年代や題目を決定する時，研究者はその壁画とすでに年代の判明している他の絵画との類似に注意することによってこの問題を解決する。つまり，類似から結論されることは，新たに発見された墓の壁画は，すでに判明していた絵画を模倣していた，ということである。あるいは又，その逆もある。これをタルドは模倣的伝染（contagion imitation）と言う。このように彼は，1つの発明がどこからもたらされ，どこにどのように伝播して拡充していったのかを解明する上で，類似の鑑定が重要な意味を有していることを説いている。

ii　模倣と夢遊病

　彼の模倣論の中には，極めて興味深い2つの観念がある。1つは，社会は模倣であるとする観念で，もう1つは，模倣とは一種の夢遊病とする観念である。

　まず，前者の観念から見ることにする。基本的にタルドは，社会を今まさにお互いに模倣している人々，あるいは現に模倣していなくともお互いに類似していて，共通の特色が昔同じモデルを模倣したような人々の集合と定義し，さらに有名なフレーズ，社会とは模倣であると説いている。ここで彼が説く社会は模倣であるとは，どういうことなのか。このことを理解させる手掛りの1つとして彼は，次のことを追加している。すなわち，社会は明らかに何人かが，ある他人を模倣したその時から存在する，と。つまり，彼はある人がある人の行為を模倣したその瞬間から社会が成り立つと言うのである。言い換えれば，個々人の模倣行為によって社会が形成されるということである。彼のこれらの観念からは，個々人間の連鎖行為が社会的な行為の源泉と考えられる。彼が着目するのは，模倣する人々によって構成される有機的な全体社会ではなく，人と人との結びつき，連鎖に基づく関係性である。なぜなら，彼は，社会は，程度の差こそあれ，常に1

つの結合（association）であり，結合とは，社会性，すなわち模倣性であるからである。この結合と模倣性の関係は，有機体が生命力に対する関係のようなものであると，タルドは説明する。この説明方法は，模倣が諸社会において演ずる役割は，遺伝が有機体において演ずる役割に類比される，と彼は生物学的類比を用いる。彼は，社会有機体説は否定するが，説明の手法として生物学的類比は拒否しない。彼にとって類比を用いた説明方法は，生物学的類比だけでなく，物理学的類比も用いられる。物理学的類比は，科学は条件的先見の能力が必要である，とすることを説明する所で次のように用いられている。すなわち，物理学者は，大砲が発せられた瞬時にその発射音が，その弾道に沿って音に干渉物がないことを条件に，どれほどの距離においては何秒後に聞こえるかを予言することができる。まさに，これと同様な根拠において社会学者も，科学者の名に値する。なぜなら，今日では模倣放射線の源泉からほぼ同じスピードで個別的にか，あるいは共同的にか，いずれかの進展傾向がわかれば，革命や紛争などがない限り，社会学者は，いつでも10年後，20年後の社会状態を予言することができる，と。これらの物理学的類比は，社会学が科学としての先見性を有していることを主張したものである。

　このように説かれる彼の模倣の観念は，まさに彼の社会学を特徴づける個人主義的社会学の根幹を成す観念である。

　もう1つの，模倣とは夢遊病あるいは催眠状態である，とはどういうことを意味するのか。彼によれば，社会的状態というのは催眠状態あるいはうわべの夢又は行為をしている夢に他ならないという。つまり，人は暗示された諸観念を持っているにすぎないのに，それらをあたかも自発的なものと信じこんでいることがあるが，それは，タルド的には夢遊病者あるいは催眠術にかかった人固有の幻想（錯覚）だというのである。このようにタルドは，人は自発的に考えて行為していると信じていることが，盲目的に勝手にそう信じこんで自ら自発的だと思いこんでいるだけで，実際はロボットのようなものにすぎない，というのである。確かに，流行模倣などは流行を自らが作り出していると思いこんでいるだけで，実は，

流行現象におどらされているにすぎない。そして，彼は，社会生活は催眠の連鎖（cascade）だとも説く。これはどういうことかというと，最初は威信のある1人の人が1つの衝動を与える。やがてそれに刺激を受けて数千人の人がこれをあらゆる細目にわたって模倣する。そうすると，模倣した人々は最初の人の有した威信をも自らのうちに取り込み，それによって次に今度は何百万人の人々に模倣されることになる。こうした模倣が増幅して拡大してゆく連続性を催眠の連鎖と，彼は言う[7]。このようにタルドは，模倣のメカニズムの説明として夢遊病及び催眠という観念を用いて説明したのである。

　又，彼は模倣は夢遊病である，と言う場合の夢遊病的状態について幾つか例示しているのでそのことを整理して，彼の言う夢遊病についてもう少し理解してみようと思う。1つは，パリに出て来た田舎者とかヨーロッパ旅行に来た日本人，あるいは初めて学校の教室に入った新入生のように，新しい環境に入った瞬間とか，貧困な環境から急に豊かな環境に移った時に，彼らが過去において経験した生活や思想から断ち切られてしまうほどの過度の刺激をうけたり，不可抗力的に新しい環境の魔術的魅力に取りつかれて，自分の見るものを何でも信じてしまう。そういった状態こそ彼らが茫然自失となり，精神が麻痺した夢遊病的状態（夢遊病になった状態）だと言う。もう1つは，家庭と学校における子どもを例に夢遊病的状態を説明している。彼によれば，子どもは明らかに夢遊病だという。その理由は，子どもは年齢とともに夢を複雑化するし，活動の中心を家庭から学校へと移行して，それまでの親への服従模倣や尊敬模倣（親への尊敬心）から上級生や先生，あるいは同級の優等生にそれらの模倣を移してゆくからである，と言う。彼は，それらの移行を模倣の対象の変化，あるいは模倣の重ね合わせと言っているが，それらの説明から彼の言う夢遊病あるいは催眠状態を理解するとすれば，ここでの夢遊病的状態とは，子どもが家庭中心の生活世界の段階から学校教育の段階に進んで新たな環境に入ってゆく，その過程において生じる，彼にとっての親以外の新たな「意味ある他者」へのあこがれ，尊敬心，依存等々の精神状態，と言うことができる。

こうして論じられたタルドの模倣の社会学は、心と心の間の社会学（心間社会学）と呼ばれたり、脳と脳との間の社会学（脳間社会学）と呼ばれたりする[8]。『模倣の法則』は、デュルケムが社会学に求めた実証科学とは異なり、タルド自らも述べているように抽象的な社会学、すなわち形而上学的社会学と言われたり、心理—社会学的研究に重大な貢献をはたした個人主義的社会学と呼ばれるが、いずれにしても現代社会心理学の先駆的研究として今日の社会学者に高く[9]評価されている。

第2節　デュルケムによる模倣論批判

1.『自殺論』の目的

　次章でタルドとデュルケムの論争について取りあげるが、その前にタルドの心理学的社会学あるいは個人主義的社会学の本質を成す模倣論は、隣接科学の中でも心理学と明確な境界線を画すことで、専門科学としての社会学の可能性をアピールするデュルケムにとってどのように受け留められたのか。タルドと異なる立場に立つデュルケムによるタルドの模倣論の評価を、2人の激しい論争期に出版された『自殺論』(1897年) によってみておこう。

　『自殺論』は、『社会学的方法の規準』(1895年) で展開された社会的事実を物のように観察しなければならない、とする社会学の方法と対象の原理を、より具体的現象に実際に適応した、いわば応用研究として出版された。その著書でデュルケムは、自殺を心理学的生物学的要因で説明するのではなく、集団の凝集力や社会の規制力・規範力の強・弱など社会的要因によって説明できることを証明しようとしたのであるが、それは同時に、心理学的社会学を標榜した論敵タルドを批判することでもあった。P. ベナール[10]は、『自殺論』は、「『社会学的方法の規準』で示された社会的事実の定義を、よりはっきりと具体的に示して、社会的事実の自律性を強く前面に押し出し、タルドとの距離を際出させて心理学的社会学者タルドとの戦いに勝利する目的」があった。それゆえ、『自殺論』は、「タルドを標

的とし，その大半が反タルドの本である」とまで言明している。特に，反タルドの具体的指標として取りあげられた観念こそ，タルドの模倣論である。デュルケムは，この観念の否定を介して心理学的社会学の不当性を明らかにし，彼の説く社会学の有効性を『自殺論』で示そうとしたのである。

こうしたことから『自殺論』は，デュルケム流社会学の命運をたくして著されたと理解されるが，さらに加えて次のような事情もあった。すなわち，1898年に発行されることになる「社会学年報」の発行計画との関連である。「社会学年報」は，『社会学的方法の規準』出版後，『自殺論』執筆と時を同じくして，ブグレやラピなどの若手研究者との相談のもと，計画されていた。当時，タルドの心理学的社会学にブグレもラピも魅力を感じていて，デュルケムからすると彼らをタルドの影響から取りもどし，デュルケムの協力者としてつなぎとめる必要があった[11]。そのために『自殺論』での社会実在論の説明とタルド批判は執拗なまでに繰り返されたのである[12]。なるほど，デュルケムのそうした努力が功

表3-2　C.ブグレ（1870-1940）

ブグレは，「社会学年報」創刊に深くかかわり，かつデュルケムの協力者として極めて重要な役割をはたしたが，ラピと同様，デュルケム流の方法論には慎重な態度を取った。特に，デュルケムが目を向けなかった個人意識に，より重要な位置を与えた。

彼の重要な著書2冊をあげるとすれば，1冊は，平等主義の観念の社会的形成過程を説いた，1899年出版の『平等主義の諸観念』である。この著書で彼は，平等主義は現代社会の原動力であると同様，自然的所産である，とした。

もう1冊は，1908年出版の『カースト制論』である。そこにおいて彼は，ヒエラルヒー化された社会構造のインド社会を構成する，カーストのはたすヘゲモニー的役割について論じた。

なお，ブグレは，リセの哲学教授，モンペリエ大学講師，トゥールーズ大学教授，パリ大学教授（エスピナスの代理）を経て，母校であるエコール・ノルマル・シュペリュールの学長職へと昇りつめた。

出典）M. Lallement, *Histoire des idées sociologiques* tome 1, p.187, Nathan, 1993.

を奏したのか，「社会学年報」は無事ブグレとラピなどの協力のおかげで発行され，のちにその雑誌を通してデュルケムを中心にして，タルドにはできなかった，デュルケム学派と呼ばれる一大学派を形成させることになった。

又，今『自殺論』の研究の目的自体がタルドの心理学的社会学に反対するためであったことを強調したが，それだけでなく，『自殺論』執筆は，その準備を始めた1895年当時，社会学の置かれた状況とも深くかかわる。彼は，当時の社会学の置かれた状況を，『自殺論』の序文の中で次のように見ていた。すなわち，社会学は，10年前にはあまり知られていなかったが，しばらく前から流行の学問となっているし，この新しい科学の使命は増大し，かつ期待も大きいが，偏見も拡大している，と。彼にとってみると，当時期の社会学の発展状態は，まだ社会学が取り扱う問題さえ明確に限定されておらず，ありとあらゆる問題に手を広げていると受け止められていた。そこで，デュルケムは，科学的社会学の樹立のためには，まずはっきりとした社会学研究のための対象を限定し，限定された事実群を研究しなければならないと，彼のもっとも基本的な学問的理由から，容易に規定しやすい自殺現象を選んで『自殺論』を執筆したことも指摘しておかなければならない。

デュルケムが社会学成立のために一大原則として打ち出した研究対象の限定化の観念は，『社会学的方法の規準』で強調された，社会的事実を物とし，個人の外部にある実在として研究しなければならないとする，基本原則に基づくものである。そこでのデュルケムの主張の特徴は，個人の意識とは異なる実在だけを社会学独自の研究対象とする，観念である。

2. 自殺の非社会的要因の否定

さて，デュルケムが，自殺の社会的要因を説くことによって社会学主義的社会学を確実なものとしようとした『自殺論』で行ったことは，自殺の非社会的要因説の否定である。彼の説く非社会的要因とは，精神病（ノイローゼ），アルコール中毒や人種，遺伝などの有機的心理的要因と気候や気温それに地理などの物理的

環境的要因と，それにタルドの主張した模倣要因である。それらの非社会的要因のうち精神病による自殺は存在することを認めるが，その他の諸要因，すなわちノイローゼ（初歩的な精神病とデュルケムはみている）については，自殺の素地は与えるとしても，それは必然的に自殺という結果を生まないと，ノイローゼが自殺の要因になることを否定するし，アルコール中毒についても，これをある特殊な精神病理的状態とみなし，この中毒からは自殺が導かれることはないと否定している。彼は，ノイローゼやアルコール中毒を精神病理的状態あるいは精神異常と捉え，それら精神異常（psychopathique）が自殺をさせるような原因の作用にすぐれて適合的な心理的基盤をなすとしても，それ自体が原因をなすわけではない，つまり，精神異常であるがゆえに必然的に自殺をするというわけではないとし，いかなる精神異常も自殺との間に規則的で明白な関係はない，とみる。なお，とりわけノイローゼという心の内のあり方の綿密な分析と説明は，デュルケムの精神病理への造詣の深さに驚かされる。そうしたデュルケムへの驚きは，人種など他の非社会的要因を論ずる中でも認められる。

　非社会的要因の人種，遺伝などの有機的心理的要因についても彼は否定する。人種については，まず，彼の社会学研究の方法に従って正確な定義を行った上で，検討を行っている。それは，人種がどこからどこまでの範囲かを正確に区分できて，はじめて人種と自殺とがどのような関係にあるのかが理解される，という理由による。これは，ただ通俗的に人種を考えてはならない，という当時代の研究者たちへの警告でもある。彼は，自らの定義を確立するために人類学者たちの先行研究をきちんとふまえて，人種を遺伝的な類似性を呈しているような成員からなる諸民族のグループ（例えば，ラテン人種，アングロ・サクソン人種）と定義した。この人種の定義は，デュルケム自身認めているようにほとんど民族と同一であるが，この定義に従って，彼は人種によって自殺傾向が異なるのかを検証し，人種と自殺とは関係しないと断じた。遺伝については，次のように言う。すなわち，親から子へと直接まるごと自殺傾向がいったん伝達されるとまったく自動的に自殺を生じるものとする当時代の心理学説に対して，気質の遺伝はあるが，しかし

それは自殺の遺伝とは異なる。親の気質を受けついで，同じような状態におかれると子が親と似た行為をとりうるということであれば，自殺は遺伝することになるが，しかし，遺伝するのは気質であって自殺ではない。こうして彼は，自殺への傾向が生殖を通じて伝達されるとする考え方，すなわち，遺伝による自殺を否定する。なお，自殺者を親にもつような精神病者やノイローゼ患者の場合にみられるように，あらゆる暗示一般，特に自殺の観念に，よりとらわれやすい体質をもった個人に特に認められる自殺があるが，そうした自殺は遺伝による自殺というより，伝染的な自殺と言うべきであるという。なぜなら，こうした個々人には彼らに強い印象を与えたもの全てを再現しようとする傾向があるばかりか，すでに何ほどかひかれていた１つの行為を繰り返そうとする傾向を特におびているからである，という。

　気候や気温など宇宙的要因は自殺の要因になるのか。否とデュルケムは言う。しかし，自殺と宇宙的要因との間には直接的な関係は認めないものの，それまで否定されてきた他の非社会的要因とは異なる興味深い見解がそれらの間の関係には認められている。それは，社会生活（社会条件）は自然現象（気候や気温，日照時間等々）に規定され，それが自殺の増減と関連するということである。彼によれば，昼間の時間が長くなると自殺は増加し，短くなると減少する，つまり昼間の時間の長さの変化と自殺の増減の間には関係がある，という。なぜなら自殺の大部分は昼間行われており，それは気温の作用ではなく，昼間は社会的活動が活発に営まれ，人間関係が繁くなり，錯綜し，社会生活がもっとも激しくなる時だから，という。そこには一見，気候や気温が自殺に影響を及ぼすかにみられるが，そうではなく，日照時間が長くなればなるほど集合生活も長時間活発になり，その分自殺も増加し，冬の季節のように日照時間が短くなれば集合時間は短くなり自殺も減少する，という。こうした見解からデュルケムは，自殺の増減は集合生活の活発さの大・小に規定されるとする。つまり，自殺の増減は自然条件ではなく，社会条件に基づくと結論づけられる。

　非社会的要因として最後に取りあげられているのが，心理的要因としての模倣

である。彼は，模倣を論ずるに当たって関連する文献としてタルド以外数人の著者の文献を対象としていることを明記している。そこから，ここでの模倣論批判がタルドにのみ的を絞ってなされたものではないことがわかるが，しかし既に指摘のベナールの見解によってもわかるように，当時期のデュルケムとタルド論争からして，模倣論批判の中心はタルドにむけられたことは確実である。

3. 模倣論の批判

まず，デュルケムが批判したのは，彼の社会学研究法の基本中の基本とした，研究すべき用語の明確な定義の問題である。彼は，明確な定義の確定ののちに，はじめて正しい議論が成り立つということを社会学研究の一大原則として有していた。その考えから模倣研究を見ると，それまで研究者たちは模倣の定義もせずに論じてきており，そのために模倣はあいまいなまま考察されてきていると，模倣研究のずさんさを批判的に指摘する。そこで，彼はあいまいなまま考察されている模倣を，彼の方法に従って明確に定義することから始める。そして，その過程で，それまでタルド等によって研究されてきた模倣の観念をデュルケム流に3つに分類し，それぞれ批判，検討する。

彼が分類，整理したそれら3種類の模倣は，①相互的模倣 (l'imitation réciproque)，②慣習の模倣及び流行の模倣，③再現又は敷き写し行為，である。

1つ目の相互的模倣とは，同時に経験されている意識状態が相互に作用し合い，結合し，1つの新しい状態を作り出すような模倣である。そこでの結合は，メンバー全員による各人の，各人による相互的模倣にもとづくものである。この模倣の例として，デュルケムは，タルドの指摘した興奮に満ちた集会や，革命時の情景を引き合いに出している。2つ目の慣習及び流行模倣とは，自分の属する社会に調和するようにさせる欲求，又この目的のために一般的な思考様式や行為様式を自らに採用するようにさせる欲求に対して与えられる。慣習の模倣は，自分の祖先をモデルにするような場合に，流行の模倣は自分の同時代人をモデルにするような場合に用いられる名称である。3つ目の再現又は敷き写し行為とは，自分

の目前で起った行為又はその行為の話を聞いてそのまま再現することである。例として，デュルケムは，あるものがあくびをし，笑い，涙を流すのを見て，そのために自分もあくびをし，笑い，涙を流すようなこと，あるいは殺人の観念がある者から他の者へと移行していくことをあげている。この敷き写し行為は，まさにそれ自体猿真似にほかならない，とデュルケムは言明する。これら3種類に分類された模倣のうち，デュルケムがタルドの引用を用いて説明した相互的模倣は，そもそも再現という事実が含まれていないゆえに模倣とは言えないと断じ，かつこの模倣を生み出す人と人との結合に対する考え方それ自体を否定する。すなわち個々人の結合からは，明らかに何か新しいことが生まれる。例えば，集会に集まった人たちが相互に影響し合って，初めはおとなしい人たちが，恐るべき怪物に一変することはよくある。しかし，そのような変貌を引き起こすのは人々の結合によって生まれる模倣からではない。そこには模倣すべきモデルもコピーもない，あるのはある1つの別の状態への浸透と融合である。結合に基づく融合から生まれる新たな状態を相互的模倣と呼ぶことはあまりにも恣意的で混乱の極み，とデュルケムは指弾する。彼は，集会に参加した人々がお互いに作用し合い，結びついて1つの新しい状態を作り出すのは，模倣というよりも創造と呼ぶべきだと別の名称を与える。この相互的模倣論の批判は，デュルケム社会学の根幹を成す，社会は個々人の単なる総和ではなく一種独特の実在とする社会実在論に基づいている。

　デュルケムは，慣行を守ったり，流行にならったり，世論に従ったりすることは，誰かがすでに行ったことや常に行っていることを反復することで，それらの反復行為は，仲間との間の同情心とか，義務感とか，有益性とか，権威への従属や畏れといったことを感じて行われるものであるために，模倣とは呼べないと，慣行，流行，世論などを模倣とみる説についても否定する。デュルケムにとって，慣行に従うこと，流行に従うことは，義務的なこと，拘束的なことなのである。彼が分類した3種類の模倣とされているもののうち彼自身が模倣と認めるのは，3つ目の他者の行ったことを自動的に繰り返すこと，すなわち再現すること，の

みである。彼によれば，再現するとは，新たな行為が最初の行為のいわば，こだまであること，あるいは他人の動作の機械的な猿真似であることが，模倣と呼べるものである。

　こうした当時代の模倣説の評価を経て，デュルケムは彼自身の模倣の定義を次のように述べている。すなわち，ある行為が，それに先立って他者によってなされた同様の行為を直接の前件としていて，しかもその表象と実行とのあいだに再現された行為（l'acte reproduit）の内在的諸特性についてのどのような知的操作[13]も介在しないような場合に，はじめて模倣というタームを用いることができる，と。これらの長々とした模倣の定義を自身，模倣とは模倣される事実が単独で自動的に再現（reproduction automatique）されることと要約し，こうして定義される行為だけが，心理的模倣と呼べるとした。このように定義を確定して，ようやくデュルケムは，心理的要因として模倣が自殺にどのような影響を及ぼしているのかをみる。その中で一般的に混同されやすい伝染による自殺と，模倣による自殺とは異なることを明記している。

　彼によれば，伝染とは，ただ個人的事実が多少とも反復され，波及してゆくことで自動的に拡がることでもないし再現でもない。同じ時点で同じ場所で生じる自殺は伝染自殺である。自殺は伝染しやすい現象で，この種の自殺は拘禁的な施設（例えば，軍隊や宗教，監獄などの施設）など，共通の環境の影響で生じることがある，という。模倣は，注目されるべき何らかのモデルがあり，それらが中心となって人々に再現させる現象である。確かに，模倣による自殺の個別的ケースはあるが，しかし，模倣による自殺が，統計上の数字となって社会率に影響を及ぼすようなことはない，と模倣による自殺増大の影響性については明確に否定する。ただし，デュルケムが模倣による自殺の増大を議論する中で，一点，注目しつつも明確な事実に基づいて証明できない，という理由で論証を棚上げしている問題がある。それは，自殺の新聞報道が，人々に自殺を模倣させることにつながり，結果として模倣による自殺増加が生み出されるかもしれないという問題である。

彼は、新聞は、強力な伝播の手段と認め、当時代としては十分な証拠がなくて証明することはできないとしつつ、ある条件が整えば、自殺についての新聞報道が手本となり自殺の模倣を生み、増大させる可能性がありうることを示唆している。ある条件とは、より多くの人々に共感と好奇心がゆきわたるように地域的環境が平準化していることと、特定の地域に限定されない一国さらには国を超えた広大な地域のニュースを集約し、かつ報道できるような大きな報道機関があること、である。これらの条件が整えば、模倣されるお手本がニュースとして国全体に一度に提供され、関心度をおし計ることも、その影響力についても認めることが可能となる、とデュルケムはみている。これらの彼の指摘は、今日のような情報化社会においては、自殺についての報道が模倣自殺を生むのみならず、増大させることを示唆しているように読みとることができる。従って、デュルケムの時代と異なり、今日ではメディアによる模倣自殺の発生と増加の問題は、考えるべき社会学的テーマと言える。

　こうした興味深い論考もみられるものの、デュルケムはここで模倣とは心理的現象であり、非常にまれな例外を除いて自殺の根本的な要因ではない、と明確に模倣の自殺要因説を否定する。加えて、タルドの『模倣論』において主張された社会は模倣であるとか、社会的なものは本質的に模倣であるといった、彼の社会学原理に関しても、模倣はそれ固有の影響力を持たないし、それの及ぼす影響力も限られている、模倣をあらゆる集合生活の卓越した原因であるとする理論は根

トピックス　実際にあった模倣自殺

　1986年、アイドル歌手がビルから飛びおり自殺をした。この自殺は、衝撃的な写真とともに大々的に新聞、週刊誌などマス・コミによって報道された。その自殺報道の直後から少年少女による後追い自殺が多発した。この後追い自殺は、アイドル歌手の自殺を模倣したもので、その模倣自殺を促したのは、アイドル歌手の自殺を大々的に報じたマス・コミの報道である。

出典）横山滋『模倣の社会学』25-27頁、丸善ライブラリー、1991.

拠がないと，模倣に基づくタルド社会学を一刀両断に切りすてる。『自殺論』において，自殺の非社会的要因の1つとして取りあげられた模倣ではあるが，こうしてみると，他の非社会的要因と異なり，この模倣論批判は，当時期，激しく行われていた2人の論争の中で，タルド社会学への反撃の役割を担ってなされていることが十分読みとれる。

　さらに，『自殺論』でのタルド批判は，第1編第4章の非社会的要因における「模倣」に限られてはいない。デュルケムは第3篇「社会現象一般としての自殺について」の第1章「自殺の社会的要素」でも，彼独自の社会実在論を鮮明に打ち出す中でタルドを批判している。そこにおいてデュルケムは，『社会学的方法の規準』で説いた集合的実在（社会的なもの・精神的なもの）は，個人の外部にあって個人に働きかける力（影響力・支配力）を有することを改めて力説し，さらにそれらは，測定も比較も可能な客観的なもの（社会的事実）であることを説くとともに，『自殺論』においてそれらのことが客観的なもの，すなわち自殺統計によって論証し得たことを自認している。例えば，なぜ自殺率は毎年同じ程度の割合で発生するのかについて，社会実在論にのっとってその要因を次のように説明する。すなわち，自殺率は，社会を構成するメンバーが年々入れ替わろうと，世代が移行しようと，個々人の気質がまちまちであろうと，ある程度毎年変わらずに一定に保たれる。それは，自殺が個人から個人へと伝達されたり，継承されるからではなく，個人の自殺の事例をこえた非個人的要因が常に作用するからである。つまり，自殺が毎年同じように発生するのは，個人から独立し，個人の外部にあって個人に働きかけ，影響を及ぼす集合的実在（集合的傾向）によるからである，と説く。まさに，それらのデュルケム説は，彼の社会学の本質を成している。こうしたデュルケム説からは，自殺の連続的同一性を個人の所産とするタルド説は受け入れられない。そこで，デュルケムはタルドを次のように否定する。タルドは自殺率のみならず，社会的なもの（例えば，言語，宗教的儀礼，芸術的手法，法律条項等々）全てが，個人から個人へと模倣されるとみているが，しかし社会的なものの連続的同一性は，観念や慣行を伝達手段の個人ではなく，個人の

上に強制される集合的精神によるものである。この集合的精神は、自殺傾向と同じように一定の強度（影響力）を持っており、それによって個人は、伝統に服する。すなわち、集合的精神こそが社会的なものの連続的同一性の要因なのである、と。

こうしてデュルケムは、タルドの模倣論と、心理学的及び個人主義的社会学を根拠のない理論と否定し、彼自身の社会学の正当性を説いたのである。

1897年のデュルケムのこうしたタルド批判から、1894年から始まった激しいタルド・デュルケム論争が、この時期、依然として激しく行われていたことがわかる（1894年から始まる論争については次章で取りあげる）。次に取りあげるタルドが1898年に著わした『社会法則』では、自説を展開しつつも、デュルケム批判もある。その当たりも含めて次にタルド社会学の主要な観念がまとめられた『社会法則』を見ることにする。

本節で用いた『社会学的方法の規準』と『自殺論』は次の文献による。
① É. Durkheim, *Les règles de la méthode sociologique*, p.u.f, 1981. 宮島喬訳『社会学的方法の規準』岩波文庫，1978.
② É. Durkheim, *Le suicide*, p.u.f, 1976. 宮島喬訳『自殺論』中央文庫，1995.

第3節　社会法則論

タルドは、一般社会学に関する著書、『模倣の法則』(1890年)，『社会論理学』(1893年)，『普遍的対立』(1897年)の3冊を著わしているが、それらの3冊を要約し，1冊にまとめたのが『社会法則』(1898年)[14]である。従って，『社会法則』は、タルド社会学を理解する上で特別な位置を占めている。そこで、本節では，『社会法則』で示された3つの主要な法則の観念を中心に簡潔に整理してタルド社会学の本質の一端に触れてみたいと思う。なお，『社会法則』が出版された1898年は、96年にルネ・ウォルムスが社会有機体説をまとめた『有機体と社会』を出版したり，前節で見た通り，97年には、タルドを大批判したデュルケムの『自

殺論』が出版されたり，さらにデュルケム学派を形成することになる「社会学年報」が創刊されるなど，フランス社会学の発展にとって極めて重要な年であったし，タルドの生活史から言うと，コレージュ・ド・フランスの教授職をめぐるデュルケム，ベルグソン等々との間での熾烈な闘いが行われていた時でもあったし，社会の動向をみると，ドレフュス事件で大揺れに揺れていた時代であった。

さて，『社会法則』でタルドは，自身の社会学についてどう要約したのか。彼は社会学を諸現象の反復の法則 (lois de la répétition)，対立の法則 (lois de l'opposition)，適応の法則 (lois de l'adaptation) を探求する科学と定義している。

これらの法則は，各々別々のものであると同時に，各々関連している。各々の法則とは，どういうことなのか，そしてどのように結び合っているのか。それらの説明を見ることによってタルド社会学の原理が理解されることになる。

まず，反復の法則とはどういうことなのか。反復の法則とは，社会的世界の模倣的反復 (la répétition imitative) である，とタルドは言う。それは，ある事実が徐々に相対的極小から相対的無限へと移行，拡大することを意味する。つまり，模倣されるあることがらが，個人から個人へと伝播，拡大してゆくことを模倣的

表3-3　R. ウォルムス (1869-1926)

　ウォルムスは，1890年代は進化論と有機体説とを合わせ持った考え方を有していた。すなわち，彼は著書『有機体と社会』の中で社会は，身体のように誕生し，再生産されそして消滅すると説いた。そして社会は，相反する2つの力，すなわち遺伝的特性（保守的力）と適応（革新的な力）によって活動しているとした。

　又，彼は社会現象を機能に応じて3つに区分した。1つは，栄養（摂取）の機能（経済学の研究対象），2つ目は再生産の機能（家族に関する研究），3つ目は関係の機能（道徳的宗教的知的政治的法的等々の諸事実の研究）である。

　しかし，社会有機体説が衰退すると，ウォルムスは社会と生物有機体とを同一視することは，不可能として（『社会科学の哲学』1903-07年出版）社会有機体の立場から離れた。

出典）Michel Lallement, *Histoire des idées sociologiques* tome 1, p.121, Nathan, 1993.

反復とタルドは言う。例えば，①最初の模倣者の個人的事実から始まって，それが徐々に拡大してゆく流行現象であったり，②ある集団の中で，ある新しい思想を，ある優れた人物が発言して，次第に集団の全ての人々に反響し，さらに近隣の集団へと伝播，拡大してゆくような思想の影響現象であったり，あるいは，③平民が盲目的に貴族を模倣し，農民が市民を，地方人がパリ人を模倣する，といったような社会階級 (l'échelle sociale) の上から下への模倣の降下 (cascade) 現象 (これをタルドは，優位的模倣とも呼ぶ) などである。

次に，対立の法則である。ここでタルドが説く対立とは，どういうことなのか。それは，反復の変異とされる。つまり，対立は相互に類似しているためにかえって滅し合う特性をもった，類似した2つのモノの反復とされる。したがって，対立物，反対物は，常に一対をなし，二元性を形成し，そして対立するものである。彼はこの説明から西洋と東洋，キリスト教とイスラム教等々，2つの国民，2つの人種，2つの政体間等々は，対立とは認めていない。彼の言う対立とは，2つの力，傾向，方向間の関係である。

彼は，対立を2種類に大きく区分し，さらに各々を細分して彼の言おうとする対立の理解を求める。1つ目の種類の対立は，現象の対立と言い得る対立で，これを彼は3つに細分する。その1つは，系列の対立 (oppositions de série) である。この対立は，進化と反進化，あるいは逆行又は退化のように異質的様相の対立である。常に逆転し得るもの，同じ方向をたどりながらもある時点で正反対の道をたどって逆行する対立である。例えば，一片の木から化学作用を通じて，ついには蒸溜酒を作り出すこと，このことは正反対の諸作用を通じて，一片の木を再製し得ることを意味しない。2つ目は，程度の対立 (oppositions de degré) である。これは，同質的様相の対立である。増加と減少，成長と衰退，騰貴と下落などで，より具体的に言えば，犯罪の増減，自殺，出生，結婚等々の増減などによって例えられる。3つ目は，記号の対立 (oppositions de signe) である。これはマイナスとプラス又は，正と負の対立である。

もう1種類の対立は，人間の意識や，人間間，集団間にかかわる対立で，これ

は2つに細分される。1つは外部的対立で、例えば、宗教集団間の対立や紛争などのような集団間及び個々人間の対立である。もう1つは、内部的対立で、これは同一存在、同一人の内なる対立、意識の対立、相違傾向である。

さいごに、適応の法則である。適応は、2つの段階に分けて説明される。第1段階は、システムの諸要素相互間でなされる適応である。ここでの要素についてタルドは特に説明を加えていないが、要素とは人間個々人と考えてさしつかえない。従って、諸要素相互間とは、個々人相互のことで、人と人とがお互いに接して適応することを意味する。この第1段階の適応を経て次に、第2段階の適応が始まる。第2段階は、これらの諸要素を囲むシステム、換言すれば、環境と呼ばれるものに諸要素を結びつける、という適応である。これは、人間個々人の環境への適応であり、社会システムへの適応を意味する。要するに、彼の適応法則説は、まず人間諸個人間の適応があり、次に彼らを取り囲む環境等への適応がある、とする適応2段階法則説と言える。適応は、この2段階説のほかに人間個人を中心にした分類もある。1つは、自己適応(l'ajustement à soi)である。これは、人が習慣に適応すること、習慣を自己の内に取り込むことである。それをタルドは、自己に対する適応と言い、自己反復(répétation à soi)とも称している。これらの観念は、習慣化、自我の形成さらにはアイデンティティの形成に関連する。もう1つは、他者適応(l'ajustement à autrui)である。これは、他者との適応である。彼は、この適応を遺伝又は模倣とも言い、他者反復とも称している。従って、この適応は、他者とうまく適合する、ということだけではなく、さらにある特質が人から人に遺伝的に伝わること、あるいはあることを人がまねて人へと伝わり同一化することを意味している。

このようにタルドは、反復、対立、適応の3つの法則について各々説明すると同時に、さらにこれら3つの法則の関係を、対立と適応は、反復から発し、対立は反復と適応の中間にある、と説く。すなわち、諸現象の法則は、反復から対立へ、そして適応へと生成発展的に関連づけて捉えられている。そして、社会学のみならず、全ての科学が類似、対象、均斉、調和、すなわち反復、対立、適応に

よって成り立つ，とした。

　以上は，社会学が探求すべき社会現象の3法則の観念であるが，タルドは，そうした法則論とともに，社会学が真に経験科学及び精密科学となるためには，現実社会を分析する必要があるとし，そのための研究法としてモノグラフ調査の重要性も説いている。

　モノグラフ調査については，すでに1855年に出版されたル・プレーの『ヨーロッパの労働者』によって，その重要性が認められていたが，タルドはル・プレーとやや異なる視点からモノグラフ研究の重要性を説いている。タルドの説くモノグラフ研究とは，ル・プレーの行った労働者の家計調査のような研究ではない（ル・プレーについては，第6章で触れる）。彼の説くモノグラフ調査とは，自分の生活する地域に生じる政治的経済的な変化，及びその他のさまざまな小さな変化を細心の注意と精確さをもって記録することと，自分の家族や友人間における宗教的政治的信条の変化等，個人的表現を詳細に記録し，わずかな変化を捉え，それによって個人から集団へと伝播する言語，身振り，化粧，習慣等々感知し難い変化を捉えることである。こうしてタルドは，彼が説くモノグラフは，描写モノグラフ（monographies descriptives）ではなく，物語りモノグラフ（monographies narratives）であり，もっとも基本におかれるのは，個人の物語りモノグラフであるとし，それを彼は，個人源泉説（l'origine individuelle）とも表している。

　なお，このようにモノグラフ調査の研究で強調された個々人の言語や身振りなどへのタルドの着目は，『社会法則』と同時期に発表された論文「世論と会話」（「パリ評論」1899年，この論文はその後『世論と群集』の第2篇に再録）においても見られる。参考までにそこでの彼の言説をみておこう。そこから彼がコミュニケーション研究のパイオニアであることも発見できる。

　まず，おさえておきたいのは，タルドは会話とともに声の具合，視線，表現，それに身振りなども会話と同じ社会的な意味があると認め，それらを会話と同じように重要と捉えていることである。従って，彼は個々人間の働きかけについて，言葉のみならず身体の表現全てを会話の社会学として考えていたのである。

さて、タルドは、会話を次のように定義している。すなわち、直接すぐには役に立たない対話、つまり、楽しみや遊戯や儀礼のためだけに話す対話のすべてを会話と定義する。裁判の質疑応答や外交交渉、商談、学会などでの議論などは、この会話の定義には含まれない。こうして定義される会話を彼は、次のように4つに分類する。①闘争的会話＝討論、②交換的会話＝意見交換、③義務的会話＝型にはまった儀礼的儀式的な会話、④任意の会話＝対等の人間のあいだだけでかわされる会話の4分類である。彼にとってなぜ会話は重要なのか。それは、会話は、あらゆる時代のあらゆる場所で、人目につかぬまま湧き流れ続ける世論の小さな泉、つまり会話は世論の源泉であるからであり、かつ会話は、模倣の、つまり感情や思想や行動様式の伝播のもっとも有力な動因であるからである。加えて

表3-4　国際社会学派

　表3-3でも取りあげたウォルムスは、ちょうどタルドがパリに赴任する頃、次々と社会学研究組織を立ち上げ、研究活動を活発化させた。例えば、①1893年国際社会学評論創刊、②1894年国際社会学協会創設、③1894年国際社会学叢書、④1895年パリ社会学会創設、国際社会学協会年誌発行等である。そうしたウォルムスの研究活動に対して、キュアン、ラルモンは、ウォルムスをインターナショナリズムと称し、内藤莞爾は、国際社会学派又は国際派と称した。「国際社会学評論」は、社会を科学的に研究することを目的に、全ての研究者、全ての学派に門戸を開放した。しかし、デュルケムは、当時期、社会学はまだ未成熟として、そうした雑誌を発行するのは時期尚早と批判。「国際社会学協会」は、「評論」と表裏一体の組織で、大会などを開催した。年誌として学会大会の報告や討議内容を掲載した「国際社会学協会年誌」を発行。「国際社会学叢書」の第1号は、ウォルムスの『有機体と社会』であった。「パリ社会学会」は、社会学者だけでなく、医師、弁護士、官吏等、非専門家の集まりであった。初代会長はタルドであったが、実務は、ウォルムスが行った。国際派に与した社会学者には、エスピナス、フイエ、モーニエ、デュプラ、ドイツのジンメル、テンニース、ロシアのノヴィコフ、イギリスのタイラー、ウェスターマーク等の名前が見られる。

出典）M.Lallement, *Histoire des idées sociologiques* tome 1, p.121, Nathan, 1993.
　　　C-H.Cuin, F.Gresle, *Histoire de la sociologie*, 1, 2, p.75 et p.13, Le découverte, 1992.
　　　内藤莞爾『フランス社会学史研究』59-65頁, 恒星社厚生閣, 1988.

会話は，個人の教養や出身地や社会的地位の差を表わすし，社交関係の度合いによって言葉遣いや調子の違いなどが表されるために，人を区分したり，人と人との関係性を探求する重要な要素となり，社会的意味があるからである，と会話分析の必要性と重要性を唱える。こうして彼は，そうしたコミュニケーション研究を自ら会話の社会学と表現したのである[15]。

　さいごに，タルドの社会学的位置づけを知るためにも彼が『社会法則』の中で行った社会学批判を端的にまとめておこう。まず，コント批判である。第1章でも指摘したようにコントに対してタルドは，コントは確かに最初の社会学者であると，コントを認めつつ，しかし，実はコントの樹立したのは社会学ではなく，単なる歴史哲学にすぎなかったし，彼の実証主義は，一種の世俗的新カトリシズムと手厳しく批判する。

　次に，当時期，もっとも大きな影響を誇っていた社会有機体説も批判される。特に，ここでは国際社会学派を創り，パリ社会学会を創設してタルドを初代会長にすえたルネ・ウォルムスや当代屈指の社会学者H. スペンサー等の名前を具体的にあげて，彼らの学説は社会を一種の植物又は動物のようにみなす，そうした社会有機体説は，社会学発展にとって何の役割もはたしていない，と批判する。そして，彼は社会学の発展は，自説の模倣論によるものと，次のように表明する。すなわち，社会学が長足の進歩をとげたのは，全体的事実の分析的説明を与える人から人への模倣に注意をはらったためである，と。彼の模倣論こそが，いかに社会学の発展に貢献したかが，表明されている。

　そして，『社会法則』における批判の中心は，何と言ってもデュルケムに向けられる。卓越した論敵とタルドが評したデュルケムへの批判には，タルドの個人の創造的行為論というべき彼独特の個人主義的社会学が示される。彼は，社会は個々人及び個々人諸力によって成立する，と説くが，この観念を支えるのは模倣論である。すなわち，人はすでに出来上がった社会の中に生まれるが，生まれた子どもは，社会や親の影響力を一方的に受けるのではなく，確かに乳児期の親・子関係のように社会が個人に圧倒的影響力を及ぼすことはあるが，すでに長年社

会生活をおくっている大人を個人的モデルにして自らの意思で模倣し，取り込む。そして成長し，生活に入り込むと，人は集合的非人格的であると同時に無意識なモデルを模倣して，自らの身を律するようになる。例えば，宗教上の祭式や祈りなどを模倣して自分の身振りに取り込んだり，形式を再生するが，これは強制されて再生するのではなく，個人的創意によってなされるものである。個人的創意は次第に模倣され，拡張され，それによって社会を構築することになる。ここで彼は，パーソナリティの形成プロセスにおいて人は，いかに主体的に社会参加しながら自らを創造すると同時に主体的に社会を形成しているかを説いている。

　こうした彼の個人的創造的行為論とも呼ぶべき観念に立ってタルドは，デュルケムの強調した言語や宗教は，社会の所産である，とする観念や社会的な物は，個人とは独立して存在し，個人の上にその影響力を及ぼし，専断的に個人を支配するという彼の社会拘束説をまったく欺瞞的な観念と，一蹴する。

　もう一点，タルドは彼独特の相互関係論からデュルケムを批判する。そこにおいて彼が強調するのは，相互関係の始まりとしての２人の精神の頭脳間関係（la relation inter-cérébrale de deux esprits）である。２人の頭脳間関係とは，一方の人がもう一方の人への反映があってはじめて相互の認識が確認され，その後にその２人の間に生まれる相互関係のことである。そしてこの相互関係に至ってようやく社会的慣行，宗教上の祭式などの伝統的諸形式，つまり祖先の模倣によって一度形成され，恒久化された身振りや形式が再生され，模倣されることになる，という。要するに，頭脳間関係から始まる個々人間の相互関係なくして社会は，存続しないし，さまざまな事柄は伝達されない，とタルドは個人間の相互関係こそが社会を構築することを明確に説く。こうした観念を示した上で，タルドはデュルケムを批判する。すなわち，本来小さい要素的行為の推積をもって全体の類似を説く，つまり小をもって大を，細部をもって大部を説かなければならないのに，デュルケムは，大をもって小を，大部をもって細部を説明する。こうしたデュルケムの観念では社会的現実がどのように成立するのか，まったく説明不可能であ

ると，タルドは，デュルケムを切って捨てる。ここには，個人の側からアプローチする必要性と重要性を説くタルドに対して，社会そのもの，あるいは社会の側から個人を捉えようとするデュルケム社会学との違いが鮮明に示されているし，タルドの個人主義的社会学の特徴が良く表わされている。

　なお，蛇足ではあるが，次のことを付け加えておきたい。

　タルドとデュルケムに見られる心理学的社会学と社会学主義的社会学をめぐる対立は，単に彼ら２人の間だけの問題ではなかった。『社会法則』が出版された，まさに1898年に開催された学会（Congrès des sociétés savants de 1898, section des sciences économiques et sociales）において心理学と社会学の関係が中心議題として取りあげられ，論戦がくり広げられた。そこでの議論から大勢は，デュルケムの考え方を受け入れた，つまり社会学主義が勝利したのである。その結果，デュルケムのポジションは確実に高まった[16]。彼は，その後，雑誌「社会学年報」を通して自らの学派，デュルケム学派を形成し，フランス社会学をリードしてゆ

表3-5　G. リシャール（1860-1945）

　19世紀末から20世紀初頭にかけてフランス社会学を支えた社会学者の１人。

　デュルケムが1902年にボルドー大学を退任した後，空席になった社会学担当教授の席を占めるとともに，1898年に創刊された「社会学年報」にも1907年までデュルケムの協力者として，デュルケムの専門領域である「犯罪社会学と道徳統計」領域を担当した。従って，当初は，極めてデュルケムに近い存在であった。しかし，1910年以降，デュルケム及びデュルケム学派から離れ，彼らと対峙するウォルムスの国際派に与した。

　彼は，犯罪は社会関係の混乱，社会的紐帯の分裂の徴候であり，病理現象であるとする考え方から，犯罪を社会的健康の一部分，すなわち正常現象とみなすデュルケムを批判するだけでなく，犯罪と自殺を同一性質の２つの徴候とする立場から，自殺だけを社会病理とするデュルケムを批判したり，病態の基準を道徳統計に依拠した方法論等を批判している。それらの批判には，タルドのデュルケム批判と軌を一にする反デュルケムの観念がみてとれる。

出典）夏刈康男「忘れられたフランス社会学研究の日本人パイオニアたち」『日仏社会論への挑戦』
　106-108頁，恒星社厚生閣，2005．

くことになった。

　タルドは，どうか。彼はそうしたことに負けていない。彼は，個々人の頭脳間の相互関係論をさらに発展させた。心間心理学を1900年に就任したコレージュ・ド・フランスで講じ，彼独自の心理学的社会学を展開した。彼は，1904年に死去するが，彼の心理学的社会学及び反デュルケムの社会学は，タルド学派こそ形成されなかったものの，のちにルネ・ウォルムスの死後（1926年）国際社会学協会の会長となるG.リシャールによって受け継がれるなど，タルドもまた光彩を失うことはなかった。

注

1) G. Tarde, Avant-propos de *La philosophie pénale*, (1890), Éditions cujas, 1999.
2) 和辻哲郎「私の根本の考え」261頁（1951年4月1日『青淵』),『和辻哲郎全集第24巻』所収，1991.
3) G. Tarde, *Les lois de l'imitation*, (1890), p.XXI, éditions kimé, 1993. 風早八十二訳『模倣の法則』1頁，而立社，1924．なお，本章の模倣論についてのまとめは特別の注記がない限り，本書による。
4) G. Tarde, "Qu'est-ce qu'une société ?" p.509, *Revue philosophique*, tome XVIII, 1884.
5) L. Mucchielli, "Tardomania ? Réflexions sur les usages contemporains de Tarde" p.165, *R.H.S.H*, 2000.3.
6) 横山滋『模倣の社会学』11頁，丸善ライブラリー，1991.
7) L. Mucchielli, op.cit., pp.173-176.
8) 「心間の社会学」という表現については，ガストン・ブートゥール，古野清人訳『社会学史』85頁，白水社，1962．及びCelelstin Bouglé, *Bilan de la sociologie Française contemporaine*, (1935), p.8, Arno press, 1975. で指摘されている。又，和辻哲郎は，タルド自身が自分の社会学を脳と脳との間の社会学と述べている，と書いている。和辻哲郎，前掲書，261頁.
9) L. Mucchielli, op.cit., pp.173-174.
　　もちろん『模倣の法則』は，出版された当時も高い評価を受けている．J.ミレが整理した1890年～91年当時の評価を見ると次の通りである．
　　①社会学上極めて重要な研究（F.Paulhan「哲学評論」1890）
　　②タルドは新しい学派の中にあって卓越した位置にいる（Dr. Coore「犯罪人類学

③オリジナルで輝かしい社会心理学的研究（A.Bertrand「犯罪人類学紀要」1891）
　　　J. Milet, *Gabriel Tarde et la philosophie de l'histoire*, pp.27-29, Librairie philosophique J. Vrin, 1970.
10) P. ベナール，佐々木交賢訳「『社会学的方法の規準』から『自殺論』に至るデュルケームのタルド批判」6-13頁，『デュルケーム再考』所収，恒星社厚生閣，1996.
　　ここでベナールは，『自殺論』での辛辣な攻撃は，タルドへの反論として展開されたものである，とも言っている。
11) 内藤莞爾「デュルケム学派におけるラピ」48頁，『デュルケーム再考』所収，恒星社厚生閣，1996.
12) P. ベナール，前掲書，25頁.
　　なお，デュルケムは，1901年出版の『社会学的方法の規準』の第2版の序文で，初版出版からしばらくの間，社会実在論について強い抵抗に合い，本書のいわんとするところを理解してもらえなかった，と述べている。そうしたことからしても，彼は『自殺論』を通して自分の社会実在論の観念を正しく理解してもらえるよう努力したことは，十分に理解できる。
13) 「内在的諸特性についての…知的操作」とは，自分がある行為を採用しようとする時，その行為は義務的であるとか，伝統的であるとか，慣習に従うとか等々，何らかの意味があるから採用すべきだと，私に影響を及ぼすようなこと。
14) G. Tarde, *Les lois socials, Avan-propos*. p.39, Les empêcheurs de penser en rond, 1999.
　　小林珍雄訳『社会法則』序文，1頁，創元社，1943.
　　なお，本節の『社会法則』のまとめは，全て本書による。
15) G. Tarde, *L'Opinion et la foule*, pp.86-108, P.U.F, 1989. 稲葉三千男訳『世論と群集』90-109頁，未来社，1977.
16) L. Mucchielli, *La découverte du social, naissance de la sociologie en france*, p.336, La découverte, 1998.

第4章　パリ時代のタルド

　判事の職務のかたわら社会学研究に打ち込んできたタルドは，彼独自の心理学的社会学と犯罪社会学を構築して，1894年にサルラ裁判所判事の職を離れ，司法省統計局長としてパリに進出し，96年には政治科学自由大学と社会科学自由学院の教壇にむかえられ，そして1900年にはフランスで最高位のコレージュ・ド・フランスの教授に就任する。タルドにとって94年からのパリ時代は，まさに社会学者として極めて高い評価を得て，名実ともに輝かしい地位を獲得する時期である。19世紀末は，フランス社会学の発展史上，専門科学として社会学が大学教育の中でも定着するとともに，「国際社会学評論」誌の創刊，国際社会学協会，それにパリ社会学会を立ち上げた社会有機体説のウォルムスや「社会学年報」を創刊し，一大勢力を築くことになるデュルケムの活躍など，極めて活況を呈した時代である。

　本章は，これまでタルドの社会学者へのパルクール（道程）を彼の個人史や研究史を通して見て来た方法に沿って，19世紀末から20世紀初頭におけるタルド晩年の11年間を取り上げる。その中心は，彼と競ったデュルケムとの論争の問題とこれまであまり触れられることがなかったタルドとデュルケムのコレージュ・ド・フランス教授職をめぐるキャリア争いなどについてである。

第1節　タルドとデュルケムの社会学論争

　タルドは，1894年の冬に，生まれ故郷のサルラを離れ，パリの住民になったが，その数年前から彼の犯罪研究には新たな関心が加わっていた。それは，彼がコレージュ・ド・フランス教授になった後に出版された『世論と群集』(1901年)

にも収められることになる集団犯罪，あるいは群集心理の研究である。彼によれば[1]，彼が群集心理を研究し始めたのは，主著『模倣の法則』を出版した1890年頃からである。その研究成果として彼は，『刑罰哲学』(1890年) の「犯罪」の章と，92年に開催された犯罪人類学会での「群集の犯罪」をテーマにして行った研究報告をあげている。彼のそうした言及に加えて，同じ関心から犯罪を個人的なものとして捉えるのではなく，集合的に捉える必要性を説きまとめた論文に，92年の「犯罪人類学紀要」に発表された「群集の犯罪」と93年に「両世界評論」に発表された「犯罪群集と犯罪結社」がある。そのうち93年の論文は，1901年に出版される『世論と群集』の第3編を成し，彼の集団心理研究の一部を担っている。そこにおいて彼は，群集を相互に知らない，異質な人々から成る寄せ集めで，無名の野獣，モンスターと形容するなど，群集の犯罪を生み出す力について[2]関心を持ち，論じた。そして群集が個人の人間でいる時よりも劣る群集心 (l'esprit foule) あるいは，集合心 (l'esprit collectif) について，例えば，当時代発生したパリでのダイナマイトを用いた爆破事件や暴徒による殺人行為，大革命時の大虐殺，パリコミューン時の群集の暴力行為等々をあげて論じ，群集の残忍性，過激性，尖鋭性といった特性を捉えて[3]いる。しかし，タルドのそれらの群集心理の研究は，ル・ボンが1895年に出版した『群衆心理』の中[4]で指摘しているように，群集心理を犯罪の観点から研究しているに止まっている。すなわち，タルドの群集心理の研究は，集団や群集が犯罪を作り出す力に着目された研究という特徴を持っている。

　こうした集団犯罪及び群集心理研究という新たな研究開始とともに1893年は，タルド・デュルケム論争として名高い，社会学史上に残る2人の社会学論争が始まった年である。最初に[5]評価を下したのは，93年に「犯罪人類学紀要」の共同編集責任者であり，かつ社会学部門の責任者となったタルドに対してデュルケムが行っている。デュルケムは，博士論文でもある，彼の最初の著書『社会分業論』(1893年) の中でタルドの著わした『比較犯罪学』と『模倣の法則』を多くはないが，引用している。それらの引用の中で彼が厳しく批判しているのは，模倣

> 表4-1　G. ル・ボン（1841-1931）
>
> 心理的群衆について
> 　人間の集団は、ある一定の状況において、集団を構成する各個人の性質とはまったく異なる新たな性質をそなえる。群衆中の個々人は、もはや彼自身ではなく、自分の意志をもって自分を導く力がなくなる。それは、①意識的な個性が消えうせて（意識的個性の消滅）、②あらゆる個人の感情や観念が同一の方向に向けられる（感情や観念の同一方向への転換）。これら2つは集団精神であり、これを有する集団を心理的群衆と称する。多数の個人が偶然集まったからといってこの群衆の性質をおびるものではない。心理的群衆の特性をそなえるには、何らかの刺激の影響が必要である。又、離ればなれになっている数千の個人でも、国家の大事件のような、何か強烈な感動を受けると、心理的群衆の性質をそなえることがある。その時、たまたま個人が集合すると、ただちにここで言う群衆となる。
> 　心理的群衆の特性をまとめると、衝動的で興奮しやすく、推理する力がなく、判断力及び批判精神を欠く、そして感情は誇張的である。
>
> 出典) G. ル・ボン、櫻井成夫訳『群衆心理』講談社学術文庫, 1993.

論である。例えば、「模倣だけでは何ものをも説明し得ない」とタルド社会学の本質をばっさりと断じる。しかし、批判的引用ばかりではない。女性の自殺が男性より少ない原因を、男性と比べて「女性の社会的活動の低さ」とする説は、タルドと同じである、としたり、犯罪や不法行為は、よしんば有害だとしても職業による、とするタルド説を「正当な指摘」と同意する[6]所もある。

　『社会分業論』が出版された後、今度はタルドがデュルケム（『社会分業論』）の批判を行う。批判は、93年発行の「哲学評論」に掲載された書評論文「社会的諸問題」で行われた。そこにおいてタルドは、グンプロヴィッチ（『人種の闘争』）やノヴィコフ（『社会間の闘争』）とともにデュルケムの『社会分業論』を取りあげ、彼らは、社会有機体説のスペンサー流メタファーであり、生物学から社会学を取りあげていると批判する。デュルケムに対する批判には、環節型社会を未開社会特有の同質的で没個性の個々人から成る社会とするデュルケムに対して、必ずしも環節型社会は、未開社会に限定されるものでもなく、個々人も同質的でなく、異

表 4-2　デュルケムの二元的社会分類

環節社会	有機的社会
機械的連帯に基づく社会	有機的連帯に基づく社会
未開社会	産業社会
村落社会	都市社会
未分化の社会	分化の進んだ社会
集合意識が強力	集合意識希薄
個人は同質的で没個性	個人は異質的で個人性尊重

出典）É. Durkheim, *De la division du travail social*, P.U.F, 1978. 田原音和訳『社会分業論』青木書店，1971.

質な個々人から成るとし，現在のヨーロッパが，フランス，ドイツ，イタリアから構成された環節社会である，といった，やや的外れで，デュルケムの議論をふみはずした批判もあるが，根源的にはデュルケムの氏族間の対立や闘争の認識を欠いた観念への鋭い批判や，タルドの個人の創意に基づく社会観からの批判がある[7]。さらにデュルケムは，「強烈な夢想家で，かつ平然と極論にはしり，冷静な論理家で公平さよりも痛烈で，アプリオリな構成が観察に基づく真理であると思い違いをし，証明されうると思わせるほどに論法がまことしやかで，彼自身が理解している論理の展開と平穏な発展の連続性を安易に考え出している」等，厳しい批判もある。ただしかし，そうした批判ばかりでなく『社会分業論』を「注目すべき深淵な研究」であり，かつ「集合心理学の知性」という評価も与えている[8]。

こうして 2 人の社会学者の論戦は開始され，その後 94 年，95 年と論争は激しさを増す。その 2 年間に直接相手の名前をあげて批評した主な著作を整理すると次のようになる。

1. デュルケムによるタルド批判

① 1894 年 「社会学的方法の規準」(les règles de la méthode sociologique)「哲学評論」37, 38.[9] なお，この論文は，95 年出版の同名の著書の原形。

○ 模倣論批判，心理学主義批判

② 1895年 「フランスにおける社会学研究の現状」(l'état actuel des études sociologiques en France), *la riforma sociale*, vol.3, *textes* 1, Minuit, 1975.

○あらゆる社会的事実は，模倣から生み出される，とする『模倣の法則』への批判

○タルドの『刑罰哲学』は，社会哲学の一般的原理の特殊例を適応しているにすぎない。その原理は，あらゆる社会的事実は模倣の産物である，とする。タルドの理論は，科学の否定そのものと批判。ただし，95年当時のフランス社会学の状況をデュルケムは，①人類学グループ，②犯罪学グループ，③大学グループの3つに分類し，タルドとリヨン大学のラカサーニュを犯罪学グループの中心人物と見，タルドは犯罪を本質的に社会的なものと定義し，犯罪を社会学的に説いていると，彼を犯罪社会学者として認めている。

③ 1895年 「犯罪と社会的健康」(crime et santé sociale)「哲学評論」39. *textes* 2, Minuit, 1975.（内藤莞爾編訳「正常現象としての犯罪（討論）」，『デュルケム法社会学論集』所収，恒星社厚生閣，1990.）

この論文は，タルドが95年（2月号）に「哲学評論」に発表した「犯罪性と社会的健康」(criminalité et santé sociale) と題する論文で行ったデュルケム批判に反論（同誌5月号）したものである。主な反論は次の通りである。なお，文中の（＝デュルケム）は，便宜上筆者が付け加えた。

タルド氏が私（＝デュルケム）のものだと言った提案は，ほとんどが私のものではない。彼の言い分はまったく間違っている。その間違いとは，①タルド氏は，近年のフランスの犯罪増加を私（＝デュルケム）が正常と言った，と批判しているが，私は言っていない。犯罪の存在は，普遍的事実であるからこそ正常性という規準に合っている，と私（＝デュルケム）は考える。②タルド氏は，私（＝デュルケム）が，犯罪の効用は，軽微な不正行為に対してちゃんと厳

しく非難するような道徳意識を妨げてしまうことである，と言って批判しているが，そのようなことは言っていない。③タルド氏は，私（＝デュルケム）が犯罪がもっと減少すれば，犯罪に科される刑罰は，必然的に重くなる，と言っているとして批判しているが，そういうことも言っていない。彼は，起訴（＝非難）と抑止（＝刑罰）とをどうやら混同したらしい。④犯罪者と天才が同じ心的状態のちがった両面にすぎないなど，どこでも言っていない。タルド氏は，私（＝デュルケム）がそう言っていると批判している。⑤低級で粗暴で嫌われ，軽蔑される犯罪のみに私（＝デュルケム）が関心をいだいているとタルド氏は言っているが，それはとりわけ不正確である。タルド氏の批判は不当なものである。

　　われわれの論争のもとは，何よりも私（＝デュルケム）は，科学を信じ，タルド氏はこれを信じないということから来ている。

④　1895年　『社会学的方法の規準』(les règles de la méthode sociologique),（宮島喬訳，岩波文庫，1978.）
　　〇　社会的事実を模倣によって説くタルドに対する批判。デュルケムは，社会的事実を個人的なものから独立した外在性，拘束性，一般性の3つの特徴によって定義。

2. タルドによるデュルケム批判

①　1894年　「不起訴となった軽犯罪」(les délits impoursuivis)「犯罪人類学紀要」9.
　　〇　犯罪統計によれば，今日フランスではほぼ60年前から急速に犯罪が増加し続けているが，デュルケム氏の方法によって導かれた非常に卓越した社会学的研究は，犯罪は少しも病的社会状態 (l'état sociale morbide) ではない，と論理的に示した。彼にとって犯罪は，社会体 (corps social) の健康の不可欠な一部を成している。従って，殺人，窃盗，性的暴行，詐欺等々の有効な機能なしに人々にとって可能な進歩も喜びもないことになる。デュルケム氏のこうした説明からは，犯罪を受け入れてしまうことになる。つまり，犯罪

の増加しているフランスは，実際にとても健康だということになるし，イタリア，ドイツ等の近隣諸国もほぼ同じことになる。ただ，イギリスは気の毒に思われなければならない。なぜなら，イギリスは毎年犯罪が減少しているからである。デュルケム氏の説明では，犯罪の少ないイギリスは，明らかに何らかの大病を患っていることになる。そして，犯罪の増加しているフランスやドイツ，イタリアは健康ということになる。

② 1894年 第1回国際社会学会での講演 （これを1895年1月の「国際社会学研究年誌」第1号に「基礎社会学」(la sociologie élémentaire) のテーマで発表）
　○ 1894年にデュルケムが「哲学評論」に発表した「社会学的方法の規準」論文に対する批判。特に，デュルケムが唱えた社会的事実の外在性と拘束性の観念に対して真っ向から批判[10]。

③ 1895年 「犯罪性と社会的健康」(criminalité et santé sociale)「哲学評論」38.
　○ 1894年発行の「哲学評論」に発表された論文「社会学的方法の規準」（翌年，同名の著書として出版）において論じられたデュルケム独自の社会学方法論に対する手厳しい批判。まず，デュルケム氏は心理学を排除して，生物学とまったく同じ仕方で社会学を構築しようとしている。それは，筋が通っていないし，根拠のない試みと，デュルケム社会学の根本原理をばっさりと切り捨てる。

　　ただ，このデュルケムへの批判論文は，デュルケム独自の方法論に向けられるのではなく，その大半は，彼の犯罪に関する論述に向けられている。そこでの批判の中心は，デュルケムが犯罪を社会生活において正常な現象としたことと，犯罪を正常現象とする際の，正常を平均的タイプ（集合的タイプ）とし，それ以外を異常（病態）とする基準に向けられている。

　　タルドは，デュルケムのそうした論述から，犯罪は社会にとって良いことなのか，犯罪の根絶は好ましいことではないのか，と疑問を呈し，デュルケ

ムは，まったく主観的で，科学的ではない，と断じている。

　なお，このタルドによる批判に対して前述のようにデュルケムは，ただちに「犯罪と社会的健康」と題して反論している。

④　1895年　『社会学論文集』(essais et mélanges sociologiques)
　この著書は，「犯罪的セクトと群集」(1893)，「群集の犯罪」(1892)，「犯罪社会学と刑法」(1893)，「社会的諸問題」(1893)，「不起訴となった軽犯罪」(1894)，「信念と欲望」(1880)，「モナドロジーと社会学」(1893)等既発表論文を集めて出版されたものである[11]。従って，この論文集に再録された「社会的諸問題」と「不起訴となった軽犯罪」には，既述したようなデュルケム批判が含まれていることになる。

　以上のように1894年と95年における2人の論争は，激しく繰り広げられた。そこにおける主な争点を整理すると，①社会的事実は，個人の模倣によって説明可能か否か，外在性と拘束性を有する社会的なものなのか等，社会学の研究対象と方法をめぐる極めて本質的な対立。②社会学主義の立場をとるデュルケムと心理学的社会学の立場をとるタルドとの対立。③犯罪は，正常現象なのか病理現象なのかの対立，の3点にほぼ絞ることができる。その中で特に，犯罪を正常現象としたデュルケムの見解は，犯罪を容認しているかのような誤解を与えるし，それを批判したタルドに分があるように思える。内藤莞爾は，彼らの論争の分析を通して犯罪現象に対する2人の違いを次のように明確に分けている。

　内藤によれば[12]，デュルケムは犯罪を正常現象とするのに対し，タルドは病理現象とするが，その場合，ⓐタルドは，正常と異常（病理）とを対概念とした，つまり正常でなければ病理で，病理でなければ正常とする考え方である。しかしⓑデュルケムは，正常（normal）を普遍性（généralité）に求めている。つまり，病理（pathologique）は，量に立つ。すなわち，デュルケムにとって病理か否かは，現象の多少に基づくと考えられている。したがって，正常現象でも量が増加す

れば，病理現象となる。彼は，犯罪の存在しない社会はない，という点（普遍性）から犯罪を正常現象としたが，当時のフランスでは犯罪が増加しており，異常（病理）とした。デュルケムは，決して犯罪を容認して正常現象と，したのではない。なお，次節でデュルケムの犯罪を正常とする考え方について彼自身の言説をまとめて，彼のそうした観念を理解したいと思う。

　又，2人の論争が激しくなった1895～97年当時は，若いアグレジェ（哲学教授資格者）であるブグレやラピらとともにデュルケムは，「社会学年報」創刊にむけた準備を進めていた。タルド・デュルケム論争のゆくえが，「社会学年報」発行にどれほどの影響を与えたかは，定かではない。しかし，少なくともデュルケムが論争の場で強調した，①常識と予断（先入観）及び形而上学との断絶，②社会学の研究対象を社会的実在とし，個人的心理学的事実には還元不可能な社会的事実を研究対象とすること，③生物学的及び心理学的説明ではなく，社会学的説明の独自性の重視によって科学としての社会学構築に努める等々，といったデュルケムの社会学への考え方がブグレ，ラピ，シミアン，デュプラなど「社会学年報」の協力者たちに理解され，彼らを結集させることになった[13]とすれば，2人の論争は，単に両者間だけのものではなく，その後のデュルケム学派形成などフランス社会学の潮流に大きな影響を及ぼしたことになる。

　2人の論争は，この時期で終了してはいない。その後も例えば，別の章で見ているようにデュルケムの『自殺論』（1897年）でのタルドの模倣論への批判の他，1900年の論文「19世紀におけるフランスの社会学」での批判（自分こそが実証主義社会学に立つ科学としての社会学者であり，タルドは反科学的社会学者と批判），タルドからは，著書『社会法則』（1898年），『権力の変遷』（1899年）でのデュルケムの社会拘束説批判，それに社会的精神（個々人の相互作用）を実在と考える立場から社会有機体説を批判した1901年の論文，「社会的実在」におけるデュルケム社会学批判などがあるし，さらにタルドの死の前年の1903年には，パリの社会高等研究院（l'école des hautes études sociales à Paris）で行われた「社会学と社会諸科学」と題する講演においてタルドとデュルケムは各々自説を展開したが，そ

こにおいてタルドは，お互いの異なる立場を名目論（タルド）対実在論（デュルケム）と表明し[14]ている。この時，タルドは，彼の社会学の軸を成す研究領域である信念や欲望，良心などの研究を行う精神間心理学（psychologie intermentale）を心間心理学（interpsychologie）と命名して，デュルケム社会学との違いを一層際立たせ[15]，論戦した。このように2人は好敵手として世紀を超えて激しく論争したが，1904年のタルドの死によってそれも終焉する。

第2節　犯罪は正常現象

　タルドが手厳しく批判したデュルケムの観念の1つは，デュルケムが『社会学的方法の規準』の中で説いた，犯罪は正常現象であり正常社会学の研究対象である，とした観念である。そうした観念へのタルドのデュルケム批判は，タルドのみならず今日多くの人たちが共有する批判でもある。しかし，デュルケムのそれらの観念への批判は，彼の観念をきちんと精査した上でのものであろうか。前節で見たようにタルドの批判を受けてデュルケムは，タルドの批判には誤解があることを指摘している。そこで，デュルケム自身あえて社会の常識をくつ返したような，いわば挑戦的な観念であることを十分に自覚して説いたそれらの観念について，『社会学的方法の規準』[16]の論述を中心に分析して，ここで改めて彼独特の社会学の一端を理解することにする。

　デュルケムは，誤解を与えかねないこの言説に対して，決して犯罪を容認するものではない，犯罪は嫌悪されるものであるとことわった上で，なぜ犯罪が正常現象であるのかを説いている。その犯罪を正常とする観念は，ほぼ3つの観点から成っている。1つは，そもそも正常とはどのような状態を指して言うのか，その基準の問題である。彼によれば，正常（normal）とは，もっとも一般的な形態を示す事実である。そうでない事実，すなわち一般的ではない事実は，病態的（morbides）又は病理的（pathologiques）とした。つまり，彼にとって現象の示す一般性こそが現象の正常性の基準である。それでは，彼のいう一般性あるいは一般

的に生じる現象とは、どういう状態のことを言うのか。それは、社会的事実が特定種の諸社会の平均の中に生じる時、その特定の社会的類型に対して正常とみる、と説明される。この言説に説明を加えれば、つまり各々の社会や社会組織の中で生じる現象が平均的に生じていることが、彼の言うここでの一般性であり、それは、社会にとって健康な状態を示すものである。なお、デュルケムが言う社会種とは、より具体的に言えば、さまざまな民族とか人種ごとに異なって構成される社会集団や組織、あるいは未開社会とか、より発展した社会のことである。

彼は、そうしたさまざまな集団や組織、あるいは社会発展段階ごとに正常の基準（平均的に生じる現象）は異なるとみて、正常の基準は絶対ではない、相対的であるとした。この考え方は、今日、逸脱の基準は社会集団によって異なる、と考える逸脱の相対性の観念に通じる[17]。逸脱とは、人の行為が社会集団の考える正しさの基準を脱した行為のことをいうが、その基準は、絶対的なものではなく、所属する集団や組織、社会によって異なる。このように逸脱の観念も、人の行為が正しいか、そうでないかの基準観念を含んでいる。そして逸脱の観念は、人の行為にレッテルを貼るラベリングやさらに人の行為のみならず、肉体上の奇形や性格上の欠点、宗教上の違いによるスティグマ（烙印付け）といった観念とかかわる。こうしてみると、デュルケムの正常の基準観念のうちには、今日の逸脱にかかわる社会学の先駆を成す観念が含まれていることがわかる。

さて、デュルケムの言う一般的なこととは、平均的なことであることがわかったが、この平均的なことをより具体的にわれわれが目にできるのは、社会現象を量的に捉える社会統計上の割合によってである。したがって、彼が犯罪は正常現象であるとするのは、フランス社会において毎年、毎年、同程度（同じ割合）犯罪が発生している限りにおいてであり、犯罪現象が急激に増加すれば、彼の基準観念からすれば、それは正常とみなされず、異常＝病態とみなされることになる。このようにデュルケムは、まず一般性によって犯罪を、正常か否かを判定したのであるが、彼は、単にそうした正常基準からのみ犯罪を正常とみなしたのではない。

一般性＝平均性の基準の他に、次の2つの観点も犯罪を正常とみる観念に加え

られている。つまり，犯罪を正常とする観念の2つ目は，犯罪は，嫌悪されるものであるが，どのような社会にも存在するし，消滅することもないし，まぬがれ得ないものである，という，犯罪生起の必然性，不易性において正常現象とした。犯罪の必然性，不易性とは，犯罪は，どのような社会においても発生し，存在するということである。それゆえに，デュルケムは犯罪を止むを得ぬ事実として認め，これを社会に起りうる正常現象としたのである。これらの観念は，次のもう1つ，すなわち3つ目の観念と結びつく。3つ目の観念とは，犯罪は公共的健康の一要因で，あらゆる健康的な社会にとって不可欠である，とする犯罪の有益性である。有益性とは，犯罪が何らかの有益な存在理由をもっているということである。この観念は，犯罪は社会病理現象であり，社会的不健康の病状の反映と考える立場からすれば，あまりにも非常識で社会通念に合わない。しかし，このデュルケムの言う犯罪の有益性の観念は，彼の生み出した集合意識論と機能論さらには，道徳論を適応して説明される。

　さて，そこでどのような理由でデュルケムは，犯罪を有益と考えたのか，彼の説明を聞くことにする。彼は，犯罪はあらゆる社会生活の根本的条件に結びついているから有益だと言う。彼がここで言う，犯罪が社会生活の根本的条件に結びつくとは，どういうことなのか。それは，犯罪は道徳と法の進化にとって不可欠な条件ということである。つまり，彼は近代社会における法と道徳の進化に犯罪は欠かせない必須条件とし，それを有益性という言葉で表現したのである。それでは，彼はなぜ犯罪が道徳と法の進化にとって必須条件と考えたのか。その説明は，集合意識論とかかわる。

　彼は，集合意識が強力な社会では，集合的感情が極めて発達していて，個人の独自性など認められず，個人意識も未発達で犯罪は存在しない，と言う。しかし，集合意識が弱化し，集合的感情も弱まると，個人意識が発達し，個々人の道徳意識や個々人の独自性が認められ，多様な意識，価値観を許容する社会へと発展する。当然，そうした社会においては，1人の人間としての犯罪者の個人意識や道徳意識も認めざるを得ない。それゆえに集合意識が弱化し，個人意識の発達した

社会においては，犯罪を止むを得ず受け入れざるを得ないのだ，とデュルケムは説く。犯罪を止むを得ず受け入れるとは，人間として犯罪者の人格を認めるゆえに犯罪を社会的に受け入れざるを得ないと，いうことでデュルケムは，犯罪をして良いと言っている訳ではない。まさに，個人意識の発達した社会は，正も濁も飲み込んだ混濁状況を作り出す。彼は，そうした社会状況の中では犯罪や道徳的過誤を含む反道徳的行為を抑止できる普遍的でかつ絶対的な道徳意識の一致は，根本的に不可能とみた。そこで彼は，個人意識の発達した社会において正常な道徳意識は，何によって構築されるのかを問い，その過程で犯罪が道徳と法の正常な進化にとって必要不可欠である，としたのである。つまり，集合意識が消失し，個人意識の発達した社会における道徳意識と法の正常な進化にとって犯罪が有用な機能をはたすというのである。言い方を換えれば，個人主義が発達した社会では犯罪に先んじて，その犯罪に対する法と道徳は生まれないし，存在しない。犯罪の発生によってはじめて法と道徳が新たに作り出され，整備される，と彼は考えた。確かに，社会の発展に伴ってそれまで考えられなかったような犯罪が生じることはある。例えば，今日，コンピューターのなかった時代には考えられなかった犯罪が発生している。新たな犯罪が発生して初めて法整備がすすめられる。それを犯罪の有益性と表現することがふさわしいかどうかは別にして，デュルケムの説明しようとすることは理解されうる。又，彼のそうした観念は，あらゆる社会的事実（犯罪も社会的事実の1つ）の機能は，社会的であり，その機能は社会的に有用な諸結果を生み出す，という彼の社会学原理に基づいている。

　以上，デュルケムは，①一般性，②不易性，③有益性の3つの観点から犯罪を正常現象とし，病理社会学ではなく，正常社会学の研究対象としたのである。

第3節　キャリアの勝利者タルド

　タルドは，パリに再び戻って来ることができた。振り返れば，彼は，22歳の時約1年2ヵ月大学で法律を学ぶために母親とともにパリで過ごしたことがあっ

た。その時，彼はパリの生活に魅了され，夢と希望に満ちた毎日をおくった。がしかし，そうした生活は長く続かず，眼病のため彼は深い失意のうちにサルラに戻らざるを得なかった。それから約27年の時が過ぎた。その間，彼は判事の仕事をしながら『比較犯罪学』や『模倣の法則』など6冊の著書を刊行し，フランスを代表する犯罪社会学者，心理学的社会学者としての地位を築いた。2度目のパリでの生活は，彼にとってどのようなものであったのか。パリでの当初の生活は，彼が想像していたのとは，違っていたようである。

　彼は，司法省に犯罪統計の専門家としてパリに呼ばれたのであった。彼の毎日の仕事は[18]，フランス全土から送られてくる犯罪統計を収集し，分類し，フランスの犯罪性を分析し，年報に編纂することであった。パリ中心部にあるカンボン通り[19]の司法省の薄暗い，狭い部屋でのそうした仕事は，彼にとって耐えがたいほどの退屈な仕事であった。そこで彼は，そうした仕事と生活を打ち破るために，人的にも研究のためにも活気に満ちた魅力的なパリを存分に利用しようと考え，ただちに行動にうつした。例えば，彼はわずかな時間を利用してコレージュ・ド・フランスのエスピナスの講義を聴講したり，刑務所に関する研究会やウォルムスが立ち上げた国際社会学会に積極的に参加した。この学会には，単に参加しただけでなく，すでに触れているように，この大会で彼は，デュルケムが「哲学評論」に発表した「社会学的方法の規準」を批判する講演を行っているし，かつ学会の様子についても次のように「犯罪人類学紀要」にレポートしている。すなわち，「社会学とは何か，社会学は存在し得るのか，という疑問を解くためには，専門家が集まって議論することこそが良い方法である。その点で，パリでのこうした学会の開催は，大いに意義がある。この学会での報告者の中で特に注目したいのは，ドイツ社会学界を代表するテンニース，社会学における生物学的方法について発表したリリエンフェルト，非常に独創的なグンプロヴィッチ，それに社会学は社会主義か否かを発表したイタリアのフェルリ等々である[20]」と。これらからタルドいかに国際社会学会に真剣に参加していたかがうかがえる。

　又，彼はそうした学会や研究会とは別にフランス特有の文化であるサロンやさ

まざまなパーティー等々個人的な会合にも積極的に出席することを心掛けた。サロンの中には，思想に共鳴して熱心に通ったカトリック教徒，大ブルジョワジーによるサロン[21]もあった。彼は，そうした機会の中で，当時活躍していたブリュンティエール（カトリック文芸批評家で反ユダヤ主義，反ドレフュスの立場に立ち，デュルケム社会学を批判），リボー（心理学者で「哲学評論」を主宰），アルカン（アルカン出版社），エスピナス（社会学者），リアール（公教育省高等教育局長），レヴィ・ブリュール（社会学者），そしてデュルケム等々多様な人たちと出合い交流を深めた[22]。デュルケムとは，まさに2人の論争が激しくなる1894年10月15日に初めてパリで合った。統計局長になったばかりの51歳のタルドとボルドー大学助教授になったばかりの36歳のデュルケムの出合いである。この時，2人の間でどのような会話がなされたかなど，想像のしようもないが，実は第3共和政下における世俗主義と反教権の教育改革に関して2人は同じ立場，すなわち，教育改革の観念を共有[23]していた。もしかしたら，そういうことも会話されたのか，あるいは，別の会話であったのか。1つ言えることは，この出合いから2人の間には，学問的論争は論争とし，私的交流が始まった。その交流によって

表4-3　F. テンニース（1858-1936）

　G. ジンメルや M. ウェーバーとともに19世紀末から20世紀初頭にかけて活躍したドイツの心理的社会学者
　主著は，ゲマインシャフトとゲゼルシャフト（1887年）
　○　ゲマインシャフト（Gemeinschaft）は，共同社会と訳される。
　　信頼に満ちた親密な水入らずの共同社会を意味する。それは，本質意志に基づく結合社会である。この社会の例としては，家族生活や農村生活，中世都市。
　○　ゲゼルシャフト（Gesellschaft）は，利益社会と訳される。
　　皮相的で一時的で外見上の結合。それは，商業取引のような合理的打算的である。選択意志に基づくもので，自分自身の目的や利益を追求。孤立し，自分以外の全ての人々に対して緊張状態にある。

出典）テンニース，杉之原寿一訳『ゲマインシャフトとゲゼルシャフト』岩波文庫，1957.

デュルケムは研究上，大変重要な統計資料の入手が可能となった。それは，周知の通り，1897年に出版される『自殺論』のための当時期の自殺統計の最新データをタルドの協力を得て入手し，研究に生かすことができたことである。そのことは，『自殺論』の序文でデュルケム自身が，統計局長のタルド氏への謝意として述べていることからも明らかである。なお，デュルケムの意を受けて実際にタルドのもとを訪れ，タルドに指導され，司法統計資料のサービスを受けたのは，M. モースであった。モースは，1895年秋には高等研究院 (l'école pratique des hautes études) の宗教科学のセクションと歴史と哲学のセクションに登録しており，パリで生活していた。彼は，タルドのもとで綿密な自殺統計の調査を行い，フランスの近年の3年間の自殺記録[24]を入手し，それをデュルケムは『自殺論』に生かしたのである。そして，その『自殺論』でデュルケムは，当時期の自殺傾向を読み説き，タルドの模倣論を根本から否定し，自殺の社会的要因を説き，それによってデュルケム流の社会学を特徴づけたのである。

　こうして見てくると，タルドは，1894年栄転して，パリに移ったというだけではなく，研究の面でも人的交流の面でも，サルラでの静かな暮らしとはまったく異なる，社交的ではなやかな新たな生活を始めたことになる。パリへの進出をはたした翌年に彼は大変な名誉を手にする。それは，統計局長として行った仕事が高く評価され，95年7月13日にレジョン・ドヌール5等勲章を，そしてロシアとヴェネズエラからも勲章を受けたのである[25]。さらに95年は，ウォルムスが興したパリ社会学会の初代会長に就任する。96年には，統計局長を続けながら1871年設立の政治科学自由大学 (l'école libre des sciences politiques) と95年に創立されたばかりの社会科学自由学院 (collège libre des sciences sociales) で講義を行うなど，教育界にもデビューをはたす。政治科学自由大学では，政治学を担当したが，内容は政治生活における信念と欲望，発明と模倣等々彼独自の社会学が講じられ (この講義は，『権力の変遷』1899年，に収められた)，社会科学自由学院では，タルド流社会学が講義された (この講義の一部は，『社会法則』1898年，に収められた)。それらの講義によってタルドの評価は，一層高まった。特に若い

表4-4　　M. モース（1872-1950）

デュルケムの甥であると同時に弟子。C. レヴィ・ストロース，G. ギュルヴィッチなどを中心に20世紀のフランス社会学と人類学に著しい影響を及ぼした。
　1924年にパリ大学内にレヴィ・ブリュール等とともに民俗学研究所を創設。
主著　贈与論に関する試論（1923年）
　未開社会における贈答制を全体給付，全体的社会事実，ポトラッチ等の概念によって解明した。贈答，交換についての，民俗学的，文化人類学的，社会学的研究。全体的社会事実とは，諸事実を，すべて全体的社会事実として捉えるという考え方。従って，あらゆる現象は，法的経済的宗教的であると同時に審美的形態学的な特性を有するものとして考察しなければならない，とする。ポトラッチとは，未開社会における贈答儀礼のこと。贈る義務，もらう義務，お返しの義務がポトラッチの本質。ポトラッチは，常に受けたポトラッチよりも盛大なポトラッチを返さなければならない。そうした贈答制は，現代の道徳的基礎や経済的政治的事実と深くかかわっており，現代社会の行動的特質を解き明かすことにも有効である。

出典）J.Duvignaud, *Anthologie des sociologues Français contemporains*, pp.28-37, P.U.F, 1970. M. モース，有地亨他訳，贈与論，『社会学と人類学Ⅰ』所収，弘文堂，1973.

学生たちに人気を博した[26]。

　そうした評価の土台には，彼の弛まぬ研究成果がある。タルドがパリに進出した1894年以降の研究成果のうち主なものをあげてみると，95年には，若い頃ロックガジェアックで書きあげた犯罪，群集，セクト，それに刑罰などに関する論文を『社会学論文集』と題して出版しているし，既にデュルケムとの論争の所で触れたように，犯罪の社会的必要性（正常現象）や，社会実在論を説いたデュルケムに対する厳しい批判論文「犯罪性と社会的健康」を「哲学評論」に発表している。97年には，対立と調和の観念を論じた『普遍的対立』を，98年には，それまでの3年間に発表した主な論文のうち，ウォルムスやデュルケムの観念それに社会有機体説などへのポレミークな論文を1冊にまとめた『社会心理学研究』と，現象の反復，対立，適応を論じた『社会法則』を出版[27]している。『社会法則』は前述したように主に社会科学自由学院での講義をまとめたものであるが，この著書の注目されるところは，タルド自身が序文[28]で述べているように，彼の一

般社会学に関する3主著（『模倣の法則』，『普遍的対立』，『社会論理学』）の要旨又は真髄のみならず，それら3主著を結びつける親密な関連性をも明示しようと著されていることである。そして，99年には，先に述べたように政治科学自由大学での講義を収めた『権力の変遷』を出版している。まさに彼はパリに赴任してわずか5～6年の間に犯罪統計の専門家としての仕事をこなしながら，社会学者としての高い評価を得るだけの成果をあげたのである。

地道な研究と教育活動あるいは若干の彼の積極的な社交活動が，タルドにさらなる道を開かせる。1899年，タルドに研究発表の場を与えた「哲学評論」創刊者で，89年からコレージュ・ド・フランスの「実験及び比較心理学」講座の初代教授となったリボーと，時の高等教育局長のL. リアールが，彼にもっともふさわしい学者の地位を獲得すべく動いた。彼らは，前任者の死去で空席となったコレージュ・ド・フランスの近代哲学の教授ポストをタルドのものにするために運動した。初め，話はとんとん拍子に進み，すぐに決定されるかに思われたが，途中でタルドのこだわりで一度頓挫してしまった。タルドは，近代哲学の講座名を社会学に変更するようコレージュ・ド・フランスに要望したのである。しかし，教授会はそれを許さなかった。結局，タルドは社会学講座ではなく，近代哲学講座の教授で立候補し，1900年1月15日，コレージュ・ド・フランス教授会はタルドを受け入れた[29]のである。この時，そのポストを競ったのは，エコール・ノルマル・シュペリュール教授のベルグソンであった。教授会の投票結果は，アグレジェ（哲学教授資格）も何の学位も持たない司法統計局長のタルドが18票，エコール・ノルマル・シュペリュール出身の哲学者ベルグソンは7票であった[30]。ただしかし，ベルグソンはタルドに敗れて近代哲学の教授の席は得られなかったものの，同じコレージュ・ド・フランスのギリシャとラテン哲学の教授の地位についた。こうしてタルドは，1880年以来，本務のかたわら時間をつくってはひたむきに研究を続けて20年，社会学講座ではないもののフランスでもっとも権威のあるコレージュ・ド・フランスの正教授の地位につくことになった。57歳のことである。

第4章 パリ時代のタルド 103

> **表4-5 H. ベルグソン (1859-1941)**
>
> 閉じた社会と開いた社会，理想的デモクラシー
> 　私の分析の成果の1つは，社会的領域において，閉じたものを開いたものから根本的に区別することであった。閉じた社会とは，他の人びとに対しては無関心な成員たちが，いつでも攻撃又は，自衛の用意をして，つまり戦闘態勢を否応なしにとらされて，お互いに保ち合っているような社会のことである。開いた社会とは，原則的には全人類を包容するような社会である。閉じた社会から開いた社会へ，都市から人類へは，拡大という方法によっては決して移れない。それは，同一本質のものではない。
> 　デモクラシーは閉じた社会の諸条件を少なくとも志向的に超越する唯一の構想である。デモクラシーは人間に不可侵な権利を付与する。こうした権利が侵害されないためには，総ての人びとが義務に対して不変の忠実さを示すことが必要である。デモクラシーが内容として取り上げる人間は，自己自身と同様に他の人びとを尊敬し，自分が絶対的なものと見なす責務に従い，もはや義務が権利を授けるか，権利が義務を課するのか分からない程にこの絶対的なものとよく合一しているような人間である。こうした人間が市民である。市民の総体，すなわち民衆が主権者である。
>
> 出典) ベルグソン，平山高次訳『道徳と宗教の二源泉』岩波文庫，1971.

　タルドがパリへ進出をはたし，約6年で誇りある大学教授職に就く間，デュルケムにパリへの野望がなかった訳ではない。デュルケムは，1902年に議会に選出されたF. ビュイッソンに代わってパリ大学文学部の教育科学講座の講師 (chargé d'un cours) に任命され，あこがれのパリに転出することができたが，それまで数度パリ進出に失敗している。最初の失敗は，1894年である。彼は，その前年には『社会分業論』によって文学博士の学位を獲得し，「彼の講義は，まったく称賛に値する。彼は，ボルドー大学文学部の講義に必要不可欠な重々しさと深遠さがある」[31]と，評価されるなど成功を収めていた。さて94年，デュルケムのためにパリ大学文学部の哲学講座を社会学講座に代えて，奪おうとしたのである。その企てに尽力したのは，1887年当時デュルケムをボルドー大学文学部に導くために，ボルドー大学にいてもっとも力を注いだエスピナスを中心にした何人かのデュルケムの仲間たちであった。がしかし，この計画は失敗に終わっ

た。ちなみに、エスピナスは1877年に『動物社会』を出版、スペンサーの影響を受けて社会有機体説を説いたことで知られているが、デュルケムにとっては彼が87年にボルドー大学文学部講師に就任する際、ただ単に賛成してくれただけでなく、エスピナス自身が担当していた教育学講座を譲ってくれた、いわば大恩人である。エスピナスは、その後、同大学文学部長をした後、94年からパリ大学文学部社会経済史講座 (Cours d'histoire de l'économie sociale) の講師に就任し、1904年に同講座の教授になり、7年に退職。その後任は、デュルケムの仲間の一人であるブグレが引き継いだ。

デュルケムの次の失敗は1897年である。この当時、デュルケムはすでにみたタルドとの論争でもわかるように、科学としての社会学構築にむけて懸命に努力していた。『社会学的方法の規準』(1895年) の出版、そして97年の『自殺論』の出版は、まさにその証である。そして、96年には、ボルドー大学文学部の教授に昇格していた。研究業績、教育実績とも申し分なかった。この時は、パリ大学のポストではなく、コレージュ・ド・フランスに新設されることになった社会哲学講座 (chaire de philosophie sociale) の教授ポストであった。彼は、立候補したが、残念ながら初代教授の地位にはつけなかった。その地位についたのは、1895年に『近代都市』(la cité moderne) を著わしたJ. イズレ (Jean Izoulet, 1854-1929) であった。デュルケムは、このポストにかなり自信があったようで、イズレの選出は「あり得ないこと」と言うほど残念がり、落胆した。そして、自身が「みじめなイズレ事件」と呼んで、心を痛めた[32]。「私は、まったく思いがけなく、リボーの手紙を受けとった。彼は、私に次のような内部情報をもたらしてくれた。すなわち、政治グループがコレージュ・ド・フランスにイズレのために社会哲学講座を創設したのだ、と」(1897年7月3日付)[33]。この手紙からは、コレージュ・ド・フランスの新設講座は、既にあらかじめ担当者を決めた上で準備され、公募は形式的であったことが推察される。それを知らずにデュルケムは乗ってしまったようである。したがって、そのモースに宛てた手紙には、デュルケムのくやしさがにじみ出ているし、自分は学問内容で敗れたのではない、という強い思いを身内

であるモースに訴えているようにも読みとれる。

　デュルケムの失敗は，もう一度，1899年にある。それは，タルドが1900年に着任したコレージュ・ド・フランスの近代哲学講座の教授ポストである。デュルケムは，この時もパリでポストを得ることを心から望んでいたが，またもや敗れた。今度は「彼が認めた唯一」[34]の論敵，タルドに敗れた。前述しているように，99年の近代哲学のポスト競いに最終的に候補者として名前があがったのは，タルドとベルグソンで，デュルケムの名前はなかった。デュルケムは最終審査にも残らなかった。ただ，このポストは，社会学ではなく近代哲学であり，科学としての社会学構築にむけて力を注いでいたデュルケムとしては無念とはいえ，止むを得ないところもあったようである。彼は，コレージュ・ド・フランスのポスト競いに敗れたくやしさをにじませつつ，タルドが近代哲学講座に替えて社会学講座を開講できなかったことに安堵しているようにも読みとれる手紙をモースに次のように[35]書き送っている。

　　私にとっていざこざは終った。私は，その講座にはむかない。私は，タルドがこのタイトルに名前があげられることに不都合を感じない。重要なことは，タルドがコレージュ・ド・フランスで社会学を採用できない，ということだ（1899年11月17日付）。

　まさに，この手紙からは，タルドに社会学のポストをつかせてはならない，自分（デュルケム）こそが正統な社会学者であるという強い思いが感じられる。

　なお，さらにデュルケムは，モースへの手紙[36]に，「タルドがコレージュ・ド・フランスの教授になる時には，私もボルドーから引き出されることになろう」とも書き送っている。この手紙からもタルドへの対抗心のようなものが読みとれるが，同時にデュルケムがパリのポストへの思いをいかに強く持っていたかが理解される。実際にデュルケムがパリに進出をはたすことができたのは，1902年で，しかもパリ大学文学部教育科学講師であり，社会学講座の担当でも，正教授の地

位でもなかった。彼が正教授の地位につくのは、タルド死後の1906年で、社会学講座の開設は、1913年まで待たなければならなかった。

　デュルケムは、明らかにパリでのポスト争いに苦汁をなめた。それも3回も。彼は、タルドにはポスト上ではタルド存命中追いつけなかった。しかし、彼は3回の挫折を味わった94年からの5年間、社会学者としても、知識人としても社会学史上歴史に残る研究成果を生み出すとともに行動もしている。それは、『社会学的方法の規準』や『自殺論』の出版のみならず、社会学に専門性を与え、確固とした科学としての社会学確立のために貢献し、かつデュルケム個人にとってこの道に進む一大目的であり、教育的使命であった多くの弟子たちの養成にも大きな力となった雑誌「社会学年報」の創刊と、もう1つは19世紀末のフランス社会の国論が二分して争われたドレフュス事件へのドレフュス擁護派、人権派としての積極的な取り組みである。タルドは、「犯罪人類学紀要」での重要な役割と研究の仲間は持っていたが、彼の学派は形成されなかったし、「知る限りでもっとも深刻な危機」[37]と彼自身認識していたドレフュス事件に関しても関心は持っていたものの知識人として、あるいは市民として行動を起こすことはなかった。なお、ドレフュス事件へのデュルケムとタルドの取り組みについては、第6章で取り上げる。デュルケムがポストを得てパリへの進出をはたすのは、大学は違うがタルドに遅れること2年、44歳であった。

　タルドのコレージュ・ド・フランス近代哲学講座教授決定の過程で興味深いことは、タルドが、①新生科学である社会学を、伝統を誇る大学に「講座」を設けるよう要望したことと、②その要望を教授会が拒否したことである。そしてもう1つ、③社会学講座への講座変更の要望を教授会は拒否しながらも、近代哲学講座担当教授として犯罪社会学及び心理学的社会学の研究業績が顕著なタルドを採用したことである。タルドの、伝統と権威を有するコレージュ・ド・フランスに社会学講座を新たに加えるべきである、という要望からは、彼自身が新独立科学、社会学を構築してきたという自負と、伝統を打破しようとする革新性といったことがうかがえるし、教授会の拒否からは、社会学が依然として大学制度の中

には容認され得ない，当時代の社会学の置かれた限界性といったことを思い知らされる。19世紀末のフランスでは新しい独立科学として社会学が樹立され，専門科学として認められ，新たな展開を見せた時期であったが，大学制度の中では，1913年のデュルケム担当のパリ大学文学部の「教育科学と社会学講座」(chaire de science de l'éducation et la sociologie) の誕生まで，社会学講座という冠を持つ講座は，待たなければならない。しかし，タルドにしてもデュルケムにしても講座名にとらわれることなく，講義内容は，社会学を講じ，各々心理学的社会学と社会学主義的社会学という独自の社会学を開花させた。

デュルケムは，ボルドー大学とパリ大学で社会学講座が正式に創設されるまで社会連帯論，家族論，自殺論，道徳論，犯罪社会学，宗教社会学，教育社会学等々を講じ，まさに社会科学講座及び教育学講座を通して新しい科学，社会学の構築に努めた。タルドは，どうか。コレージュ・ド・フランスで社会学講座を拒否されたタルドであるが，1900～01年は，精神間心理学 (la psychologie intermentale)，道徳の変換 (les transformations de la morale)，1901～02年は，経済心理学 (la psychologie économique)，1902～03年は，クルノーの哲学 (la philosophie de Cournot)，1903～04年は，心間心理学 (l'interpsychologie) をテーマに講じている。4年間のうち初年度の psychologie intermentale (精神間心理学) は，最終年には，interpsychologie という，1つの用語で呼ばれるようになったが，両年とも彼の心理学的社会学が講じられた。彼にとって心理学は，一個人の頭脳内の現象であり，心間心理学は，個々人の頭脳相互間の現象で，それこそが彼の説く社会的事実であり，社会学である[38]。従って，彼は，コレージュ・ド・フランスで彼独自のテーマで心理学的社会学を存分に講義したのである。

なお，タルドは1900年，司法省統計局長を辞し，コレージュ・ド・フランス教授となった同年，哲学分野のアカデミー (l'Académie des sciences morales et politiques section philosophie) 会員に選ばれ，1901年には『世論と群集』を，02年には『経済心理学』を出版するなど，精力的に研究を続けたが，1904年5月，61歳でこの世を去った。コレージュ・ド・フランス教授になってわずか4年で

あった。彼は，パリで死去したのち，彼の精神的聖地とも言うべきロックガジェアックに戻り，ヴェザック村の小さな教会の墓地に眠っている。

デュルケムは，1902年にボルドー大学文学部教授からパリ大学文学部教育科学講師に転じ，06年に教授に昇格，12年に大著『宗教生活の原初形態』を出版，13年に前述したようにフランスで初めて社会学の名前を冠した講座を担当し，名実ともにデュルケム社会学をゆるぎないものとした。しかし，家庭生活では言語社会学者として世に出る直前の愛息アンドレ・デュルケムを第一次世界大戦の前戦で失い，1917年，失意のうちにこの世を去った。59歳だった。彼は，2年前に自らの手で手厚く葬ったわが子アンドレとともにパリ，モンパルナスの墓地にユダヤ教徒としてひっそりと眠っている。

タルドとデュルケムの論争とポストをめぐる争いを中心に見てきた。各々，病理，科学，方法論等々の論争で一歩もひかず相対したが，その論争の根源には，人間の心や意識への関心から出発して，社会学を論じたタルドと，心理学とは異なる独立科学としての社会学の構築を強く目指したデュルケムとの違いがある。

それらの論争とともに教授ポストをめぐる争いにも言及したが，デュルケムからは，ボルドー大学文学部講師就任後，割合早い段階からパリへの進出に強い意欲があったことがわかったし，タルドについては，パリに進出した後，一段と社会学研究に高い意欲を持って臨んだことと，社会学者としての強い自信といったこともうかがうことができた。又，社会学は，19世紀末には彼らの努力の結果，1つの独立科学として市民権を得つつも，フランスにおける大学制度においては，依然として入口を固く閉ざされていたことも垣間見ることができた。

第2章の文頭でも少し触れたようにタルドとデュルケムの社会学や，彼らのキャリアをめぐって，今日，デュルケミアンからは，タルドはデュルケムに敗北した，[39]という指摘がなされたり，他方，タルド研究者（タルドマニア）からは，「デュルケムはタルドに比べると制度的ヒエラルヒーは明らかに低い地位を常に占めていた」[40]と，タルドこそ勝者という見方がされている。しかし，どちらが勝利したのかは問題ではない。2人の熱い論争の中から各々性格の異なる社会

学をより一層高め，フランス社会学を進展させ得たことこそが重要である。

注

1) G. Tarde, *l'Opinion et la foule*, p.139, note 1, P.U.F, 1989. 稲葉三千男訳『世論と群集〔新装版〕』164 頁，原注，未来社，1994.
2) M. Renneville, *Abécédaire Gabriel* Tarde, p.13, E.N.A.P, 2004.
3) G. Tarde, op.cit., pp.155-157, 訳，185-188 頁.
4) ギュスターヴ・ル・ボン，櫻井成夫訳『群衆心理』23 頁，講談社学術文庫，1993.
5) 『社会分業論』以前に，直接タルドの名前をあげてデュルケムが評価した論文は，1886 年の「哲学評論」に掲載された「社会科学の諸研究」であるが，そこではタルドの犯罪学に関する論文について「タルド氏の傑出した諸論文」と簡潔に言及しているにすぎない。内容の批評などは書かれていないので論争の出発点は，この論文ではなく，『社会分業論』とした。É. Durkheim, *La science sociale et l'action*, p.213, P.U.F, 1970. 佐々木交賢・中嶋明勲訳『社会科学と行動』164 頁，恒星社厚生閣，1988.
6) É. Durkheim, *De la division du travail social*, pp.227-368, P.U.F, 1978. 田原音和訳『社会分業論』240-362 頁，青木書店，1971.
7) G. Tarde, "Questions sociales" pp.625-632, *Revue philosophique*, tome. XXXV, 1893.
  J. Milet, *Gabriel Tarde et la philosophie de l'histoire*, p.31, Libraire philosophique J. Vrin, 1970.
8) P. ベナール，佐々木交賢訳「『社会学的方法の規準』から『自殺論』に至るデュルケームのタルド批判」『デュルケム再考』所収，9-10 頁，恒星社厚生閣，1996.
9) 同上書，4-5 頁.
10) 同上書，11 頁.
  池田祥英「タルド＝デュルケム論争における社会学的方法論」55 頁，「日仏社会学年報」第 8 号，1998.
11) J. Milet, op.cit., p.34.
12) 内藤莞爾編訳「正常現象としての犯罪」241 頁，『デュルケム法社会学論集』所収，恒星社厚生閣，1990.
13) L. Mucchielli, "Tardomania ? réflexions sur les usages contemporains de Tarde" pp.179-180, *R.H.S.H*, 2000, 3.
14) É. Durkheim, la sociologie et les sciences sociales, confrontation avec Tarde, p.165 (1903), *textes* 1, Minuit, 1975.
15) M. Lallement, *Histoire des idées sociologiques*, tome 1, p.123, Nathan, 1993.

16) É. Durkheim, *Les régles de la méthode sociologique*, P.U.F, 1981. 宮島喬訳『社会学的方法の規準』岩波文庫，1978.
17) 夏刈康男・松岡雅裕・仲川秀樹『人間生活の理論と構造』25,31頁，学文社，1999.
18) J. Milet, op.cit., pp.32-33.
19) タルドのパリ赴任当時の住所は，レンヌ通りと交わるサンプラシード通り62番地であった。そこは，サンスルピス教会やリュクサンブール公園にも割合近く，かつテル・プレーやコントが自宅で開いたサロンにも近い落ち着いた街区である。現在は，すぐ近くに社会科学高等研究院などがある。勤務先の司法省のあるカンボン通りは，サントノレ街やヴァンドーム広場などはなやかな街区にある。
20) G. Tarde, "Congrès de sociologie" pp.206-207, *Archives d'anthropologie criminelle*, tome x, 1895.
21) L. Mucchielli, op.cit., p.179.
22) J. Milet, op.cit., pp.32-33.
23) 河合弘道「G. タルド伝（二・完）」12-13頁，「社会学徒」第11巻5月号，1937.
夏刈康男『社会学者の誕生』50頁，恒星社厚生閣，1996.
24) É. Durkheim, *Letters à Marcel Mauss*, pp.41-42, Présentées par P. Besnard et M. Fournier, P.U.F, 1998.
25) M. Renneville, op.cit., p.23.
26) J. Milet, op.cit., p.35.
27) J. Milet, ibid., pp.34-39.
28) G. Tarde, *Les lois sociales*, p.39, Les empêcheurs de penser en ronde, 1999. 小林珍雄『社会法則』1-2頁，創元社，1943.
29) J. Milet, op.cit., p.40, 42.
30) http://www.rest.uiuc.edu/durkheim/Timeline.html
31) renseignements confidentiels, Archives Départementales de la Gironde.
32) M. Fournier, *Marcel Mauss*, pp.240-241, Fayard, 1994. デュルケムの1894年から3回に及ぶパリ進出に関しては，本書に従っている。
33) É. Durkheim, *Letters à Marcel Mauss*, p.73, P.U.F, 1998.
34) P. ベナール，佐々木交賢訳，前掲書，25頁．
35) É. Durkheim, *Letters à Marcel Mauss*, p.228, P.U.F, 1998.
36) É. Durkheim, ibid., p.241.
37) G. Tarde, *l'Opinion et la foule*, p.39. P.U.F, 1989. 稲葉三千男訳『世論と群集〔新装版〕』23頁，未来社，1994.
38) 河合弘道，前掲書，16頁．
39) P-P. Zalio, *Durkheim*, pp.76-77, Hachette, 2001.
40) L. Mucchilli, op.cit., p.178.

第5章　デュルケムの社会観

　デュルケムは，19世紀末のフランス社会学の発展状況を見て，専門科学としての社会学はまだ未確立であり，アカデミーの世界でも制度的にも認められていないと考えていた。実際，彼自身がフランスで初めて公教育省から認められ，社会学を講じたボルドー大学でも，社会学という学問そのものが認められず，当初予定された法学部での社会学講座開設は大反対に合って結局みおくられ，最初反対した文学部の中に「社会科学と教育学」という講座名で決着をみて，ようやくデュルケムは受け入れられたのである。彼は，そうした講座名の下，実質的に

▲É. デュルケム

は彼の目ざす社会学を授業を通して形成することに努めたのである。従って，19世紀末を通してデュルケムがもっとも力を注いだのは，専門科学としての社会学を構築することであった。彼にとって社会学が専門科学として成り立つもっとも基本となる条件は，①心理的領域とは異なる社会学独自の研究領域の確定と，②社会的事実の観察に基づく実証科学の確立であった。そのため例え，デュルケムが1901年になって「1895年に『社会学的方法の規準』が出版された時に，社会学から精神的要素を排除してしまったと激しく非難されたが，私ははっきりとしてあらゆる方法で，社会生活はすべてが表象から成っていると述べており，精神的要素を排除などしていない」[1]と弁明しても，社会学の独自性の主張において心理学の排除は，強力にアピールされたことは事実であり，そのことがタルドにもその後の研究者たちにも批判されることになった。

ただデュルケムのために明言しておきたいのは，彼の社会学専門化のための心理学排除の強調は，心理学を不要と言っているのではない。彼は，若い時代から心理学に関心を持ち，研究し，影響も受けている。例えば，エコール・ノルマル・シュペリュールでのデュルケムの学生時代の図書貸出記録を見ると，コントとスペンサーを読む前にリボーの主著である『現代イギリス心理学』をはじめ，彼の博士論文である「心理的特性」や，「哲学評論」に発表された論文等々を読み，「精神的事実を科学の実証的方法でアプローチしていたリボーを熱心に研究した」[2]し，そのリボーの推薦でドイツのヴントのもとに留学し，彼の実験心理学における科学的研究法を直接学んでいる。そうした心理学研究からデュルケムは，科学的方法を学んでいるが，彼はそうした研究は研究として，社会学の独自性，専門性を証明することに意欲を注いだのである。その研究成果が，『社会学的方法の規準』となった。明らかにその著書では，タルドが批判しているように社会拘束説を中心に「社会そのもの」が社会学の研究対象であることが強調されている。

本章では，そうしたデュルケムの独立科学として社会学を確立するために今，何をしなければならないのか，という彼の強い思いを受け止めつつ，彼の社会観を捉えてみたいと思う。そこには彼の個人への認識も浮かび上がる。又，デュル

ケムの著作のなかで,「社会」という用語ほど含まれる意味内容が豊富で複雑な観念はない。従って, 彼の用いた「社会」という用語を解明することは, 彼の社会学理論の根幹を理解することにつながる。

ここでは, デュルケムの社会学理論を代表する観念である, ①社会的事実の概念, ②社会的結合の観念, ③集合意識論を主に, 19世紀末の著作を中心に考察して, 彼の「社会」についての考え方を理解してみようと思う。

第1節　社会的事実の概念

タルドが強く批判するデュルケムの社会的事実とは, どういう観念か。社会学には社会学独自の対象と方法があることをまさに宣言した1895年出版の『社会学的方法の規準』(以下,『方法の規準』と略記)によって彼の社会的事実の観念をみておこう。

デュルケムは,『方法の規準』第1章で社会的事実を次のように定義している。すなわち, 社会的事実は, 個人のうえに外部的なものとして拘束力をおよぼし, なおかつ固有の存在をもちながら所与の社会の範囲内に一般的にひろがり, その個人的な表現物からは独立している一切の行為様式である, と。又, 社会的事実は個々人の単なる総和ではない一種独特の実在, とも言っている。

ここでの社会的事実の定義の特色は, 個人とは異なる社会の存在を強調しているところにある。が, しかし, 社会は個人とは切り離せない。そこでデュルケムは, 個人と社会の関係を次のように表現している(個々人の結合に関するデュルケムの観念は, 次節で取り上げる)。すなわち, 個々人こそ社会を構成する唯一の要素であり, 個人意識は社会生活の唯一の基体である, と。しかし, 彼は, 個人と社会は同じではない, 独立したものであり, 切り離されるものだと言う。なぜならば, 個々人の意識が協合し, 相互に作用, 反作用し, 融合するプロセスにおいて1つの新しい現実を生み出すからである。つまり, この新しい現実こそが社会の意識であり, それこそがデュルケムが心理的現象, あるいは個人的現象と区別

すべき社会的事実なのである。このように彼は，社会意識を形成する個人意識を基本的なものとしながら，それとは異なる一種独特なものとして社会的事実を説いている。

そして，彼は社会学の研究対象とすべき社会的事実には，3つの特徴がなければならないとする。その1つは，「個々人の意識の外部に存在する顕著な属性を示す行為，思考，感覚の諸様式」3) としての社会的事実である。端的に言えば，社会的事実は個人の外部に存在するという外在性の特徴である。彼の言う外在性とは，例えば，社会的慣習，記号体系（言語），貨幣の体系のようなもので，それらは，人が生まれる前からすでに有るということで既存性，先行性という特徴があげられるとともに，時間的永久性，継続性と，人間の所産を受け継ぎそれをより一層発展させる経済的文明的文化的蓄積性と，誕生した人間に対して先行性ゆえに彼に既成なものとして感じとられつつ，彼の人格を形成させる涵養性と，さらに先験的に構成された客観的諸体系とそれらの機能性 4) など，個々人の有さない特別な性格，固有の特性を有する。

社会的事実の第2の特徴は，拘束性である。彼によれば，個人的観念の単なる延長線からは生じ得ない諸制度，神の観念や宗教信念及び諸行事等々の諸社会的事実は，個人の行為，感情に対して支配力を備え，個人に強制力をおよぼす。つまり，社会的事実は個人の外部に存在するだけでなく，個人を外部から拘束したり，あるいはコントロールしたり，誘導したりなどの力を有するのである。そのことをデュルケムは，次のように述べている。すなわち，社会的事実は，「たんに個人に外在するばかりでなく，個人の欲すると否とにかかわらず彼に影響をおよぼす命令的，強制的力を付与されている」5) と。なぜ社会的なモノは個人に対して力を発揮し得るのか？ それは，社会生活は複数の個々人間に設定された積極的で持続的な諸関係から成る諸事実の一体系であると考えられると同時に，社会を「外的世界と同様にわれわれの作品とは言えない実在」6) としてデュルケムは捉えているからである。ここでデュルケムが言う「われわれの作品とは言えない実在」とは，社会的事実が個人を超えたものであること，すなわち，超越的実

表5-1 社会化

　社会化とは，個人が社会の一員になるために学習する過程をいう。
　社会化には，親を通して社会のパターンを子どもに強制的に押しつける側面と，子どもが社会に加入する過程，すなわち子どもが自分に与えられた世界に加入するために成長し，自己を伸ばしていく過程の側面とがある。

出所) P. L. Berger, B.Berger, *Sociology*, pp.55-57, Basic books, 1972. 安江孝司・鎌田彰仁・樋口祐子訳『バーガー社会学』62-64頁，学習研究社，1979.

在を意味する。したがって，社会は，個人に外在的に存在すると同時に優越するという特性によって個々人に命ずる力を有している，とデュルケムは考えたのである。この優越性とは，個人に対して行為を服従させる行為基準の命令的体系として考えられる。このことは社会が社会体を秩序正しく構成するために個々人に義務と強制力を有する1つの権威的存在として考えられ，そこにおいて個人は道徳的命令に対する服従の存在として位置づけられる。そしてそこにおける拘束性の意味するところは，道徳的命令としての規範性として理解される。なお，デュルケムは，次のような場合，社会生活において拘束性を感じないことがあるという。すなわち，「私がみずからの意志ですすんで（規範に）同調する時」[7]（（　）内筆者）や幼児期における教育などを通して社会的存在としての人間の形成，すなわち，社会化のプロセスを通して人間が社会的存在として社会的諸事実を内在化し，みずからの行為規準として自然に制度的諸規範，諸慣行に適応する場合には，社会的事実の有する拘束性と個人意識との間には何ら緊張関係は生起しない場合もある。ここには，社会と個人との関係において社会が一方的に個人に命令するのではないことが明らかにされており，わずかではあるが，個人の自発性や適応などデュルケムに個人を捉える認識があることがわかる。

　このようにデュルケムは，社会学の対象としての社会的事実を外在性と拘束性によって特徴づけるとともにもう1つ，社会的事実が広く社会にゆきわたるという意味において拡散性，あるいは一般性という特徴をあげている。

社会的事実の第3の特徴としてデュルケムが説く一般性の意味は，社会の大多数の人々がたまたま共有しているという意味での一般化ではないし，単に個人的事実の積み上げられたものとしての一般性でもない。彼の言う一般性は，集合的なものとして個々人に強制力によってあるいは義務として課されることによって得られる広がりである。

　社会的事実は，タルドの言うように明らかに模倣され，一般化されるが，デュルケムは，それは個人意識の外部に存在するある行為様式が一般に拡散してゆくことで，それは，当の行為様式が人々の上に強制力，義務が社会的なものとして課されているからである，と説明する。この社会的事実の本性における集合的なものの固有性から発する個人への効果が，タルドの模倣説との決定的な違いである。

　このようにデュルケムは，3つの社会的事実の特徴を示し，その具体例として次のような諸事実をあげている。すなわち，宗教的信念，儀式，法体系，言語，社会的制度，規範，神話，諺，慣習，世論，社会的な思考パターン，社会的風潮，流行，人口密度，人口分布，住居形態，交通路の数や性質，それに集合的指標を示す出生率，婚姻率，自殺率等である。集合的指標＝集合率がなぜ3つの特徴を有する社会的事実かというと，それは，集合率は，「数字の表現している集合精神のある一定の状態」[8]であるからである。つまり，集合精神の一定の状態として示される統計的数字をデュルケムは社会的趨勢として捉え，それを個人的なものとしてではなく，社会的な現象として捉えたのである。別の言い方をすると，集合率は「時代や国にしたがっていろいろな強度で人々を駆って，たとえばある者を自殺に，また大なり小なりの出生傾向などにいたらしめる一定の世論の諸潮流」[9]によって与えられた結果であり，それらは社会的実在の指標を示す，というのである。

　デュルケムの社会的事実の概念には，のちにG.ギュルヴィッチによって説かれる深層社会学の先駆を成す観念が含まれているので，そのことに触れておこう。

表 5-2　G. ギュルヴィッチ（1894-1965）

　1920年ロシア革命を逃れてドイツ等を経て，1925年にフランスに亡命。第二次大戦時ナチによるフランス占領で，ニューヨークに亡命。大戦後，1945年にフランスに帰国。その後，フランスで活躍。

主要観念

　深層の社会学。全体的社会現象；現代の社会学は，社会の現実在をその深層まで掘りさげて研究することである。社会学の対象は，社会の現実，およそその深成部のすべての階層的レベルで捉えられた現実である。それは，社会の外在的な殻（地理的人工的形態学的現実）にはじまり，制度化された上部構造や柔軟な日常生活の慣行，記号，シンボル等のレベルを経て，こうした慣行やパターンを変形させ，新しいシンボルを創出する革新的で逸脱的な集合行動のレベルまで，ひいては諸集団の価値観や理念のレベルまで達する。最後に，集合体のものであると同時に個人のものである社会的心理構造というレベルに達する。そこには，社会的現実の横糸そのものを織りなす不断の上昇・下降運動が存在している。こうした深層化された現実をつくるそれぞれの位層は，たがいに依存しあい，ゆるぎない一個の全体を形成している。それは，M. モースの用いた適切な表現に従えば，「全体的社会現象」である。社会学の方法は，次の2つの基本的な視点を特徴としている。①社会学は，常に社会的現実を構成する位層すべてを同時にかつ一挙に考察の対象にくみ入れながら全体的観点をあてはめる。②社会学は，社会的現実の研究に類型学的方法を適用する。それは，質的に異なった類型を構成することで一定の限度まで社会の型を個別化することである。

出典）G. ギュルヴィッチ，寿里茂訳『社会学の現代的課題』65-83頁，青木書店，1972.

　デュルケムは，明らかに社会生活の成層性に気づき，これを「生又は生活の結晶化」の程度の差，又は，「社会的事実の固定化の度合い」の差と表現して捉えている。彼の言う結晶化あるいは固定化とは，すなわち，社会的現実が「切れ目なく連続的に結びついている微妙な濃淡をもった諸段階」[10] のことを指す。それらの濃淡をもった諸段階のうちもっとも深層を成すのは，もっとも固定化した明確な特徴をもつ構造的事実，すなわち社会生活の基礎的実在である。そして，彼はそれらを形態的又は物質的基礎あるいは社会的基体とも称している。それらの具体例として彼があげるのは，人口分布や居住形態等々である。それらの層の上

に位置づけられる社会的事実は，さまざまな制度，法，組織，儀礼，慣行，慣習を全体的にカバーしている既存の行為様式である。これらの既存の行為様式の上には，やや柔軟な社会的事実であるシンボル，集合的理想，集合的観念，社会的価値等々が位置づけられ，そしてもっとも上層に社会意識の自由な諸潮流が位置づけられている。上層に位置づけられた自由な意識は，その社会の中に受け入れられると時間とともに，集合意識として定着し，さらに行為様式を規定する強固な社会的事実として固定化されてゆくこともありうる。そうしたことをデュルケムは，社会的事実の結晶化とも呼んでいるが，そうした社会的事実の固着化を伴う変動の観念は，社会的事実を層として捉えたところから出ているし，それらの観念は，社会学を社会的現実の深層まで掘り下げて研究することを主張したギュルヴィッチの深層社会学の先駆を成してもいる[11]。

第2節　社会的結合の観念

　デュルケムは，社会を固定的な実在とみなすだけではなく，個人と個人の結合から個人と社会の関係を捉えてもいる。そこで，次に個人と社会との関係，および個人と個人との関係を彼がどのように捉えているのかを社会的結合の観念として解明する。

　デュルケムの個人と社会との関係についての学問的関心は，モースがデュルケムの著した「社会主義」の序文で次のように論述していることからわかるように[12]デュルケムの学的生涯の極めて早い時期からもたれていた。

　　　デュルケムは，学的生涯を始めるに当たってどのような問題から出発したのか，それは良く知られているように，彼はエコール・ノルマル・シュペリュールの学生時代（1879-82年）ジャン・ジョレスやオンメエらと共に社会問題に関心を寄せ，具体的研究タイトルとして彼が選んだのは，「個人主義と社会主義」であったが，学校卒業後の1883年には，研究テーマを「個人

と社会の諸関係」とした。

　このモースの指摘に S. ルークスは，さらに次のように加えている。すなわち，デュルケムは，1883年エコール・ノルマル・シュペリュールを卒業すると，サンス，サン・カンタン，トロワの3つのリセで哲学の教鞭を87年までとるが，その時期にはすでに彼の関心は，理論分析から現実社会の研究，つまり，個人と社会の関係，より具体的には，個の人格と社会連帯についての研究に方向転換した[13]，と。これらの2人の指摘から，デュルケムは社会学研究の出発点から，社会を構成する個人及び個人と個人との結びつきを，個人と社会の関係として研究をすすめたことになる。実際，1887年に就任したボルドー大学での公開講座，社会科学の通年の初講義のテーマは社会連帯論であったし，それらは，1893年に出版される『社会分業論』に結実されることになる。このようにみてくると，デュルケムにおける個人と社会との関係についての問題関心は，彼の学的進路を決定させた重要なテーマであると言える。言い方をかえれば，彼はそれらの問題をおしすすめるための新しい科学として社会学を必要としたとも言える。デュルケムにとって社会学研究をすすめる上で個人と社会の関係は，極めて重要なテーマであったことは以上のことから理解される。そこで，個々人間及び個人と社会との関係についての彼の言説を，彼の用いた結合の事実という観念によって解明してみることにする。

1. 結合の事実

　デュルケムは，次のように多くの著作において個人と個人の結合という事実によって作り出される社会について論じている。

　　　　人と人との結合は，1つの新しいシステムを形成させる。このシステムは，
　　　　システム固有の諸特性を有する特殊な一実在を表わす[14]。
　　　　個々人は，相互に結合することによって一種の新しいそれゆえ固有の思惟

と感覚の様式をもった1つの精神的存在を作り上げる[15]。

　集合生活は，表象からのみ作られるのであり，集合表象は，また個人だけが社会の唯一の素材であるから個人表象によってしか構成されない。しかし集合的表象は，個人的表象のもたない特定の性格を示す。…諸個人の意識は，合一することにより相互作用し，反作用し合うことによりそして融合することにより社会意識である新しい一実在を生み出す。これが社会の意識である。集団の心性は，個人のそれとは全く異なる。諸集団の心性 (la mentalité de groupes) は，個人精神 (esprits particuliers) の複数の結合された全体である。諸個人の意識は，安定した仕方で結合することによって，それらの意識相互の間でとりかわされる関係の結果として，新たな生活を生み出す。…新たな生活とは，社会生活である[16]。

　集合的表象は空間だけでなく時間にまでも広がっている広大な協働の所産である。そしてその所産は，さまざまな精神の一群の観念と感情とを連合し，混淆し，結合して作られるのである[17]。

　ここには，デュルケムが社会的なもの（社会体系，社会生活，社会意識，社会的感情，集合的精神）は，個々人間の結合によって生まれることが説かれ，かつそうして生まれる社会的なものには，個々人がお互いに作用，反作用し，混合し，融合することで生まれる，個人とは異なる，新たな特質を有することが説かれている。ここでデュルケムが説く個人の有さない社会的なものの有する新たな特質とは，一体何なのか。1つは，「結合の事実は，このうえなく義務的なものである」[18]と言っているように義務強制力であり，もう1つは，道徳的養育力である。1つ目の特質は，デュルケムの説く社会拘束説につながる観念である。もう1つの道徳的養育力については，あまりこれまで指摘されていないので，ここで彼の結合の事実に含まれるこの観念について少し触れておこう。

　デュルケムは，すでに見たように，個々人の結合によって個人精神とは異なる集合的精神を形成させると説いているが，その集合的精神は個人に対して新しい

ジャンルの精神生活の母体となり，その精神は集合体を構成する個々人の精神に浸透して個々人の精神を変革する力となる，と言っている。この個々人の精神的諸力を集合的精神が変革するとは，結合によって個々人が孤立したばらばらな状態で創る出す成果や彼自身の持つ精神性よりも，実り多い，より高度な潜在力と生産性を高め，かつ，個人の本性を養い豊かにする，ということである[19]。このことは，集合的精神には，義務強制力のみならず，個人に対して道徳的，人格的な人間形成を促がす力があるということである。この道徳的，人格的な人間形成力とは，ここで言う道徳的養育力と表現されうる。これらの，個人を社会の唯一の素材としながらも，形成される社会は個人と異なる特質を有する，とするデュルケムの観念は，いかにも個人と社会を切り離して，社会そのものを社会学の研究対象とする，いわゆる彼の社会実在論へと結びつけられるところであるが，しかし，結合の事実の観念は，そうした見方に，別の観念を加えることになる。すなわち，デュルケムの結合の事実には，個人と社会の相互の関係性が認められる。

　そのことは，次のような彼の言説からもうかがえる。すなわち，個々人間の結合から形成される社会的なものは，ひとたび出来上がっても固定化される訳ではない，むしろ，常に変化し，進化する。変化し，進化した社会では，「個々人の意識は伸長し，複雑になり，柔軟」[20]になる。つまり，個の心的生活 (la vie psychique de individu) の充実は社会進化とともになされる。そうして個人の精神や意識の変化，充実は，当然，従前とは異なる個々人間の結合を促がし，次に形成される社会的なものも以前のままのものではない。要するに，個々人の心性や観念が，次の社会的結合のあり方を変えるし，それら結合様式の変化は集合的なもののあり様を変える。このことは，個々人は，社会により生まれ，育成されると同時に，社会によって受ける個々人の意識や精神の影響は，結合を通して社会の心性，集合精神に影響を与えると理解されうる。

　さらに，デュルケムは，個々人の結合の事実を一種，共同体的心性を生み出す道徳的結合としても捉えている。彼の理想とする社会集団を一言で言えば，集団

それ自体が安定し，すぐれた組織を構成し，道徳が権威をもって機能して統合化されている集団である。そして，道徳的結合に基づく集団形成および道徳生活形成のメカニズムを，彼は，次のように説いている。すなわち，人と人との間に他の人々とは区別されたある特定の観念，利害，感情，仕事を共有する一定数の人々がいると，必然的にそれらの類似性，共有性の影響を受けて彼らは相互に励まし合い，引きつけ合い，求め合い，関係を結び，結合する。その結合からある特徴を持った集団が形成される。そして，そうして形成される集団には，集団固有の，しかも集団を生んだ特殊な条件の特徴をそなえた1つの道徳生活が必然的に生まれる。なぜなら，人々はともに生活し，頻繁に人格的な接触，交渉を持つと自分たちの意志による結合によって形成している全体を心に感じとり，その全体に愛着を感じ，関心を持ち，彼らの行動に際してそれらを考慮せずにはおかないからである。集団を考慮するとは，個々人が個人を超えて集団を考えて，集団に愛着を持つことで，この集団への愛着という感情が，明確化されて共同生活のもっとも日常的で，かつ重要な諸状況に適用され，はっきりと定式化されれば，そこに一群の道徳的準則が形成される[21]。すなわち，個々人の集団への愛着という感情は，あらゆる道徳的行為の源泉そのものである。そして，ひとたび道徳的密度の高い集団が確立されると，そこにおいては，「それ固有の道徳的準則の数は増し，人々の意識に対するそれらの権威もより強力になる。なぜなら集団の凝集性が大きければ大きいほど，諸個人はますます緊密かつ頻繁に接触するからであり，またこうした接触がより頻繁かつ親密になればなるほど交換される観念や感情は増し，共同の意見がより多くの事柄にまで拡大するからであり，まさしく，より多くの事柄が共同のものとなるからである[22]。

　道徳的結合においてデュルケムが説いているのは，個々人間のコミュニケーションのあり方と，彼らが自らの意志で結合して作り出す集団への愛着という感情の重要性である。これらの彼の観念は，地域社会の崩壊など人間同士の絆の乏しい現代に通じる内容を含んでいる。なお，地域社会への愛着心に関しては，この後の集合意識論でも取り上げる。

彼は，結合の事実によって社会形成を説き，個人意識と識別される一種独特の実在を特徴づけたが，それらは個人に強制的に受容を強いる行為準則としての権威的存在，命令と支配の体系，機能的体系として捉えられた。しかし，彼は，そのように結合の事実の観念によって社会を構成する個人に対する社会の優位性を明示しただけではない。彼は，個人の側からも社会を捉えたのである。社会の側から個人との関係を捉える場合，すでに述べているように，主に社会の有する拘束力，支配力，道徳力によって社会に従う個人が強調されるが，個人の側から社会を捉える場合，個々人の社会集団への愛着，さらに個々人間の共有の感情や観念や利害の共通性から生ずる結合は，個々人みずからが社会に自覚的，自発的に意志と感情をもって行為し，共同性豊かな社会を形成する，という個人の行為論的観念が説かれる。そこにおいて個々人間，個人と社会との間の感情，観念，目的の共有化は，それらの社会が道徳的共同生活を可能とするかどうかの鍵とされる。

2. 結合の異常形態

　結合の異常形態論は，結合の異常形態としての社会構造論であり，今まで見てきた個人と社会の関係論とはやや異なる社会的結合の病態が問題とされている。デュルケムは，『社会分業論』の中で拘束的分業を分業の病理的形態とし，拘束的分業から導かれる社会構造の固定化現象を社会的結合の異常形態と説いている。すなわち，彼は個々人の有する素質や能力を発揮する機会を制度的力によって抑制したり，集団間関係や社会的交流を制限したり阻止するような一種のカースト制や階級制のような制度上の組織を分業の病理形態の１つである拘束的分業とした。

　彼は，産業発達を急速に進めるフランスおよびヨーロッパの近代産業社会における分業の諸形態を研究する中で，分業のアノミー形態を考察するとともに，拘束的分業形態を捉えている。彼によると[23]，産業の発達により大企業が出現する，そして分業は高度に発展して，産業諸機能は一層専門化する。このような状

態において，機能の専門化は機能間の連帯を作り出すと同時に逆に機能間に対立の激化をももたらす，すなわち分業の本質的性格には，諸機能間の専門化から生ずる分業の破壊的影響力が存する。これらの破壊的影響力は，労資間の対立の激化と，両者間の関係の分離を促す。そして，労資間の完全な分離から両集団は分割し，各集団それぞれ別々の慣習や規則それに結社の結成などがなされ，労資間関係はより一層疎遠化され，両者間の社会的関係や交流は，一層閉鎖的となり，社会全体として非共同的な社会が構成される。つまり，自由であるべき個々人間の関係構築や社会的結合が富や権力あるいは地位の差によって構造上不可能となる社会を彼は固定的分業という，アノミー的分業形態とは別種の分業の病理形態，すなわち結合の異常形態としたのである。

　こうした社会構造は，デュルケムの生きた19世紀末から20世紀にかけての過去の特殊な構造とかたづける訳にはいかない。P. M. ブラウ[24]が20世紀末のアメリカ合衆国の社会構造を3つのパラメーター（名目的，等級的，序列的）を用いて分析，説明したように，現代社会においても，人種，民族，宗教，社会経済的地位の差等々によって人と人との交流に障壁が作られ，社会関係や社会的交流が阻止される社会であれば，それらはデュルケムが100年以上前に説いた結合の異常形態にある社会と言うことができる。又，今日のエスニスティ問題や移民問題もデュルケムの言う結合の問題と無関係ではない。人種や民族の違いが社会的交流等に障壁となり，それらが社会的な不平等を増幅させ，社会への不満となって暴動が起きたり，紛争が生じたりしている。それらの問題発生の要因に，デュルケムの説く結合の異常形態が潜んでいることは明らかである。

　さらに，闘争の外在的諸条件というデュルケム独自の観念も結合の異常形態と関連する。デュルケムは，拘束的分業の社会では，闘争の外在的諸条件によって社会的不平等がもたらされる，と説いている。彼が説く闘争の外在的諸条件とは，出自に基づく社会的権勢や地位，世襲的に継承される富などのことである。本来，人々は，その人が持つ素質や能力，あるいは努力によって評価され，組織が運用されるべきところを，そうした個人の資質や努力とは別の外在的諸条件によって

仕事，地位，報酬のみならず，社会的交流，社交関係等々に差が生じるような場合を，彼は闘争の外在的諸条件の不平等と言い，これを結合の異常形態とした。彼にとって闘争の外在的平等は，道徳的結合関係を形成するための基本要件であると同時に，社会発展に伴って発達する契約関係を公正な社会関係に基づいて作るための必要条件である[25]。彼の考え方からすれば，当時代はまだまだ公平で公正な社会にはほど遠いと認めざるを得ない状況にあった。

　それでもデュルケムは，当時代それらの平等化はある程度進んできているとみていた。特に，社会的劣位にある人々に対し，社会福祉，社会的扶助が実現されて，社会が社会的不平等を少なくしようと努めていること，社会それ自体が社会的悪を認める社会になってきていること，さらに市民自身が平等の必要性と実現の正当性を認め合うという社会状況にあることなど，社会意識や法制が，より進歩した社会状況に近づきつつある，とデュルケムは社会が彼の考える方向に向いて進んでいることを認める。しかし，彼は「カースト制のような制度が法制上消滅してもそれはそれとして習俗のうちに生き残る。するといくつかの偏見はいつまでも残る。そのため人々の真価とは無関係に厚遇される人とされない人ができる」[26]として，彼は，偏見は無限に生きのびるものではないが，それらは社会意識の中に最後まで残存して社会を苦しめると，真の外在的諸条件の平等化の困難性を見抜いている。

　加えて，労働問題にも厳しい現実を認識していた。すなわち，社会的枠組みの中で自己の資質や能力にふさわしい位置を得て労働する，つまり職場において，個々人の独創性と純粋な内的自発性（個々人の職業的素質，能力，好みを意味する）が認められて，分業が個人の本性と社会的機能とを調和した状況は，容易には実現されえない。彼は，現実社会の状況をみて，「個々人がその真価を発揮しうる場をもち，それに見合う報酬を受け，したがってすべての人が全体と各人の善のために自発的に協力し合うような社会」[27]には現にないと，当時代が拘束的分業の残存した階級社会としての病態状況にあることを認めている。そうした現実をふまえてデュルケムは，闘争や内紛を解決するために闘争の外在的平等に基づい

て，労働分割が能力によって適材適所で行われるよう要請し，労働の門戸の開放と柔軟な社会移動を可能とする弾力的な組織の構造化を求めている。

以上のように，彼は結合の事実を通して社会の特性と社会形成における個人の役割を説くとともに，さらに結合の異常形態論によって産業社会の矛盾を構造論的に把握した。

今日，共有信念の消失，伝統的価値観の崩壊，未来展望への悲観等々不統合な社会状況の中で，個々人間・集団間の競争や対立の激化，個人化，孤立化等々人々をとりまく環境は，一層深刻化している。このような現代社会の解体の危機的状況において，われわれがいかに社会的に結合しうるか，連帯しうるかが重要な課題とされる。したがって，結合の諸観念において示されたデュルケムの認識は，今日なお有りうべき社会構造化にとって学ぶべき点がある。

3. 集合意識論
i 同質的社会における集合意識

さいごに，『社会学的方法の規準』以前に出版された『社会分業論』をベースに，デュルケムの中心理論の1つである集合意識論について見ておこう。特に，そこにおいて着目したいのは，社会の発展レヴェルに応じて機械的連帯に基づく社会と有機的連帯に基づく社会とに社会を二元的に分類して，各々そこに生活する個々人と社会との関係のあり方に違いがあることを説き，集合意識論を登場させて論じているところである。

機械的連帯の社会は，個人の諸活動，行動を抑制する強力な伝統や慣習などを有し，かつ，全てのことが共同で，「共通な諸信念と諸感情の総体」[28] としての強力な集合意識を有する集団（社会）力の強い擬集的な社会である。そうした社会では集団力が強力であるばかりでなく，集合意識は社会全体をおおっている。そして，そこでの法規制は抑止的で，神と人間との契約に基づいて不法行為は，人間の戒律の違反として神の命令によって制裁が指定される。道徳的秩序の基礎を成すのも，この抑止的規制の力にあずかるところが大きい。集合意識への侵犯

は，抑止的法によって犯罪とされ，罰せられる。デュルケムは，この抑止的法の強弱が社会進化の1つの指標となるとし，機械的連帯の社会は，この法の強度が非常に強いために社会的に未発達な社会，すなわち環節型社会とした。

そうした環節的類型の社会の特性をネガティブに表現すれば，社会としては外集団との障壁が高く，閉鎖的で未分化である。そしてこのタイプの社会の個人は，強力な集合意識に支配され，社会的拘束力が個人をほぼ完全におおいつくして，個の人格や個性の発達も低く抑えられ，個々人の自発性も抑止される。換言すれば，社会的力が，個々人の行為や思考の準則として強力に作用し，個人の観念や行為は画一的で鋳型にはまっている。そこでの分業や専門化もせいぜい男・女間，年齢差による程度で，非常に低い。

さらに，環節型社会に着目したいのは，集合意識と宗教との関係である。デュルケムは，機械的連帯に基づく環節型社会において強力な集合意識を形成させるその中心的役割をはたすのは，宗教であると説く。そして，社会発展のプロセスは，宗教そのものの意味の変化及び人間と宗教のあり方の変化を伴う，と言う。

すなわち，彼は，宗教は集合意識の中核を成すし，かつ「ほとんど全ての主要な社会制度は宗教から生まれた」[29]と説く。従って，彼は道徳的，哲学的，科学的，法律的諸観念の全ての起源が宗教にあり，近代社会における集合意識の一部を形作っている信念においても宗教的性質が残存していると見ている。しかも，それらの残存する宗教的信念は，今日のような複合的組織社会においても社会的共同性を保持させるために機能していることをデュルケムは，強調する。その根

表5-3　集合意識の一例

　かつて日本には，ある一定の年齢に達したら誰もが結婚しなければならないという結婚に関する規範，すなわち集合意識があった。その時代，男性は結婚して初めて一人前とされ，女性は結婚こそ女の幸せとされた。そうした結婚に関する集合意識は，旧家族制度の時代のみならず，1970年代後半から80年代頃まで人々の意識に影響を及ぼした。

拠を彼は，道徳生活は長い間宗教生活と共通の性質を有し，両者は密接に結びついて融合されてきたし，この2つの系（deux orders）は，絶対に分離し得ないからであると説明する。「宗教的なるものには，道徳的要素が，道徳的なるものには宗教的要素が存在している。…また事実，現在の道徳生活は，宗教性に満ちている」[30]。

しかし，デュルケムは，社会生活の根底にあるそれらの宗教性は，時代の発展とともに変化すると，見ている。すなわち，中世社会から近代社会になるにおよんで道徳性，宗教性は神学的宗教性と全く異なったものになりつつある，と言う。彼の説く近代社会における道徳生活に認められる宗教性とは，過去の時代に神に対して向けられた神聖な事物に対する畏敬の念という神への個人の感得ではなく，道徳規定や社会に対して個々人が畏敬の念をいだくそれによって共同性が生じるという認識においての宗教性である。つまり，社会進化のすすんだ社会において個々人がいだく畏敬の念の対象，すなわち宗教性は神にかわって，自らが属して創り出す共同性豊かな社会に向けられる個々人の信念なのである。宗教性にかかわるそうした議論から，社会生活において人間が集合意識から解き放たれ，自由となり，自発的活動を活発化させることは，何よりも神からの開放であることを，デュルケムは捉えていることが理解される。言い換えると，社会の発展は，宗教的特質を帯びた強力な集合的な信仰や集合的感情が絶えず少なくなってゆくプロセスであるが，それは同時に「個々人が神によって動かされていると感じることが少なくなる」[31]ことで，そのことは，宗教に基づく集合意識が薄れるプロセスであり，かつ，個々人の自由な活動，自発的な活動の増大のプロセスでもある。

デュルケムは，このように集合意識の変容を解き明かしているが，それらの諸相を彼は，歴史的に捉えただけでなく，同時代においても並存することを比較社会論的にも捉えている。つまり，彼は同一社会の中で未発達な社会と発達した社会とが並存していることを社会を構成する人間の人格性や個々人間及び個人と社会との連帯や関係のあり方等々によって分析，説明している。彼によれば，「社会生活は諸意識の類似性と社会的分業という二重の源泉から生じる」[32]。それら

の二重の源泉から生じる社会生活は，2つの大きな潮流を作り，大きく異なる社会構造を構成させる。一方の社会構造は，村落社会がイメージされる。ここでの社会構造における個々人の意識は，類似し，メンバーは画一的な信念を有し慣行に縛られる。社会生活は，個人に対して集合意識が浸透し，強力な共同体的道徳が形成される。それらの道徳は，全体社会の規範として抑止的特徴を有し，個々人に強い力を及ぼす。もう一方の社会構造は，都市社会がイメージされる。そこでは個々人は各々が異質的で個性を尊重し合い，自立している。そして，そうした個々人は相互に独立しつつも依存関係にあり，それによって紐帯を作り出し，集合体として凝集される。そうして構築される集合体における道徳は，社会のある限られた領域に局限されるという点で，前者の共同体的道徳とは異なるし，抑止的性質も弱い。個々人は，自立的で異質的であるが，数限りない分子の単なる並存状態に分解されることはない。なぜなら，諸機能上の道徳や法による諸準則が「個人を強制し，個人独自の目的でない目的に立って行為させたり，譲歩させたり，契約に同意させたり，自分を超えた高級な利害を考慮に入れたりさせる」[33]からである。つまり，ここでの個々人は，利己的目的を法によって規制されつつ，集合体の目的を自己の目的を超えたところにおく。それゆえに個々人の行為は，全体として統合され得る。こうしてみると，デュルケムの都市社会における個人と社会の関係（構造的特質）こそ，彼の考え出した理想的な道徳的個人主義に基づく社会構造が構成可能な社会と言える（この点については次項でさらに取りあげる）。

ii　現代に生きる集合意識

　次に，前項でも少し触れた都市社会＝産業社会における集合意識についてもう少し見ることにする。
　デュルケムは，かつて共同意識が果たしてきた役割を産業の発達した社会において，より十分に果たすようになるのは，分業であると述べ，さらに続けて正常な社会状況にある場合の分業のはたす機能の重要性を次のように強調する。すな

わち,「高級類型の社会の集合に統一性をもたらしめるのは,主として分業である」[34]と。つまり,彼は「かつて」と表現しているように社会進化の初期の段階では,集合意識が強力で,それが社会的強制力として個々人をコントロールし,社会を統合化してきた。しかし社会が発展すると個々人は,各々個性豊かになり,異質性を認め合い,専門的能力を高める。集合意識よりも個人意識が力を増す。すなわち,集合意識は衰退し,個人意識が隆盛する。そうなると集合意識では,かつてのように個々人をコントロールすることはできない。そこでデュルケムは,それまで経験したことのない新たな社会にふさわしい社会連帯を考え出した。それが個性豊かな個々人を相互に結びつける社会的分業である。社会の発展は,それまで同質的であった個々人の価値観,ライフ・スタイル,その他さまざまな行為様式,存在様式等々を多様化させた。社会は何の結びつきもない,不統合な社会になってしまうのか。デュルケムは,社会の発展は同時に分業を発達させる。分業の発達は,個々人の関係をバラバラに分解するのではなく,人々との相互依存関係をますます必要とする,と考えた。すなわち,彼は産業社会における人間結合と新たな連帯の創出の契機として分業を捉えたのである。

　デュルケムは,分業を「専門化された労働をなす異質的,個別的個々人の諸機能の一大体系」と[35]定義している。この定義からは,産業が発展した社会は,異質な諸機能を有する個々人が相互に依存関係を作り,1つの体系的社会を構成するようになると,分業を解すことができる。分業は,人間諸活動を分化させ,収斂させ,引き離したものを再び接近させ,新たな社会的紐帯と連帯性を作り出すことになるのか。デュルケムは,分業の本質的機能を「これまで共通であった諸機能を分かち合う」と同時に,個々人間に持続的で単なる肉体的接触ではない人格的接触によって道徳的紐帯,すなわち個々人の相互に依存し合おうとする意思,感情の感得による相互依存的な紐帯を創出する契機と捉え[36],分業の発達は,道徳的密度,つまり個々人の相互行為の割合を増し,その上個人の自律化,個性化,異質化がすすむと,説いている。彼にとって個々人の分化,異質化,専門化は,関係性の分裂化ではなく,相互の密接な関連性を高めると解される。要

するに，彼は，分業を組織的社会構成の中核を成す機能的結合のみならず，社会的＝道徳的紐帯を創り出す契機として考えている。

ここでのデュルケムの説明において，明らかに社会の発展に伴う集合意識の弱化又は消失が重要なポイントになっている。しかし，彼は集合意識をそう単純に捉えてはいない。彼は，産業の発展した組織的社会において弱化しつつもなお，存続する集合意識があり，その存続する集合意識は，組織社会の基層を成す社会的紐帯を作り，諸集団の社会統合に重要な役割をはたす，という観念も有している。又，それらの集合意識論の中には，個人の自発的行為が集合意識を再形成させて，社会の統合化が計られるという，個人の行為論も含まれる。

組織的社会に重要な役割をはたす集合意識は，全体社会レヴェルと社会内における特殊な諸集団レヴェルとの2つのレヴェルで捉えられている。まず，全体社会レヴェルで捉えられる集合意識であるが，これは時代を貫通し，有り続ける集合意識および社会連帯＝縦の集合意識および連帯 (la solidarité des temps) と，同時代性という意味での横の集合意識および連帯とに分区される。横の集合意識および連帯は，集合意識に代わって分業によって同時代人の人々相互に依存関係ができ社会的紐帯が形成され，社会的に連帯し得るもので，ここでの横の連帯は分業に基づくもので，集合意識によるものではない。従って，横の集合意識は全体社会レヴェルでは分業にとって代わられてしまう。しかし，集合意識のうち縦の集合意識および連帯には，依然として，重要な役割をはたすものがあるという。縦の集合意識および連帯は，例えば，世代間の意識および連帯が考えられる。つまり，時代をこえて有り続ける集合意識は，個々人が置かれている個別的な諸条件とは無縁で，個々人が過ぎ去っても，変化しない，むしろ旧世代と次の世代とを結びつけるもので，それらをデュルケムは伝統や慣習を受け継ぐチャンネルと捉えている。もし，そのチャンネルが衰退，切断されると，伝統性が軽減され，非連続な諸層による社会的諸単位によって社会は構成され，社会的混乱，不統合社会をまねくことになるという。ここで説かれる集合意識とは，具体的には，制度的規範や伝統的諸慣行が考えられるが，それらの集合意識の強制が実際に，明

> **表 5-4　P. ブルデュー（1930-2002）**
>
> 20世紀後半－21世紀のフランスを代表する社会学者
> 　慣習行動とは，人が日常生活のあらゆる領域において普段行っているさまざまな行動，例えば宗教的活動とか，食事の仕方，話し方，ちょっとした立居振舞いなどのことである。この行動は，否応なく，ハビトゥスによって一定の方向づけを受け，規定されながら生産されてゆく。ハビトゥスとは，ある集団の特有の行動，知覚様式を生産する規範システムである。
>
> 出典）P. ブルデュー，石井洋二郎訳『ディスタンクシオンⅠ』p.vi, 藤原書店，1990.

確に具現されるのは，地域社会の伝統的文化伝承にかかわることであったり，あるいはデュルケムが言明するように社会化の過程を通して「画一的な信念と慣行とを強制」[37]して，次世代に伝統的なものを受け継がせること等である。なお，ここでの集合意識の概念は，P. ブルデューの慣習行動の観念と関連しており，そのことからもデュルケムの集合意識論が，決して過去の理論ではないことが理解される。

　さらに，彼は制度規範や慣行のように固定化された集合意識の他に，より柔軟な集合意識も存在することを説いている。すなわち，「共同意識は全面的に消失してしまうということは言えない。ただ共同意識は，しだいにきわめて一般的かつ不確定の思考と感情の様式から成るにいたる」[38]。彼が，ここで言おうとする組織的社会におけるそうした集合意識は，非常に一般的，抽象的な価値観，行為準則として個々人が感得し合えるような柔軟な意識である。換言すれば，組織的社会での全体的社会レヴェルにおけるこれらの集合意識は，抽象度の高い道徳的合意あるいは行為準則となる共有の価値認識と考えられる。ただし，それらの集合意識は，契約関係に基づく組織的社会の諸関係における特殊な諸規範等ではなく，非契約的な日常生活の中で伝統的な感情や思考様式が道徳的に合意され，個々人の社会生活の行為や意識の準則となっているもので，いわば，大衆市民の意識，感情，心性の深層の部分にしみわたっている社会共有の価値意識とか感情

であるとしている。しかも，これらの意識は，進歩した社会において個性化した個々人を集合させる唯一の核心となる「人格と個人の尊厳性への畏敬」[39]の意識，感情と，デュルケムは言明している。つまり，組織的社会において集合意識は消失したり，弱化してしまうが，全体社会レヴェルで残存し続ける集合意識は，人間として誰でもが認め合えるような，それによって人々の意識や感情をまとめることができる，人間性の尊重のような人類普遍の価値観と理解できる。

こうした組織的社会のおける全体社会レヴェルの集合意識論とは別に，社会内レヴェル（社会内における特殊な，限定された形態の諸集団）での集合意識についてもデュルケムはその存在を認めている。ただし，そこでの集合意識は，未開社会におけるような個人に一方的な力を及ぼす意識ではない。近代社会における社会内レヴェルでの集合意識は，社会を構成する個々人の意志が1つのポイントになる。彼の説く集合意識を有する，社会内レヴェルの諸集団とは，具体的には教会社会，親族それに地域社会である。彼によれば[40]，それらの社会集団は，同一の目的に向かう個々人の努力が調和する共同体であり，精神と意志の融合体であり，成員共有の信念と感情を有する集団である。

例えば，教会社会を取りあげてデュルケム[41]は次のように説明する。すなわち，教会社会は宗教的共同性に基づく共同体である。そこにおいて個々人は宗教的規範に一方的に命じられ，服すのではなく，共有の信念と目的を感じとって自らの意志によって集合し，会合する。つまり，信仰に基づく共有の信念，感情，理想は，個々人を結合させ，集合的感情や観念を創り出し，共同性豊かな共同社会を創る。ここで重要なことは，個々人の有する宗教信念の共有性が教会社会に集う人々を結合させ，1つの共同社会を創り出す，という観念である。なぜなら，これらの観念には，デュルケムは明言していないが，彼独特の個人の自発的行為論が含まれているからである。信仰に基づく信念は，他から強制されて有されるものではない，自らの意志に基づく。つまり，自発的主体的に形成される信念によって人々は，教会社会に参加し，結合し，宗教に基づく共同社会を創る。このように解すれば，彼の教会社会における集合意識論には，「個々人が積極的に社

会生活に参加してゆくことを鼓舞する」[42]、いわゆる個人の自発的行為論が認められる。そしてそれらはかつての未開社会における集合意識とは、明らかに異なる。

　こうした個人の自発的な行為に基づく共同社会論は、血のつながり、同じ土地への愛着、それに習慣の共同などを有する親族社会や地域社会といった基礎集団にも通じると、デュルケムは見なした。

　今みた教会社会における信念に相等する地域社会の集合意識すなわち、地域社会を構成するメンバーの共有感情をデュルケムは、自分の住む地域社会への愛着心と認めているが、そうした地域への愛着といった感情は、宗教に基づく信念と同様、他から強制されて生まれるものではなく、自らの意志として住民の心の中に生み出されるものである。ひとたびそうした感情が生じ、それらが同じ地域に住む人々と共有されれば、社会的紐帯は強くなり、共同性を高めることになる。確かに、教会社会における集合意識と同様、地域への愛着という住民個々人の意志に基づく集合意識は、組織的社会における地域社会の共同性を形成する上で重要な要素であることが理解される。こうしてみると、社会内レヴェルの集合意識は、組織的社会の基礎集団においてなお重要な機能をはたすことをデュルケムが認めていることがわかる。そこでの集合意識は、固定的実在ではなく、個々人の意志の反映したより柔軟な実在で、時代とともに弱化したり、消失する傾向は否めない。

　今日、日本で少年犯罪が生じたり、孤立した家族にかかわる問題が起きたりするたびに、地域的結びつきが弱まった結果、そうした事件や問題を抑止できない、という意見が聞かれる。

　同じ地域に住んで生活するということは、単に近くに住んでいるということだけでなく、安全で安心な地域生活を共に形成してゆこうとする、地域への愛着感情に基づく地域連帯ができてはじめて、いわば地域力を構築し、地域問題への対応も可能になる。弱化しつつある集合意識の問題は、地域連帯や地域力の消失を意味するのである。

以上，集合意識についてデュルケムの考え方を見てきた。そこから彼の集合意識論は，集合意識を発生論的に捉えたり，あるいは全体社会レヴェルにおいて近代になってもなお一般化され，抽象化されつつ存続する集合意識や，社会内レヴェル（基礎集団）において個人の自発的意志に基づいて構造化され得る集合意識の存在など，複合的に捉えられていることが理解された。

注
1) É. Durkheim, *Les règles de la méthode sociologique*, p.XI, P.U.F, 1981. 宮島喬訳『社会学的方法の規準』21頁，岩波文庫，1978.（以下，Règles と略す）
2) J-C. Filloux, *Durkheim et le socialisme*, p.18, Libraire droz, 1977.
3) É. Durkheim, *Règles*, p.4, 訳, 52頁.
4) É. Durkheim, *L'éducation morale*, pp.75-76, P.U.F, 1963. 麻生誠・山村健訳『道徳教育論（1）』123-125頁，明治図書，1964.
5) É. Durkheim, *Règles*, p.4, 訳, 52頁.
6) É. Durkheim, *De la division du travail sociale*, pp.235-236, P.U.F, 1978. 田原音和訳『社会分業論』333頁，青木書店，1971.（以下，D.T と略す）
7) É. Durkheim, *Règles*, p.4, 訳, 53頁.
8) É. Durkheim, ibid., p.10. 訳, 61頁.
9) É. Durkheim, ibid., p.9. 訳, 60-61頁.
10) É. Durkheim, ibid., p.14. 訳, 68頁.
11) G. Gurvitch, *La vocation actuelle de la sociologie*, tome 1. p.67, P.U.F, 1968. 寿里茂訳『社会学の現代的課題』65頁，青木書店，1972.
12) M. Mauss, Introduction, p.27, in É. Durkheim, *Le socialisme*, P.U.F, 1971. マルセル・モス，森博訳，序, 7頁.『社会主義およびサン–シモン』所収，恒星社厚生閣，1977.
13) S. Lukes, *Emile Durkheim*, pp.66-67, Penguin press, 1973.
14) É. Durkheim, *L'éducation morale*, pp.52-53, P.U.F, 1963. 麻生誠・山村健訳『道徳教育論（1）』94-96頁，明治図書，1964.
   É. Durkheim, *Règles*, pp.101-103. 訳, 206-208頁.
15) É. Durkheim, *Le suicide*, P.350, P.U.F, 1976. 宮島喬訳『自殺論』279頁，中央公論社，1968.
16) É. Durkheim, La sociologie en France au XIXe siècle, p.128. sociologie et sciences sociales, p.141. in *La science sociale et l'action*, P.U.F, 1970. 小関藤一郎・川喜多喬

訳『モンテスキューとルソー』213-214, 261頁，法政大学出版局，1975.
17) É. Durkheim, *Les formes élémentaires de la vie religieuse*, p.22, Félix alcan, 1925. 古野清人訳『宗教生活の原初形態（上）』42頁，岩波文庫，1976.
18) É. Durkheim, *Règles*, p.104. 訳，209頁.
19) É. Durkheim, *Leçons de sociologie*, p.96, P.U.F, 1969. 宮島喬・川喜多喬訳『社会学講義』96頁，みすず書房，1974.
    É. Durkheim, *L'éducation morale*, p.75, P.U.F, 1963. 麻生誠・山村健訳『道徳教育論(1)』123頁，明治図書，1964.
20) É. Durkheim, D.T, p.399. 訳，335頁.
21) É. Durkheim, *Leçons de sociologie*, p.62, P.U.F, 1969. 宮島喬・川喜多喬訳『社会学講義』58頁，みすず書房，1974.
22) É. Durkheim, ibid., p.47. 訳，42頁.
23) É. Durkheim, D.T, pp.343-349. 訳，342-346頁.
24) P. M. ブラウ，夏刈康男訳「社会構造のパラメーター」369頁，斉藤正二監訳『社会構造へのアプローチ』所収，八千代出版，1982. ブラウは性差，学歴，人種，民族，宗教，富，等々で人々には社会的位置の違いがあるとし，それらの区分をより良く説明する概念装置として構造のパラメーターというフレームワークを考え出した。名目的パラメーターは性別，宗教集団，人種集団等で人々を区分するもので，集団間は，水平に区分され生得的な序列は本来はない。等級的パラメーターは学歴，富，権力といったパラメーターで人々を上・下に区分する。親密な交際は，地位の距離に反比例すると捉えた。序列的パラメーターは，人々をはっきりとした境界を持つ集団に区分し，しかも集団間をヒエラルヒー的にランクづける概念とした。
25) É. Durkheim, D. T, pp.373-377. 訳，365-369頁.
26) É. Durkheim, ibid., p.371. 訳，364頁.
27) É. Durkheim, ibid., p.405. 訳，391頁.
28) É. Durkheim, ibid., p.46. 訳，80頁.
29) É. Durkheim, *Les formes élémentaires de la vie religieuse*, p.598, Félix alcan, 1925. 古野清人訳『宗教生活の原初形態（下）』327頁，岩波文庫，1976.
    および，É. Durkheim, D.T, p.105, 143. 訳，133, 164頁にも同様の表現がある。
30) É. Durkheim, *Sociologie et philosophie*, p.67, P.U.F, 1951. 山田吉彦訳『社会学と哲学』108-109頁，創元社，1952.
31) É. Durkheim, D.T, p.144. 訳，165頁.
32) É. Durkheim, ibid., pp.205-206. 訳，220-221頁.
33) É. Durkheim, ibid., p.206. 訳，221頁.
34) É. Durkheim, ibid., p.148. 訳，168頁.
35) É. Durkheim, ibid., p.237. 訳，248頁.
36) É. Durkheim, ibid., p.260. 訳，266頁.

37) É. Durkheim, ibid., p.206. 訳，220頁.
38) É. Durkheim, ibid., p.146. 訳，167頁.
39) É. Durkheim, ibid., pp.395-396. 訳，384頁.
40) É. Durkheim, *Leçons de sociologie*, p.55, P.U.F, 1969. 宮島喬・川喜多喬訳『社会学講義』50頁，みすず書房，1974.
41) É. Durkheim, *Les formes élémentaires de la vie religieuse*, pp.609-610, Félix alcan, 1925. 古野清人訳『宗教生活の原初形態（下）』341頁，岩波文庫，1976.
42) R. N. ベラー，葛西実・小林正佳訳『宗教と社会科学のあいだ』88頁，未来社，1976.

第6章　ドレフュス事件及び第3の社会学者ル・プレー

　本章は，異なる2つのテーマを設けている。1つは，ドレフュス事件をテーマとする。この事件は，タルドとデュルケムが激しく論争していたまさにその時に生じたフランスをゆるがした大事件である。そうした19世紀末フランスの国論を二分したドレフュス事件に関して，異なる立場から時代を鋭く見すえて社会学研究に努めたタルドとデュルケムがどのように与したのかを明らかにしようとしたものである。

　もう1つは，ル・プレーである。本書は，タルドを中心にすえながら彼との違いということでデュルケムを引き合いに出して，19世紀末のフランス社会学の形成過程を見て来た。彼ら2人は，年齢的にはタルドの方が15歳も年長であるものの，社会学の研究活動の時期という点では，5～6年の差があるにすぎないほぼ同時代の社会学者である。

　ル・プレーは，そういう点で見ると2人に比べると同時代人というよりもコントと彼らとの間に位置する社会学者と考えられる。それではなぜ，ここで19世紀後期のもう1つの社会学の潮流としてル・プレーを取りあげるかというと，それは，何と言っても現代のフランス社会学史研究者のM.ラルマンが[1]，ル・プレー及びル・プレー学派をタルド及びウォルムスの国際派とともに19世紀末の3大潮流の1つにあげていることによる。確かに，ル・プレーは，タルドとデュルケムがフランスの学界に登場する当時は，過去の社会学者とはなっていなかった。ル・プレー社会学は，彼の学派に受け継がれ，ル・プレー学派としてタルド及びデュルケムと同じ時代に活躍していた。そこで，さいごに簡単にル・プレーについて触れておこうと考えたのである。

第 1 節　ドレフュス事件の中のタルドとデュルケム

　ドレフュス事件は，1894 年 10 月アルザス生まれのユダヤ系フランス人の砲兵大尉アルフレッド・ドレフュスが，フランス陸軍の機密を当時のフランス国民にとっての最大の敵国，ドイツに売り渡した容疑で逮捕されたことから始まる。この事件は，人道上の問題，無実の者の処刑の問題，正義の問題，政治の問題，宗教の問題等複雑にからみ合っている[2]。特に注目されるのは，「ドレフュスは，ユダヤ人である。ドレフュス事件は，ユダヤ人事件である。社会心理の問題として，あるいは社会的コミュニケーションの問題として，ドレフュス事件を眺めたとき，とりわけ重要で興味深いのは，そこでの反ユダヤ主義の役割である。その過程で動員された社会的偏見のすさまじさである」[3]と，言われるように，当時代のフランスにおける反ユダヤ主義とそれへの世論の対応の問題である。この事件は，フランスの国論を反ドレフュス派とドレフュス擁護派に二分し，「フランスを，フランスの政党を，サロンをそして家族を分裂させた」[4]。まさに，ドレフュス事件は，社会的不正，対立する世論，そして「党派性をおび，民衆を煽動し，攻撃的な，善意と悪意にみちた新聞」[5]の役割等々，極めて社会学的要素を含んだ事件である。

　そこで同じ時代，新しい科学，社会学構築に取り組んでいたタルドとデュルケムは，この事件をどう捉え，どう対応したのか興味の持たれるところである。

　タルドは，ドレフュス事件の起きる 1894 年の 2 月，51 歳の誕生日を前にして生まれ故郷のサルラを離れ，その事件の起きた 10 月には，パリで仕事をし，さまざまな学会やサロンにも顔を出すなど活発に活動していた。しかも彼は，当時期，犯罪のみならず世論や群集にも関心を持って研究していた。他方，ドレフュスと近い生まれ故郷ロレーヌのエピナルで反ユダヤ主義の被体験を持つユダヤ系フランス人のデュルケムは，公正な社会の実現を目指してボルドーで科学としての社会学の構築に力を注いでいた。

表 6-1　ドレフュス事件と政治諸派勢力の分類

ドレフュス擁護派
　真実と人権擁護，反教権主義，反軍国主義，共和制と民主主義擁護などを基調とした。
　支持勢力は，共和派主流（新オポルテュニスト），急進派，社会主義諸派（このうちジョレス派の独立社会主義連合と反軍国主義のアルマニスト派は擁護派で，フランス労働党（ゲード派）の相当部分とブランキ派は反ドレフュス）。

反ドレフュス派
　軍国主義，国粋ナショナリズム，反ユダヤ主義，教権主義，伝統主義，権威主義，反個人主義を基調とした。
　対独強硬ナショナリズムと反共和制において一致する保守王党派，カトリック勢力，ブーランジスト，新興国粋ナショナリスト。

出典）中木康夫『フランス政治史（上）』319-320 頁，未来社，1977.

第 2 節　タルドとドレフュス事件

　「タルドが『世論と群集』を執筆した時代のフランスは，普仏戦争，パリコミューン，ブーランジュ将軍事件，ドレフュス事件と大揺れに揺れていた。…これらの事件に際して，発揮された新聞の力や民衆のエネルギーがタルドの所説に反映していることは疑いない」[6] と，見られているように，タルドは，当時代の事件や社会の動きに社会学者として関心をいだいていた。『世論と群集』は，タルドがコレージュ・ド・フランスの教授に就任した後の 1901 年に出版された著書ではあるが，内容は既発表の 3 論文を 1 冊にまとめて出版されたものである。第 1 論文（「公衆と群集」）と第 2 論文（「世論と会話」）は，1898 年と 99 年に「パリ評論」に発表された論文の再録であり，第 3 論文（「犯罪群集と犯罪結社」）は，初め 1893 年に「両世界評論」に発表され，ついで 1895 年出版の著書『社会学論文集』に再録されたものを，再々録されたものである。従って，『世論と群集』は，1890 年代のフランス社会の民衆，新聞，世論に着目して著された研究の成果と

言える。そこで，それらの3論文のうち2論文を中心に，執筆された年代順に，当時代と事件をどのようにタルドが捉えていたのか，関連部分を見ることにする。

1893年に執筆された「犯罪群集と犯罪結社」は，ドレフュス事件それ自体が起きていない年次に発表された論文であるので当然この事件に関する記述は出ていない。しかし，当時代の群集の活動については，鋭く洞察されている。この論文で彼が捉えようとしたことは，彼自身の言葉によれば，「犯罪群集と犯罪結社との比較心理学もしくは，比較病理学をわずかに研究しただけである」[7]と，ややひかえめに言っているが，極めて興味深い集合精神（l'ésprit collectif）の病理現象である。それを彼は，犯罪の社会学的研究，すなわち，犯罪を個人的なものと見ないで，犯罪行為の社会的側面に着目するということで集団の犯罪研究としたのである。

彼は，この論文では，集団を，①群集と②組織集団，それに，③両者の中間集団に分類している。群集は，消滅しやすい，無定形の集合体で，同一の共同行為をしない。移り気で，忘れっぽく，だまされやすいし，残忍。例えば，通行人，たまたまそこに居合わせたり，車に乗り合わせた人々，市場に寄せ集まった人々などである。組織集団（corporation）は，組織され，ヒエラルヒー化されており，恒久的で整った群集と特徴づけている。例として，修道院，教会，軍隊，工場などを挙げている。中間集団は，一時的な集団であるが，メンバーになるためには厳格な規定などがある。例えば，18世紀の文学サロン，娯楽上の習慣的集会，科学的又は文学的集合であるアカデミー，犯罪を犯すセクトや陰謀団などである。タルドが結社の犯罪という場合の結社は，この集団を指している。加えて，群集にせよ，組織集団にせよ，指導者はいるが，群集の場合は，指導者は常に隠れている。群集は，悪いことを犯しやすいのに対して，組織集団は，むしろ悪よりも善を行うと，群集と組織集団の違いを見ている。こうした分類からタルドがこの論文で問題にするのは，悪しき集合体である群集と結社である。なぜ，彼は集合体の犯罪を問題にしたのか。それは，当時代，犯罪を極端に個人的犯行とみ

なす傾向に警鐘を鳴らす意味で，集合体の犯罪を取り上げたのである。

特に，タルドが問題にしたのは，過去フランスで生じた群集による犯罪であり，現に生じている当時期の結社による犯罪である。群集については，具体例として大革命時の大虐殺を群集の野獣性と捉え，パリコミューンの際の群集の暴力行為を群集の攻撃性として捉えている。こうした事例から彼は，人々が集まり集団を作ると，個人ではなくなり，殺人を望むほど激化したり，尖鋭化してしまう集合精神（群集心理）が生じることを導き出したのである。彼は，そうした個人とは異なる群集の攻撃性，野獣性の特性から「群集は，知能や徳性において個人の人間よりも劣る」[8]と言明している。

集団犯罪のもう1つの結社の犯罪は，彼の集団の分類で言えば，組織集団と中間集団の両方の犯罪が含まれる。組織集団の犯罪者集団は，「根っからの犯罪者というべき団体，もっぱら強盗，掠奪，殺人のためにだけに生まれた集団」[9]で，まさに極悪の組織集団である。もう1つの中間集団やセクトは，例えば，有害な党派としての無政府政党などで，当時代活動中のそれらの政党を彼は犯罪結社と断じている。これらの分類の中で彼は，武装した一味による暗殺や革命の動乱と同じレヴェルで，農民一揆や当時流行していた労働者のストライキなども集団の犯罪としている。そうした視点からは，彼が当時期いかに社会秩序の安定に力点を置いて社会を見，それらの問題を捉えていたかが理解される。

なお，タルド自らが語っているように[10]彼は，1890年頃から群集心理学を研究し始め，その成果の1つがこの論文である。ただしかし，彼のその研究は，「まさに来たらんとする時代は，実に群集の時代とでもいうべきであろう」[11]と，当時代を群集によって特徴づけようとして『群集心理』を出版したル・ボンからは，タルドの群集心理学研究は，「もっぱら犯罪の観点からのみ考察」[12]されているにすぎない群集心理学の限定的研究，と批判されてしまう。

彼の1893年の論文は，集団の犯罪を研究したものであるのでル・ボンの批判は，的を得ていると言わざるを得ないが，そうして批判されたタルドは，5年後の1898年発表の論文でル・ボンに対抗することになる。その論文は，「公衆と群

集」である。その中でタルドは,「現代を群集の時代とするル・ボンの説には賛同できない,現代は公衆のもしくは公衆たちの時代である」[13],と反撃して,自説の正当性をアピールする。その公衆研究の論文は,まさにドレフュス事件にフランスの国論が二分して争っている時代に発表されている。従って,タルドはその問題に触れているはずである。本節の目的は,タルドがドレフュス事件についてどう考えたり,与したかを解明することにある。しかし,その前にこの論文の中での公衆及び世論,さらにはジャーナリズム(新聞)等の彼の観念に少し触れてから,彼のドレフュス事件への対応を見ようと思う。

　タルドは,「公衆と群集」論文の研究目的を公衆がどこから,どのように生まれ,どのように発展するのか,その種類,指導者との関係,群集との関係,組織集団や国家との関係等々を明らかにすることにおいて行っている。なかでも論文のテーマになっている群集との関係は,公衆と対照させて論をすすめており,結果として1893年に発表された「犯罪群集と犯罪結社」論文での群集の観念をさらに発展させている。

　さて,タルドにとって公衆(public)とは,「純粋に精神的な集合体で,肉体的には分離し,心理的にだけ結合している個々人の分布」[14]と定義される。彼のこの公衆の定義の特徴は,彼自身が「公衆は散ばった群集」[15]と言うように,人々が肉体的に分散しているところにあるし,かつ又精神的に結合している,とする点にある。肉体的に分離しているとは,まったく知らない人々が広大な地域にばらばらに生活している状態を言い,精神的結合とは,分散してお互いに知らない者同士が,ある情報によって同じような信念や感情を持ったり,意見や思想の類似によって自覚的に結びつくことである。その結びつきは,コミュニケーション手段によって作り出されて,1つの意見のまとまりとなるが,それをタルドは,世論とも言う。この定義から彼は,「100万の舌を動かすのは1本のペンで足りる」[16]と言うように,公衆及び世論形式におけるジャーナリズム(新聞)の役割の重要性を捉えている。そのことは,次のような彼の指摘からも理解される。すなわち,19世紀になって初めて,どんなに人々が離れて住んでいても新聞を瞬

第6章　ドレフュス事件及び第3の社会学者ル・プレー　145

時に完全に伝達，移送する手段ができ，それによって公衆に無限の広がりが与えられた，と。要するに，「ニュースの吸い上げポンプであり，押し上げポンプである」[17]コミュニケーション手段としての新聞の発達と，これを届ける交通手段の発達が，彼の公衆概念を支えていると言えるし，さらにあらゆる地域への広がりこそ公衆と群集をはっきりと対照させるもの[18]と彼が言っているように，人々の拡散性こそが彼の公衆の根本観念と言える。加えて，そこには世論形式とジャーナリズム（新聞）との関係も説かれている。彼は，「公衆はそのまま世論である」[19]と言明しているように，彼の公衆の観念を理解する上で，世論の観念は重要である。

　彼は，『世論と群集』の第2論文である「世論と会話」の中で世論を，判断が一時的で，多少とも論理的に集まった1つのまとまりであり，目下，起っている諸問題に答えるために生じ，同じ国，同じ時代，同じ社会の人々の間でたくさんの類似の意見（コピー）を同じ新聞を読む読者の自覚によって再生産する[20]，と定義づけている。この定義からは，世論は，新聞を通して類似の意見や思想を生み，さらに生み出された世論は，世論の流れを作り出して，世論の社会的潮流となる。そして，この潮流は，世論力として公衆を行動させる力ともなるし，偉大な指導力となる，と捉えられている。彼が大衆と同様，世論の形成と再生産にとっても新聞は，その中心的役割を担っていることを捉える，そこに彼が当時代，いかに新聞の発達に伴う新たな民衆行動に関心を持っていたかが，うかがえる。

　彼は，1893年発表の「犯罪群集と犯罪結社」論文では，明確に定義していなかった群集心理をこの「公衆と群集」論文では，集合した個々人のあいだの感情的相互感染作用と定義し，かつ群集を，①無定形な集団，②不寛容，③高慢，④神経過敏，⑤無責任の5つの用語によって特徴づけ，さらに，①宗教群集（もっとも非暴力的な群集，ただし異教徒との衝突で残虐になることがある），②政治群集（都会に発生するが，もっとも熱情的で凶暴，うつりぎ），③芸術群集（芝居や音楽の作品を賞讃，弁護又は非難攻撃するもっとも不寛容な群集），④経済的群集（他の群集に比べてずっと等質的，願望の一致度と固執度がずっと高く，ずっと大人数で，ずっと激し

表6-2　タルドによる信念や欲望の一致による群集の4形態区分

①期待群集：劇場内で開幕を待ちわびる群集，人気者を出迎える群集，地位や階級の差はない
②注意群集：注意深い意識や関心を持って集まる人びと。説教家や教授の壇の回りとか，芝居小屋，舞台の前につめかける群集
③示威群集：行列をつくって旗を持つとか，聖像や聖者の遺物をかつぐ等々感情や意志を表明する群集，デモに参加する人びと
④活動群集：
　1) 愛情群集：愛に満ちた群集，共通の悲しみを持つ群集，歓喜の群集，祝祭の群集，葬儀の群集
　2) 憎悪群集：反社会的行動をする群集，破壊や暴動をする群集

出典）G. Tarde, *L'opinion et la foule*, pp.56-63, F.U.F, 1989. 稲葉三千男訳『世論と群集』48-58頁，未来社，1977.

い），⑤農民群集（経済的群集と同様，等質的）の5つのタイプに分類するなど，群集研究も発展させている。

　そして，そうした群集研究をふまえて，タルドは公衆もまた不寛容で，高慢で，のぼせがちで生意気である。世論の威を借りれば，自分に反対するものは，真理さえもすべて自分に屈服すると信じこんでいる[21]，と公衆を批判的に特徴づけてもいる。ただ彼が，なぜそうした公衆の負の特徴を認めながらも，当時代をル・ボンの「群集の時代」とする表現に反して，「公衆の時代」と称したのか，それは散ばった群集という，離散性，拡散性の特徴だけでなく，群集にはない時代の発展に見合った特性，すなわち公衆の行動は，群集の行動よりも，知的で視野が広いし，公衆の成立は，群集の成立よりもずっと進んだ精神的社会的な進化を前提[22]とすると，公衆の知的，精神的，社会的優位性をあげて両者に一線を画して，当時代を公衆の時代としたのである。そこには，ジャーナリズムの発達と産業の発達に伴う新しい時代に即した新たな民衆の活動を捉えるタルドの視点がある。ただし，彼の公衆概念については，公衆の情報や影響の送り手としての機能や集団的な思考活動である討論の意義とその過程，外的刺激を批判的に取捨選択

し，自立的に判断する自律性の観念が欠けている，といった批判がある[23]こと を忘れてはならない。

　さて，ここでは彼とドレフュス事件との関係を，まさに事件の沸騰している時期に発表されたこの論文の中から何らかの手がかりを求めることが主目的であるので，彼が19世紀末，新たな民衆の動き，世論，ジャーナリズムの発達等から「公衆の時代」と宣言したことを指摘するに止め，次に彼がドレフュス事件をどう捉えていたのかを見ることにしよう。

　タルドが「公衆と世論」を著した1898年は，エミール・ゾラが新聞紙上に，不正なドレフュス裁判に対して『われ弾劾す』と題する論説を発表し，世論がドレフュス擁護派と反ドレフュス派に二分され，両派に分かれて運動が沸騰し，争いが激化した年である。

　そうした社会的危機状況を生み出したドレフュス事件に対して彼は，まず基本的にこの事件を反ユダヤ主義の大運動と捉え，「知られる限りでもっとも深刻な危機，すなわちドレフュス事件の危機」[24]と認識し，次のように反ユダヤ主義運動の形成要因を分析している。すなわち，フランスには，元来，反ユダヤ主義はなかった。そうした社会になぜドレフュス事件のような反ユダヤ主義運動が大々的に起ったのか。彼は，新聞がそれを作った，と説く。

　　　新聞記者が公衆を創造した。その例としてエドゥアール・ドリュモン（1892年創刊のリーブル・パロール紙の主筆，反ドレフュス派の首領格）が，反ユダヤ主義をあおりたてた時にも，彼の煽動計画が大衆の間に広く，潜在していた精神状態に適応しなければならなかったというのは事実である。しかし，この精神状態に共通の表現を許すような，はなばなしい声がひびきわたらぬかぎり，反ユダヤ主義もまったく個人的で力弱く，そのうえ伝播力にとぼしく，自覚されぬまま埋もれていただろうことも，いっそう事実である。その精神状態の表明者が，それを集団内で後天的な，しかも現実的な力として創造したのである。ただの一人もユダヤ人がいないのに，しかも反ユダヤ主義が栄

えている地方がフランスにはいくつかある。それは，反ユダヤ主義の新聞がその地方で読まれているからにほかならない[25]。

これらの文章からタルドは，ドレフュス事件を反ユダヤ主義運動とみなしていることが理解される。ただし，彼はドレフュス事件が起る前までは，フランスにおける反ユダヤ主義は，潜在的で，ごく個人的なものにすぎなかったと捉えている。この当りの歴史認識は，実際にラビの子として反ユダヤ主義の不条理の体験を強いられて幼少年期を過ごしたデュルケムとは異なる。デュルケムによれば[26]，フランスでは1848年の2月革命など，事あるたびに反ユダヤ主義運動が起り，ユダヤ教徒は，屈辱と忍耐の生活環境を強いられたのである。

反ユダヤ主義へのタルドの関心は，むしろ，ドレフュス事件や反ユダヤ主義それ自体ではなく，個人的で微弱な反ユダヤ主義が何によって大運動へと発展したのかに注がれている。彼は，それを新聞によるものとした。この分析の根幹は，1893年に発表された「犯罪群集と犯罪結社」で示された公衆と世論形成における新聞の役割についての彼の観念に沿っており，その点では，彼のドレフュス事件への対応は，極めて学問的である。彼は，反ユダヤ主義運動を煽動した新聞に対して批判的である。しかし，「民衆を煽動し，攻撃的な，善意と悪意に満ちた新聞」[27]に対するタルドの分析と説明は，必ずしも十分行われているとは言えない。新聞だけがドレフュス事件を反ユダヤ主義の大運動へと発展させ，公衆を創造させたのか，それらの発展プロセスについても十分な分析が行われてはいない。そうしたことから言えば，眼前で起っている反ユダヤ主義運動としてのドレフュス事件への関心を持ちながらも，彼はこの問題に社会学者としても市民としても，あるいは知識人としても特に深入りすることはなかった，と言える。そのことは，「公衆と世論」とほぼ同時期，すなわち1896年に政治科学自由大学で行った講義を中心にまとめ，1899年に公刊された『権力の変遷』の中で，次のように言及していることからも明らかである。すなわち，「数年前にはブーランジズム派が形成され，現在は反ユダヤ主義派が形成され，彼らの支持者はその数を増

表6-3　ブーランジズム

　ブーランジズムは，1886年ごろからフランス人の人気の的になったブーランジュ将軍が，かつがれて政治支配を志向しはじめ，1888年から89年2月にかけて，共和政打倒の寸前まで勢力を伸ばしながら，優柔不断の性格のためクーデタの機を失し，4月にはベルギーに亡命し，91年9月に自殺する，という波乱万丈の経過で幕を閉じた。

出典）稲葉三千男『ドレフュス事件とゾラ』17-18頁，青木書店，1979.

```
ブーランジズムの支持勢力
王党極右派（ボナパルト派）      ＝ 右翼ブーランジズム
ジャコバン（行動左翼的急進派）  ┐
愛国者同盟（デルレード派）      ├ 左翼ブーランジズム
議会外社会主義極左翼            │
議会内急進派極左翼              ┘
```

出典）中木康夫『フランス政治史（上）』264-278頁，未来社，1977.

している。…ドレフュス事件の問題は，無実か，あるいは有罪かで国論が二分されている。二分された国論は，激しく相反する2つの公衆に分かれ，フランスの世論は，長期間激しい分裂と偏執状態に陥った」[28]。タルドは，明らかに当時代生じていた「ブーランジズムと反ユダヤ主義をいわれなき問題と考えていた」し，そのいわれなき不条理な問題に「関心を有した民衆に懸念を有していた」[29]ことは，ここでの文脈からも十分に理解される。彼は，ドレフュス事件を例に，真実に関心を持とうとしない公衆，あるいは彼らを煽動する新聞に社会学者として強い関心を有した。しかし，ドレフュス事件に対してどのような立場に立ち，どのように与していたのか，彼はそこまでは明らかにしていない。

　こうしたタルドに対して，同時代ボルドーにいて着々と社会学研究の成果をあげていたデュルケムは，どうであったのか。次に，デュルケムのドレフュス事件に対する考え方や態度についてみておこう。

第3節　デュルケムとドレフュス事件

　先ず，テーマに沿って1つ確認しておきたい。それは，反ユダヤ主義問題としてのドレフュス事件が，デュルケムの説く社会学の研究対象としての社会的事実に相当するのか，どうかである。

　社会学独自の研究対象の確立と科学的社会学の可能性は，すでに前章でみたようにまさにドレフュスが逮捕された翌年の1895年出版の『社会学的方法の規準』で示された。そこでは，社会的なものこそ社会学独自の研究対象とされた。それらは，タルドに批判されたデュルケムの社会的拘束説，すなわち，個々人の意識の外部に存在する顕著な属性を示す行為，思考，感覚の諸様式，型で，命令と強制力を付与されているゆえに個人に影響を及ぼす社会的事実である。それらの社会的事実とは，例えば，法，習慣，宗教教義，道徳，制度等々組織化されたり，体系化された信念や慣行から成り立っているものであったり，世論や社会的潮流等あやふやで一時的な集合的感情や意識などである。こうした彼の観念からすれば，ドレフュス事件をめぐる反ユダヤ主義運動や対立する世論の大運動は，彼の説く社会的事実として社会学の研究対象となりうる。19世紀の反ユダヤ主義は，宗教的敵対といったユダヤ問題の伝統的形態を底流に，さらに人種的（セム族）ユダヤ的文化への反感，よそ者への憎悪，経済的競争などの新しい要素が加わって形成され，マジョリティーとマイノリティーの対立，集団間における部外者への非寛容さ，または競争といった集団間に近い現象の特殊なケースとして展開され，国民的運動にまで高まった[30]。そうした状況にあってデュルケムは，反ユダヤ主義運動としてのドレフュス事件にどう対応したのであろうか。

　デュルケムは，1898年，反ユダヤ主義についてのアンケートを要求された時に1回だけこの問題に正面から答えている[31]。それ以外で彼の著作においてこの問題を直接論じることはしていない。ただしかし，私信では1898年から99年，ドレフュス事件がフランスの世論を二分し，国家を震撼させる危機にまで高まりを見せた時期にブグレに宛てた手紙の中でこの事件についての感想と，さらにア

クチュアルなデュルケムの活動について述べている。そこから彼のドレフュス事件への関心の高さが理解される。そして、さらに暗示的ではあるが、『自殺論』においてユダヤ問題について触れる文脈から彼のこの問題への学問的知見を読み取ることはできる。

　先ず、アンケートであるが、これは反ユダヤ主義を社会的事実として捉える必要があるという考えに立ってオンリ・ダガンが企画し、レ・ドロワ・ドゥ・ロム紙が1898年3月24日から20回にわたって各界の識者に対して行ったものである。その中には、エミール・ゾラやイタリアの犯罪学者C.ロンブローゾの名前もある。デュルケムの回答は、16番目に掲載（5月26日）[32]された。彼は、アンケートに次のように答えている。すなわち、フランスにおいて激しい反ユダヤ主義運動は、フランス社会をゆるがす問題として慢性的にあるのではなく、特殊な徴候として生ずるとし、過去に1847～48年の革命時と70年の普仏戦争の敗戦時の2度、激しい反ユダヤ主義運動が事実として起った、としている。彼は、過去の反ユダヤ主義運動について歴史的伝統的ではなく、一時的運動として捉え、宗教的問題としてではなく、主に経済的道徳的問題という解釈を示している。そこにおけるデュルケムの反ユダヤ主義を見る目は、冷静で客観的である。しかし、まさに大事件として当時期の社会をゆるがしていたドレフュス事件については、過去2度の反ユダヤ主義運動分析に比べてより鋭く、厳しい認識を示す。彼は、ドレフュス事件は、90年代フランス社会に蔓延した経済的困窮と道徳的混乱などの社会悪の原因をユダヤ人におしつけ、ユダヤ人を贖罪の生贄に供したものとし、1894年のドレフュス裁判の結果を歓迎した市民がそれを表している、と反ユダヤ主義運動としてのドレフュス事件を手厳しく糾弾する。そして、反ユダヤ主義運動を支え、受け入れた人々を公衆の狂気と呼び、彼はその公衆の狂気に対して良識ある人間は、団結し、それらと勇気を持って戦い、人間の尊厳と社会の公正のために勝利しなければならない、と訴える。ここには、少年時代エピナルで反ユダヤ主義運動の標的となった体験の中から、いかにしたら公正な社会が実現できるかを考え、その目標を持って社会学者たらんとしたデュルケムの意志

が，力強く生きている。このアンケートには，デュルケムのドレフュス事件への社会学者，知識人としての関心の高さのみならず，人権擁護派としての立場が鮮明に示されている。それらの彼の立場は，ブグレに宛てたデュルケムの手紙[33]からもわかる。

その手紙でデュルケムは，パリに上京する時，常にエコール・ノルマル・シュペリュール入学以前の浪人時代からの友人であるジョレスやその他の友人たちに会ってドレフュス事件についての最新の情報を入手したこと，事態が刻々変化していること，この事件によって結成されたフランス人権同盟を存続してゆかなければならないこと，ドレフュス擁護派の一人として運動に取り組み，行動し，戦う決意を有していること等々を明らかにしている（1898年11月4日付手紙）。実際，彼はフランス人権同盟ボルドー支部事務局長として活動すると同時に，友人アムランとともに学生世俗結社の創設に努めるなど，市民として知識人として活躍した。そこには，ドレフュス事件に際して行動したデュルケムの姿がある。なお，すでに何度も記しているように1898年は，デュルケムがブグレやラピらと2年前から準備してきた「社会学年報」第1巻が刊行された記念すべき年である。デュルケムは，「社会学年報」全ての原稿に目を通し，かつ600頁に及ぶ校正も全て1人で行うなど，当時期「精神的知的疲労」（同年3月22日付手紙）の極みにあった。そうした状態の中にあって彼は，ドレフュス事件に信念に従って行動したのである。

又，同じ3月22日付の手紙には，「今，唯一の集合的目的たる個人主義を論じなければならない。知識人の個人主義論を書くのに必要な力と時間を見出さなければならない」と，疲労の極みの中でわが身をふるい立たせるような文章が見られる。それは，同年3月15日にフランス人権同盟に対抗して結成されたフランス祖国同盟[34]の有力メンバーで，カトリック文芸批評家のF.ブリュンティエールが「公判をふり返って」と題する論文を発表し，その中でドレフュス擁護派知識人の依拠した個人主義思想をフランス社会の病弊の根源とした反個人主義論を展開[35]したためである。これに対峙することもまた，反ユダヤ主義としてのド

第6章　ドレフュス事件及び第3の社会学者ル・プレー　153

レフュス事件をめぐる１つの重要な活動であり，デュルケムは社会学者として彼に反論し，正さなければならないと考えた。彼は，約３ヵ月後に「個人主義と知識人」と題してレヴュ・ブルー誌に真の知識人の個人主義論を発表する。そこにおいて[36]デュルケムは，功利的個人主義とは異なる道徳的個人主義，すなわち，集合的理念に結合される個人主義，社会的紐帯を生じる個人主義を説き，ブリュンティエールの個人主義批判に論駁した。そこには，個の人格の尊厳，個々人の自律，公正な社会の実現という，彼の社会学原理に基づいて果敢に反ユダヤ主義に挑む社会学者としてのデュルケムの姿を垣間見ることができる。

　反ユダヤ主義を直接論じたものではないが，デュルケムが『自殺論』でユダヤ教徒の置かれた社会状態を説く中に，ごくわずかであるがそれらの問題に触れる論述がある。そこにおいて彼は，ユダヤ人排斥の歴史的事実を説き，マイノリティーとしてユダヤ教徒がいかに生きぬいてきたかを見事に言い表している。もちろん『自殺論』は，科学としての社会学樹立を目指して著されたものである。ユダヤ教徒に関する論述を見てもあくまでも客観的であり，社会的事実として研究されている。そうした彼の社会学研究のあり方，『自殺論』研究の方法を認めた上で，あえて『自殺論』におけるマジョリティーの中でのユダヤ教徒分析の中から彼の反ユダヤ主義に関する論述，見解を掘り出してみようと思う。

　ユダヤ人排斥あるいはマジョリティーの敵意に抗してマイノリティーであるユダヤ教徒は，どのように生きぬいてきたのか，デュルケムは次のように述べている。

　「少数派の宗教は，周囲の人々の敵意と戦わなければならない」。彼らは，「みずからの存在を維持していくために，自己をきびしく統制し，とくに厳格な規律にしたがわせる必要がある」。そして，「人びとは，自分がいかんともしがたい敵意の的になっていると感じるときには，それを和らげることをあきらめ，激しい非難の対象となっている当の慣習にますます片意地にしがみつくばかりである。これは，ユダヤ教徒の場合によく起ったこと」[37]である。「実際，長いあいだのキリスト教の排斥からユダヤ教徒のあいだには異常に強力な連帯感が生まれた。周囲一般の憎悪とたたかう必要性，彼ら以外の民族との自由な接触の不可能性──

これらの理由から彼らはたがいに固く身を寄せあっていかなければならなかった。したがって，信者の各共同体は，みずからとその一体性についてじつにいきいきとした感情をもった。緊密で凝集力の強い1つの小社会となったのである。その中では，すべての者が同じように考え，同じように生活していた。生活の共同性と全員相互のきびしいたえざる監視のもとでは，個人のあいだの異質性もほとんど生まれる余地がなかった。こうしてユダヤ教会は，他からの排斥の的となってみずからのみを頼りにせねばならなかったため，他の教会よりも強く集中化されたものになったのである」[38]。ユダヤ教徒が，彼らに向けられる不条理な憎悪や偏見に抗して，「確信をもって生きていくために，あるいは単に一種の対抗心から周囲に人びとより知的に秀でようと」教育に熱心になったのは，「集団的偏見を克服し，めざめた観念におきかえようとするのではなく，たんに闘争にそなえてよりよく武装するためなのである」[39]。

　ここでユダヤ教徒の日常生活及び社会環境の分析と説明に用いられた，敵意の的，非難の対象，排斥の的，憎悪とのたたかい等々の用語によって，ユダヤ教徒の置かれた社会状況が理解されるだけではなく，そうしたことへのデュルケムの認識も十分に理解される。そして，さらにデュルケムは，連帯，共同体，凝集力，同質性といった社会学用語によって不条理な差別と偏見の中で生きざるを得ないマイノリティーとしてのユダヤ教徒とその社会が作り出す強力な社会統合の要因をも見事に説き明かしている。そこでの分析と説明は，客観的で冷静である。なお，彼の幼・少年期の生活史，すなわち，出生当時，市民権は法律上認められてはいたもののエピナルではカトリック系市民との融合を拒絶され，ユダヤ教徒だけの小社会（共同体）で生活せざるを得なかった体験や，彼が12歳当時，普仏戦争の敗戦時に反ユダヤ主義運動をユダヤ教徒として目の当たりにしたこと等々をかさね合せると，彼の反ユダヤ主義とユダヤ共同体の形成要因の分析と説明には，重い実体験の背景があることも理解しておきたい。

　ドレフュス事件をめぐってタルドとデュルケムの対応を見てきた。両者とも社

会学者として反ユダヤ主義としてのドレフュス事件について高い関心をもって見ていた。タルドは，彼が説いた公衆，世論，新聞の働き等に着目してこの問題を捉えた。しかし，ドレフュス事件については，具体的に彼がどの立場に立ち，どのように与したのか彼自身は言明していない。ただ，彼は，新聞の発展が民主主義（階級間の障壁を低め，又は取り除き，人々の精神的交流，会話，観念の変化を促すこと）を促進させると考えていたが，ドレフュス事件では，真実を伝えない新聞と，そうした新聞にあやつられる民衆に懸念を有したり，当時代の「ブーランジズムと反ユダヤ主義をいわれなき問題と考えていた」[40]とする指摘からすれば，ドレフュス擁護派に立つ知識人であったと考えられる。

デュルケムは，ドレフュス事件及び反ユダヤ主義の問題を社会学の研究対象として直接論じることはなかったが，アンケートや個人主義をめぐる議論，さらにはユダヤ教徒をめぐる論述の中に，それらの問題を厳しく認識していたことはうかがい知ることはできる。そしてなんと言っても，彼は，公正な社会の実現と人権擁護の信念に従って，社会学者としてのみならず，知識人として行動して自らの立場を鮮明にしている。このことは明らかにタルドとは異なる。ドレフュス事件をめぐって彼は，地方（ボルドー）のリーダーの一人として活動したのであるが，そうした行動するデュルケムの姿は，明らかに安楽椅子にすわる社会学者ではないことを示している。

第4節　ル・プレー，19世紀後期におけるもう1つの社会学の潮流

1．ル・プレーの略歴

ル・プレー（Pierre-Guillaume-Frédéric Le Play, 1806-1882）は，1806年4月11日，オンフルール近くの漁村リヴィエール・サン・ソヴールに生まれた。彼の父親は，税務署の役人であったが，ル・プレーが5歳の時に亡くなっている。そのため彼は一時パリに住む親戚にあずけられるなど，つらい経験を少年期にしている。

ル・プレーの鉱山技師への道，さらには社会学的研究者に連なる教育歴であ

るが，中等教育は，生まれ故郷近くのルアーブルのサン-ルイ・コレージュに学び，そこを優秀な成績で卒業して，1825年にグランドゼコールの1つ理工科学校（l'Ecole polytechnique）に入学し，2年間そこで学んだ後，27年に鉱山学校（l'Ecole de mines）に入り直している。その学校の入学試験を最優秀で合格し，卒業もトップの成績を修め，主席エンジニアのタイトル（le titre d'ingénieur en chef）を獲得して卒業している。グランドゼコール自体が，フランス中の秀才を集めてエリートを養成する学校であることは良く知られている。主席でそうしたグランドゼコールの1つ鉱山学校を卒業したということは，彼がいかに並外れた能力の持主であったかを想像させる。

　鉱山学校の学生時代，彼は，その後の社会学研究に結びつく活動を行っている。それは，ロシアやドイツなどの鉱山労働者の組織を研究するための200日間（約7ヵ月）に及ぶ旅行である。その研究旅行で彼は，労働者の世界と社会的現実について初めて出合い，大きな感銘を受けた。この時の経験から彼は，2つのことに特に関心を高めるようになった。1つは，冶金工業の研究と教育で，もう1つは，労働者と資本家との間の社会秩序の確立に向けた，社会的事実の観察の重要性である。

　1830年，彼は鉱山学校の教授に任命され，1850年までその職に就いた。その間，スペイン，ベルギー，ロシア等々に研究旅行を行っている。スペインでは，スペイン政府が彼を地質図の作成責任者に任命し，国家的研究を行い，ベルギーには，1835年フランスとベルギー間の関税問題を検討するためにルイ・フィリップ（国王，1830-48年）によって派遣された。ロシアには，1837年と1844年の2度ロシア皇帝の招きで研究のため旅行している。37年は，石炭地層調査のためであり，44年は，45000人もの労働者が働くウラル山脈の鉱山の再開発を委託されたものであった。そうした国際的な研究活動を通して彼は名声を得て，1855年以降3つの万国博覧会の重要なポストに任命された。1855年の万国博覧会では，総括役員，62年のロンドン万博ではフランス代表，そして67年のパリ万博では組織の代表を務めた。その間，彼は1855年に『ヨーロッパの労働者』を出版し，56

年には社会経済学会 (la société d'économie sociale) を創立，さらに64年には『フランスにおける社会改良』を出版，67年12月には上院議員になった。彼はその後，社会平和連合 (unions de la paix sociale) を創設したり，雑誌「社会改良」(la réforme sociale) を1881年に創刊するなど活躍したが，1882年パリで上院議員として亡くなった[41]。

▲ルュクサンブール公園のル・プレー像

2．ル・プレーの社会学

　ル・プレーは自身で社会学者という言葉は決して用いなかった[42]が，しかし彼の代表作である『ヨーロッパの労働者』は，「どこからみても社会学の分野に属する著作であり，19世紀の最初の真の意味での科学的な社会学の業績である」，特に「この著作のすばらしさは，微視的・巨視的両社会学をかねあわせ，家族集団を研究の出発点として，家族の内部の働きかけを体系的に追っている」[43]と評価されるように，彼は歴とした社会学者，しかも科学的社会学を実践した最初の社会学者として位置づけられるべき社会学者である。

彼は，先ず鉱山技師としてヨーロッパ中を旅して，鉱山労働者の家族を直接観察するとともに，家族の収入と支出を中心にしたモノグラフ調査を実施した[44]。

彼は，実践の中から観察法を体系化しようとし，普及しようとした。そこにおいて彼が調査研究のために説いた3つの根本的方法とは次の通りである。まず第1に事実を観察すること，第2に直接観察できない事柄については，労働者（対象者）に質問すること（カッコ内は筆者），第3に地域社会に住む人々を調査することである[45]。彼は，常に事実を研究せよ，そして社会を歩き回れ，そうすれば，余すことなく社会を見ることになるし，社会を理解することになる，と説いた。その彼の教えは，彼の方法と態度において決定的なことであったし，彼は典型的な家族を通して文化を研究することにそれらを適応した。彼が，家族と家族のおかれた環境を研究の中心においたのは，家族こそが社会の基本的単位と考えたからであり，社会は家族の幸福のために存在する，と考えたからである[46]。

そうした家族研究の必要性と重要性を認識する研究の中からル・プレーは，家族を地域特性（自然環境），職業によって3つに分類した[47]。

第1の家族のタイプは，牧畜民，ロシアの農民，それに中央ヨーロッパにみられる家父長的家族（la famille patriarcale）である。このタイプの家族は，大草原地帯の家父長の支配する大家族の遊牧民に典型的にみられる。その特徴は，

① 結婚した息子たち全員他出しないで，父親とともに居住する。女性だけが結婚後他出する。そして，父親の権限は彼らに及び続ける。
② 所有物は，家族員の共有財産。
③ 伝統に基づいた道徳，ルールによって緊密に結びつく。
④ もっとも伝統的な社会にこの家族形態は残存している。
⑤ 多世代家族（3世代及びそれ以上の世代が父長の監督下にともに住む）。
⑥ 伝統に基礎を置き，保守的で近代社会の秩序には適合しない。
⑦ 女性は，男性に属従している。

第2の家族のタイプは，不安定家族（la famille instable）である。このタイプの家族は，元来，森林地帯で放浪しながら狩猟をする社会に見出されるが，現代で

はヨーロッパにおける新しい工場労働者の家族の典型的な形態となったし，かつ裕福な階級にもこの形態は広まりつつある。その特徴は，

① 一組の夫婦と未婚の子どもによって構成されている。
② 彼らの両親と近親者たちに対するあらゆる義務から解放される。
③ この家族は，両親の死によって消滅する。
④ この家族は，社会的安全，安定にとっての単位ではない。
⑤ 世代間の結びつきはない。つまり，世代間の連帯が崩壊し，極端に個人主義化し，契約的性格で財産の後ろ楯がない。
⑥ 慣習と伝統が崩壊，安定に代わって変革が大事にされる。
⑦ 土地を持たない新しいタイプの生活スタイル，すなわち放浪が普通になる。

それは，社会を条件づける土地よりも，むしろ職業に基づくタイプの家族である。

第3の家族のタイプは，根株家族 (la famille souche) ＝直系家族である。ル・プレーが用いた根株家族が直系家族と言える根拠は，ル・プレー自身がドイツ人の友人シェフレにfamille souche は，ドイツ語の stamm familie と同じであると語ったことに由来する[48]。stamm familie は，英語で stem family で，日本語では直系家族と訳されている。

なお，ル・プレーのドイツ人友人シェフレは，当時代ドイツを代表する社会有機体論者の一人として知られていた。又，すでに別の章で見たようにデュルケムは，リセ教授をしていた1885年にシェフレの著した『社会体の構造と生活』を対象にして書評論文を著し，そこにおいてシェフレを社会学者と認め，彼からデュルケム社会学の核となる社会実在論を学んでいることを明らかにしている。従って，シェフレはル・プレーとの関係のみならず，19世紀末のフランス社会学にとって重要な位置にいた社会学者なのである。

さて，このタイプの家族は，沿岸地帯における漁業によって成り立つ社会に典型的に見出せる。漁業は，魚類を求めて危険な航海をする仕事であり，陸上に定着した家族が必要である。この家族の特徴は，

① 家族の所有物（財産）は，子どもたちに均等には分けられない。もっとも重要な息子1人（跡取り）に譲渡される。その息子は，もし他の家族員が貧しかったり，不運であったりした場合，彼らを援助しなければならない。
② 通常，家族の伝統的職業につく。
③ 父方居住，家族は祖父母によって伝えられる有益な教訓の宝庫。
④ 素朴な生活の伝統的影響下にある。
⑤ 世代間の結びつきがあり，家族は統合されている。
⑥ 慣習によって影響を受けるが，それは家父長制家族ほど厳格ではない。
⑦ このタイプの家族は，スカンディナヴィア，北イタリアの他，イギリス，近代中国においても見られる。
⑧ 家父長制の長所と不安定家族の個人主義的特徴を兼備する。

以上，これらの3タイプの家族の中でル・プレーがもっとも好ましいと考えた家族は，3つ目の根株家族＝直系家族であった。彼は，当時代の不安定な社会を安定した社会に復活するためには，社会の基礎単位として，このタイプの家族が必要と考えた。

こうした研究の過程で，ル・プレーを中心とした学会と学派が形成された。学会は，フランスの科学アカデミーが彼の出版した『ヨーロッパの労働者』に賞を決定した際に，ル・プレーの方法を継承するための会を設立するよう促し，1856年に社会経済学会として発足した[49]。この学会は，ル・プレー学派と呼ばれ，これが社会学史上初の社会学派とされる。メンバーは，ほとんどがアマチュアの社会科学者であったが，学会は，社会的事実の科学的研究を促進することを目的とし，まずは『ヨーロッパの労働者』をケーススタディにして討議したり，ル・プレーの行ったモノグラフ調査の更なる改善について討議された[50]。さらに，ル・プレーは，この学会をベースに1871年6月にはパリコミューンや普仏戦争などによるフランス社会の混乱を治めるべく社会の安定のための声明，「惨事後の社会平和」(la paix sociale après de désastre) を起草したり，社会改良のための「社会平和連合」(unions de la paix social) と称する団体を組織したりしている。

第6章　ドレフュス事件及び第3の社会学者ル・プレー　161

1881年には「社会改良」(la réforme sociale)と題する学会機関誌が発行され,「社会平和連合」は, 1884年には3000人の加入者を数えるまでに発展をとげた[51]。

　ル・プレーは「社会改良」誌創刊の翌年(1882年)に死去するが, それによって彼の学派は, 2つに分裂することになる。一方は, ル・プレーの科学性の観念の意義を強調する立場のグループである。このグループは, H. トゥールヴィユとE. ドゥモランを中心に1886年に雑誌「社会科学」を発行する。もう一方は, E. シェイソンやP. デュ・マルサムらを中心にモノグラフ調査を統計的研究に結びつけて, アンケート調査や労働の統計的分析研究などへと研究を継承, 発展させたグループである。特に, シェイソンの研究は, 今日のフランス国立統計経済研究所(INSEE)や労働局(Office du travail)創設に貢献した, と言われている。こうしたフランス国内への影響に加えて, ル・プレーの影響は, ベルギー, アメリカ合衆国, イギリスなどにも及んだ。その中でもイギリスのエディンバラグループと呼ばれる人たちの中には, エディンバラを社会学的実験室として都市研究を行ったP. ゲデスやロンドン市民の生活と労働について行った大アンケート調査で有名なC. ブース[52]など, 今日の都市研究や労働者の調査研究の先達として名を連ねる偉大な社会学者にも影響を及ぼしたことで知られている。ちなみに, 今日のル・プレーに対する評価, あるいは関心(現代性)はどうであろうか。現在のフランスにおけるル・プレー研究の第一人者は, パリ第8大学のA. サヴォワである。サヴォワ及び彼の責任で発行された雑誌によると[53], ル・プレーは, 社会学, 民族学, 人文地理学, 歴史学といった社会諸科学の分野で用いられるモノグラフィック調査及び家族研究のパイオニア, さらには, 環境(特に自然環境)の社会学を初めて説いた社会学者として単に優れた過去の社会学者としてのみならず, 今日においても彼から学ぶべき方法(特に, 家族生活の変化の観察, 綿密な調査に基づく情報の収集と分析の研究方法)があり, ル・プレーは決して過去の社会学者ではない。つまり, ル・プレーは, 過去の社会学者として本棚の奥にしまいこんでしまうような社会学者ではなく, 現代性に富んだ社会学者と, 評価されている。

3. 護教論に基づく社会改良

　ル・プレーには，カトリックの教えに基づいてフランス社会を再建しなければならないという強い考えがある。彼は，科学的研究によって社会主義に対立しようとする断固たるカトリックであり，第2帝政の間は権力の近くにいた。そのことは1855年と67年のパリ国際博覧会の名誉ある政治的ポストによってうかがえる。彼は，リベラルであると同時にフランス革命が歴史的に誤っていたとみなしていたし，保守的であった[54]。換言すれば，ル・プレーは19世紀中～後期フランスの社会秩序を伝統的宗教原理に基づいて全面的に変革し，伝統主義的社会秩序を再度創り上げなければならない，という強い意志によって社会研究を行ったのである。それらの観念は，彼の主著の中でも特に『フランスにおける社会改良』で見出される。その著書は，1864年に初版が出版されたが，48年の革命時に研究計画がなされたと言われる。その著書において彼は，社会改良という視点から社会悪と幸福を探求の中心に置き，その結果，喪失された神，父親，女性への尊敬心の復興を要請している。彼の社会研究の根底には，キリスト教に基づいた社会平和と人類の幸福が希求されている。そして，彼の社会改良の考え方は，永遠

表6-4　19世紀末のフランス

　共和政の下，反教権主義が強められ，教会と国家とが分離すると，新しい因習が，古い因習にかわった。もはや教会に深入りしないほうが上品であるということになった。

　都市の雰囲気は，労働者の敵意と聖職者数の減少のために好ましくなく，村の雰囲気も，司祭と教員とが激しく衝突するなど，極端に悪化した。教員は，教会の監督をまぬがれ，師範学校では反宗教論のなかで教育を受けていた。

　キリスト教廃棄運動の影響をもっとも受けたのは男性である。宗教から離れた男性は，科学への信仰，理性と進歩への信仰に代わり，フランスは実証主義の時代に入った。実証主義は，大学の準公認の学説となり，公教育に浸透し，小学校でまで教えられた。

出典）ジョルジュ・デュブー，井上幸二監訳『フランス社会史』174-175頁，東洋経済新報社，1968.

の道徳律法への返還，すなわち，モーセの十戒による道徳生活への回帰の思想に基づいている。

　つまり，ル・プレーは，当時代の社会悪を，社会的敵対関係，すなわち家庭内における親と子，企業内における資本家と労働者，それに社会内における富者と貧者間の不和，紛争，対立の関係によって生み出される社会秩序の不安定に求めるが，その根底には，「宗教的儀礼の実践を放棄し」，「宗教を近代科学によって排斥させた」[55]近代フランス社会における神の冒涜と自由放任状態にあるとみる。そこから，前述した彼のまず何よりも喪失された神の崇拝，伝統的宗教の崇拝に基づく道徳生活への人間行動の改良を求める観念が主張される。彼にとって，道徳生活の改良の本質的目的は，伝統的宗教，すなわち，キリスト教に基づく人間行動の改良にある。

　それでは，彼の希求する幸福な社会とは，どのような社会なのか。それは，調和のとれた社会であり，平和に満ちた社会である。調和は，単に企業における労働者と資本家間だけでなく，社会における個人と国家，家族における子と親，若者と老人，男・女間にゆきわたらなければならない。平和は，宗教の復興，父権の増強，それに女性が貞淑であるための法的規制の強化に求められている[56]。それらは，当時代のフランスの現実社会に対する危機認識に基づくが，それらの彼の主張の中心には宗教問題と家族問題がすえられていることがわかる。すでに見た通り，ル・プレーは家族の形態を家父長制家族，直系家族，不安定家族の３つに分類しているが，当時代のフランスの家族は，不安定家族の形態にあるとして家族制度の改良を訴えたのである。彼の理想とする家族形態は，資産が父親から１人の息子にそのまま相続される一子相続制に基づく直系家族であったが，家父長制家族のもつ道徳的美点をも重視した。なぜ，彼が当時代のフランスの家族を不安定家族と称し，直系家族を希求したかというと，それは当時代，自由放任主義的経済の台頭によって農村から都市に流入する労働者の悲惨な生活と失業の増大をみ，かつ家族の紐帯の喪失をみて，労働者と労働者家族の保護の考え方の中から生まれた。ただし，そこには，家族や共同体は，社会的権威者の支配によっ

て安定した社会が構成される，という立場から慣習と伝統と権力の様式の復権の主張も含まれており，それが直系家族制への主張に結びつくのである。

こうしてみてくると，ル・プレーが説く社会改良は，あらゆるものに先だってまず，道徳の改良を求めるが，それらの実現は第1に宗教の復興によらなければならない。そして，それは統治者，資本家，父親，老人，女性を敬う心を培う基礎と考えられている。換言すれば，神の尊敬，宗教の尊敬が家族の安定に必要不可欠であると同時に社会の安定にも欠かせない人間の基本的行動とされている。これらの彼の宗教に基づいた「世代間，男女間，社会階級間の伝統的ヒエラルヒーの保守的な道徳改良論」[57]は，社会的カトリシズムの基本的教義に沿うものとしてカトリック社会学派，保守主義者およびカトリックを信仰する人々に良く知られ，偉大な思想家，社会学者として歓迎され，取りあげられたのである。そのことは，『フランスにおける社会改良』に対する次のような評価によって裏打ちされる。すなわち，「その著書は，当時代社会学者が誰一人として自分が生活している環境における宗教社会について捉えることを怠っていた時に，宗教生活についての研究が行われ，有用な貢献をなし得た唯一の成果」[58]，という評価や「非常に多くの点で19世紀におけるもっともすぐれた力作である。この著書は，オリジナルなもので，有用で，勇敢で…トクヴィルほど雄弁ではないものの，それ以上に実践的洞察，とりわけ道徳的勇気をもっている。なぜなら，それはその時代およびフランスの支配的偏見をもつ多数派と争ったからである」[59]といった最大級の評価がなされている。

20世紀初頭に『カトリック社会学概論』を著したR.P.A.ベリオによると[60]，カトリック社会学の試みは，経済学をルーヴァン大学で講じていたC.ドゥ・クーの著作において初めてなされ，またたくまに一大勢力を成すに到った。ル・プレーは，宗教原理に基づくフランス社会の改良を唱えて既述したような評価を得たが，彼の勢力は，そうした学問的分野のみならず，実践的な諸活動にも力が注がれた。それらは，例えば，慈善事業(société d'économie charitable)を組織したり，子どもの工場における労働条件の改善に力をつくしたドゥ・ムランや，サン・シ

モン主義の信奉者でカトリックに基づく同業組合論を唱え，非常に宗教的色彩の濃い同業組合（société Leroy Thibault）を組織したブシェ博士などである。こうした研究と実践活動を通してフランスでは，ル・プレーが活躍した1850年から80年当時はカトリックの道徳秩序と有力者の支援によってカトリック教会の力が復興した時期[61]となった。

しかし，時代は，反教権の時代である。ル・プレーを含むカトリック社会学派は，保守反動，復古論者としての烙印[62]を押され批判をあびる。特に，ル・プレーの社会改良論は，デュルケムによって護教論として手厳しく批判された。

4. デュルケムのル・プレー批判

デュルケムは，ル・プレーに対する見解をそう多くは示していない。しかし，わずかに示されるル・プレーへの評価は，決定的であり，そこでの見地は，デュルケムの社会学方法論における科学的認識を解釈する上でも無視し得ない重要なポイントを成している。

デュルケムは，ル・プレーの家族研究，ヨーロッパの労働者研究については高く評価するが，彼の宗教的観念に対しては社会的なものを取り扱っているものの宗教的偏見に満ちた研究であり，その態度は科学的とは言えず，大部分が護教論的であると批判したり，場合によってはル・プレーを無視することさえある。例えば，ル・プレーが『ヨーロッパの労働者』『フランスにおける社会改良』を相次いで出版し，大活躍していた1850年代から30年間をデュルケムは，フランスにおける社会学的活動の停滞期又は衰退期と断じて[63]ル・プレーの社会学を認めない。このことは，デュルケムの基準によってフランスにおける科学的社会学の発展史の中からル・プレーは排除されていることを意味する。そこでのデュルケムによるル・プレーへの批判あるいは無視は，デュルケムが学的生涯を通して力を注いだ，科学としての社会学樹立の観念に根ざしている。デュルケムからすれば，ル・プレーの護教論に基づく社会学は，もっとも排除されなければならないものであった。すなわち，デュルケムが科学としての社会学に求めた第1の準

則は，偏見，先入観，予断の放棄である。つまり，ル・プレーの宗教に基づく道徳観や社会秩序観は，デュルケムにとって先ず，方法論的に批判されなければならない。デュルケムが19世紀に始まる科学としての社会学の樹立に貢献した研究者として認めるのは，サン・シモンを出発点としてコントそしてエスピナスである。

　もう一点は，理論上の問題である。ル・プレーとデュルケムの基本的相違を要約すれば，伝統的な宗教原理を道徳の基礎として社会改良をはたそうとする考えを唱えたル・プレーと，まず宗教原理を排除して社会秩序を改良し，再建しようとするデュルケムの道徳的個人主義観とは，まっこうから対峙する道徳観である。ル・プレーの観念は，特定の宗教への人間の義務と実践による信仰の復興に基づいたフランス社会の統合を目指している。こうした観念は，ル・プレーの時代のみならず，21世紀の今日でもエスニスティ問題や移民問題で揺れるフランスに脈々と継承され，フランス社会統合のための価値観としてカトリシズムを説く社会学者は存在している。他方，デュルケムは，社会統合を人間と人間との自由で平等な社会関係のうちに構成しようと説いている。ただし，彼の表現する自由とは，あらゆる拘束からの解放ということではない。「人間が一個の社会的存在となる限りにおいて」[64]の自由であって，自由放任的無制限な欲望を満たす個人の自由ではない。

　デュルケムは，このように宗教に基づかない，いわば世俗的道徳によって社会秩序を復興し，社会統合をはたすことを主張したのであるが，社会生活，共同生活にはたす宗教の機能については決して軽視した訳ではない。彼は，個人の人格の尊厳を原理としつつ宗教信仰を社会的結合の手段と捉えた。すなわち，人間と人間，および個人と社会との結合にとって重要な１つの機能として宗教を考えたのである。そこにおいてデュルケムは，宗教信仰は個人の自由にゆだねられるということと，同時に社会を構成する個々人の共有の信念の醸成に欠かせぬものとして捉えている。このようにデュルケムは，社会生活にとって宗教がいかに重要な機能をはたしているかを認識し，そのことを彼の社会学研究の中で重要視して

取り扱ったのである。そこには，現実の社会生活における宗教の意義を認めつつも，近代社会にとって満たされなければならない社会道徳は，ル・プレーが説くような1つの特定された宗教原理，すなわちカトリック原理に基づく道徳に依存するのではなく，先ずはより普遍的な世俗道徳によって構成されなければならないとする，予断や偏見を排したあるべき科学としての社会学を説くデュルケムと，それに加えて，研究対象として現実生活にはたす宗教的機能についての研究の重要性を認めるデュルケムの姿が垣間見える。

　ル・プレーもデュルケムもフランス社会の統合を問題にしている。両者のフランス社会の危機認識と社会改良の意志は共通している。しかし，伝統的宗教道徳に基づく社会の再建を説くル・プレーと，世俗的で反教権的な道徳による社会の構成を説くデュルケムとでは，まさに対極に位置づけられる。ル・プレーは，デュルケムの見解に従えば，偏見に満ちた護教論観念によって社会改良を唱えたという点では，方法論的にも理論的にも高い評価を受けていない。しかし，フランス革命後の19世紀に宗教的道徳観，すなわちカトリック原理に基づいた社会秩序再興を唱えた彼の社会改良論は，社会に求められた一面もあり，当時代を捉える上で無視されてはならないし，フランス社会学史上，決して軽視されてはならない。

　ル・プレーの死後，すでに1世紀以上過ぎている。彼の社会学は過去のものなのか，現代性は認められないのか。プルードンの社会学やサン・シモンの社会学の著書及びギュルヴィッチの弟子で彼の社会学の継承者で知られるフランスの社会学者P. アンサールは[65]，ル・プレーの社会学への貢献は，体系的で厳密な観察方法によって行われた労働者家族のモノグラフィックな調査研究方法と家族研究，それにヨーロッパの労働者研究であり，それらの彼の研究は，現在の社会学においてもっと重視されるべきであると，主張している。

　今日のル・プレー研究の第一人者は，パリ第8大学のA. サヴォワである。彼は，1989年にル・プレーに関する出版物を2種類出している。その1つは，雑誌 *Société* (Revue des Sciences Humaines et Sociales, No.23, 1989) 5月号のル・プレー

特集号で，この号の責任者として特集を編み，自らもル・プレーに関する小論文，「モノグラフ」と「社会科学教育」の2篇を載せている。この雑誌は，ル・プレー社会学の再評価を意図したもので，ル・プレーの家族研究，モノグラフ研究，環境社会学研究等々，ル・プレーの特徴がほぼ全体にわたってフランスのみならず，ドイツ，カナダ，イタリア，アメリカの研究者によって紹介されている。もう1つは，ル・プレーの『ヨーロッパの労働者』の要約版を『ル・プレーの社会的方法論』(Frédéric Le Play, La Methode Sociale) と題して出版している。そこにおいてサヴォワは，ル・プレーの優れた独創性は，科学的方法によって現実を直接観察する所にあると断言している[66]。

こうした今日のル・プレー研究の評価や動向からみると，ル・プレー社会学の中にはなお，学ぶべき方法と理論が豊かにあることが理解される。

余談であるが，ル・プレーの功績をしのんだ立派な座像がパリ市内にある。それは，パリでもっとも美しい公園の1つリュクサンブール公園内にある（157頁のル・プレー像の写真）。彼は，その公園内中央の円形庭園の階段を上がった植え込みの中に，フランス上院を見つめるように木立にはさまれて座している。彼の台座には，向かって右側面に彼の研究上の業績が，左側面には1855年と67年の万国博覧会の責任者であったことと，1868年から70年まで上院議員であったことが記されている。

加えて，ル・プレーが1871年から死ぬまで住んでいた住居は，サン・スルピス教会前の広場に面した建物の中にあった。現在は，地上階にイヴ・サンローラン（リヴ・ゴーシュ）のブティック及びロベール・ラフォン出版社になっている。その住居で彼は週に1度月曜日の夜8時から10時30分までサロンを開いた。そのサロンには，多くの人々が集まり，科学，政治，社会，経済，産業等々について議論された（cf. J. C. Dulière, "Les salons de F. Le Play" *Sociétés*, R.S.H et S. No.23, p.14, 1989）。

注

1) M. Lallement, *Histoire des idées sociologiques*, tome 1, p.119, Nathan, 1993.
2) ピエール・ミケル，渡辺一民訳『ドレーフュス事件』7-9頁，白水社，1978．
3) 稲葉三千男『ドレフュス事件とゾラ』7頁，青木書店，1979．
4) ピエール・ミケル，前掲書，7頁．
5) ピエール・ミケル，同上書，9頁．
6) 稲葉三千男「ガブリエル・タルド」255頁，G. タルド，稲葉三千男訳『世論と群集（新装版）』所収，未来社，1994．
7) G. Tarde, *L'opinion et la foule*, p.184, F.U.F, 1989, 稲葉三千男訳『世論と群集（新装版）』226頁，未来社，1994．
8) G. Tarde, ibid., p.155. 訳, 185頁．
9) G. Tarde, ibid., p.169. 訳, 206頁．
10) G. Tarde, ibid., p.139, fn. 訳, 164頁原注．
11) G. ル・ボン，桜井成夫訳『群衆心理』15頁，講談社，1993．
群衆の訳語であるが，この訳書では群衆となっているが，タルドの訳語にあわせて群集に統一して用いている．
12) G. ル・ボン，同上書，23頁註(2)．
13) G. Tarde, op.cit., p.38. 訳, 21頁．
14) G. Tarde, ibid., p.31. 訳, 12頁．
15) G. Tarde, ibid., p.62. 訳, 56-57頁．
16) G. Tarde, ibid., p.82. 訳, 84頁．
17) G. Tarde, ibid., p.81. 訳, 83頁．
18) G. Tarde, ibid., p.37. 訳, 20頁．
19) G. Tarde, ibid., p.68. 訳, 65頁．
20) G. Tarde, ibid., p.76. 訳, 75頁．
21) G. Tarde, ibid., p.54. 訳, 45-46頁．
22) G. Tarde, ibid., p.34. 訳, 16頁．
23) 稲葉三千男「ガブリエル・タルド」243頁，G. タルド，稲葉三千男訳『世論と群集』所収，未来社，1977．
24) G. Tarde, op.cit., p.39. 訳, 23頁．
25) G. Tarde, ibid., pp.40-41. 訳, 25-26頁．
26) É. Durkheim, Antisémitisme et crise sociale, (1899), pp.252-254, *texts* 2. Minuit, 1975.
27) ピエール・ミケル，前掲書，9頁．
28) G. Tarde, *Les transformations du pouvoir*, (1899), pp.185-187, Les empêcheurs de penser en rond, 2003.
29) F. Zourabichvili, Préface, le pouvoir en devenir, p.18, in *Les transformations du*

pouvoir, Les empêcheurs de penser en rond,2003.
30) M. Ginsberg, *Essays in sociology and social philosophy*, p.190, A peregrime book, 1968.
31) É. Durkheim, Antisémitisme et crise sociale, (1899), pp.252-254, *texts* 2. Minuit, 1975.
32) 浜口晴彦『社会学者の肖像』43-45 頁, 勁草書房, 1989.
33) É. Durkheim, Letters à Célestin Bouglé, pp.422-425, p.429, *textes* 2, Minuit, 1975.
34) ピエール・ミケル, 前掲書, 99-100 頁.
35) 夏刈康男『社会学者の誕生』p.136, 恒星社厚生閣, 1996.
36) É. Durkheim, L'individualisme et les intellectuels, pp.261-278, in *La science sociale et l'action*, P.U.F. 1970. 佐々木貢賢・中嶋明勲訳「個人主義と知識人」207-220 頁,『社会科学と行動』所収, 恒星社厚生閣, 1988.
37) É. Durkheim, *Le suicide*, pp.154-155, P.U.F. 1976. 宮島喬訳『自殺論』177-178 頁, 中公文庫, 1995.
38) É. Durkheim, ibid., p.159. 訳, 183 頁.
39) É. Durkheim, ibid., p.169. 訳, 193 頁.
40) F. Zourabichvili, Préface, le pouvoir en devenir, p.19, in G. Tarde, *Les transformations du pouvoir*, Les empêcheurs de penser en rond, 2003.
41) ル・プレーの生育歴や活動, 履歴等々は全て次の資料と文献に依拠している。
 1. T. レイゾン編, 鈴木二郎他訳『社会科学の先駆者たち』81-93 頁. 社会思想社, 1972.
 2. http://tecfa.unige.ch/~grob/1867/leplay.html
42) M. Z. Brooke, *Le Play*, p.77, Transaction publishers, 1988.
43) R. A. ニスベット, 中久郎監訳『社会学的発想の系譜Ⅰ』73-74 頁, アカデミア出版会, 1975.
44) R. A. ニスベット, 同上書, 75 頁.
 M. Lallement, op.cit., p.119.
45) C-H. Cuin, F. Gresle, *Histoire de la sociologie*, 1, p.37, La découverte, 1992.
46) M. Z. Brooke, op.cit., pp.78-80.
47) ル・プレーの典型的な家族の3分類については, 彼の著した *La réforme sociale en France*, pp.168-172, Arno press, (1864) 1975 を中心に以下の文献も参考にした。
 M. Z. Brooke, op.cit., pp.81-82, 106-108.
 M. Lallement, op.cit., p.120.
 C-H. Cuin, F. Gresle, op.cit., p.39.
 R. A. ニスベット, 前掲書, 76 頁.
 T. レイゾン編, 前掲書, 87-88 頁.
 兒玉幹夫『〈社会的なもの〉の探究』93 頁, 白桃書房, 1996.
48) M. Z. Brooke, op.cit., p.107.

49) R. A. ニスベット，前掲書，73頁，脚注(12).
50) M. Z. Brooke, op.cit., pp.120-121.
51) C-H. Cuin, F. Gresle, op.cit., pp.37-38.
52) M. Lallement, op.cit., p.120.
53) A. Savoye, "Monographie" pp.4-6, "L'enseignement de la science sociale" pp.10-12, et B. Kalaora, "Aux sources d'une sociologie de la nature" pp.23-26, *Sociétés*, Revue des sciences humaines et socials, No.23, 1989.
54) M. Lallement, op.cit., p.119.
55) Le Play, *La réforme sociale en France*, p.47, european sociology, Arno press, 1975.
56) A. Michel, "Les cadres sociaux de la doctrine morale de F.Le Play" pp.47-48, *Cahiers internationaux de sociologie*, vol.1, xxxiv, 1963.
57) ibid., p.52.
58) G. Le Bras, *Études de sociologie religieuse*, p.689, european sociology, Arno press, 1975.
59) T. Zeldin, *France 1848-1945*, vol.II, p.959, Oxford at the clarendon press, 1977.
60) R. P. Alénic Belliot, *Manuel de sociologie catholique*, pp.364-367, P.Lethielleux, 1911.
61) A. Olivesi et A. Nouschi, *La France de 1848 à 1914*, p.71, Fernand nathan, 1970.
62) T. Zeldin, op.cit., p.955.
63) É. Durkheim, La sociologie, pp.109-118, (1915), *textes* 1, Minuit, 1975.
　É. Durkheim, La sociologie en France au xixe siècle in *La science sociale et l' action*, note (1) p.133, (1900), P.U.F, 1970. 佐々木交賢・中嶋明勲訳『社会科学と行動』注 (10), 108頁, 恒星社厚生閣, 1988.
　なお，本項でのデュルケムのル・プレーについての評価は，全てこれらの著作による．
64) É. Durkheim, *De la division du travail social*, p.380, P.U.F, 1978. 田原音和訳『社会分業論』372頁，青木書店，1971.
65) 夏刈康男「現代フランス社会学の動向」53-55頁「社会学論叢」第106号，1989.
66) A. Savoye, Le Play et la méthode sociale, p.19, in *La méthode sociale*, Méridiens klincksieck, 1989.

資　料

　これまで筆者が，タルドとデュルケムに関して収集してきた2次的な資料や情報の中から，19世紀と現代を結びつけるいくつかの事象を資料として整理した。

資料1．タルドの記念像

　タルドの死後5年が過ぎた1909年9月12日日曜日，彼がかつて長年勤務したサルラ裁判所正面入口階段脇の庭にタルドを記念した胸像が作られ，その除幕式が挙行された。

▲サルラ裁判所前のタルド像

　タルド像は，大理石製でフランスを代表する彫像家のM.アンジャルベールによって製作された大変立派なものである。現在も当時と同じサルラ裁判所前にある。初めて現地に行った2003年には，タルド像は残念なことに誰の像かわからないほど痛んでしまっていたが，その後きちんと化粧直しをされて，現在では元のままの美しさを取り戻している。

　その像は，彼の単なる胸像ではない。彼の胸像の台座には，美しい裸身の女性

が浮彫りされ，さらにタルド哲学の内奥と呼ばれる彼のお気に入りのロックガジェアックのタルドの館の庭の一角を思いおこさせる彫刻もほどこされているなど，芸術的な価値も十分に感じられる。

除幕式の参加者の中には，ボルドーアカデミーの大学区長，ドルドーニュ県知事，サルラ市長の他，生前タルドと親交のあったエスピナス（パリ大学文学部教授），L. レジェル（コレージュ・ド・フランス教授），ラカサーニュ（リヨン大学医学部教授）等々が列席した。彼らは，次々に哲学者，犯罪学者，社会学者としてのタルドの業績，そして人柄を讃えるために演説した。

除幕式当日の写真を見ると，裁判所の建物の窓と屋根にはフランス国旗がいくつも翻り，祝賀の行事の雰囲気を醸し出しているとともに，裁判所の広い前庭いっぱいに老若男女が埋め尽くしている。なかには，裁判所の正面玄関の両はじに梯子をかけ，そこに登ってタルド像を見ている人たちもいる。集まった人たちは，興奮しているというよりも，タルドの偉大さに共感し，静かに心を打たれて，その場所を離れず，特別の日の思いに浸っている様子がうかがえる。

タルドはサルラデ（サルラの人と町）にとって名誉ある人物としてこの時から記念され，今日に至っている。

参考文献

Jean Milet, *Gabriel Tarde et la philosophie de l'histoire*, Librairie philosophique, J. Vrin, 1970.

M. Renneville, *Abécédaire, Gabriel Tarde*, E.N.A.P, 2004.

資料 2. デュルケム通りの誕生

　デュルケムの胸像は，デュルケム学派の母体となった「社会学年報」終刊（1912年）を記念して，彼の弟子たちが作ってデュルケムに贈ったものはあるが，タルドのように彼の業績を称えて一般市民が眼に触れるような形で残されたものはない。かつて反ユダヤ主義が吹き荒れたこともあるエピナルに，彼の胸像の設置を求めるのは，無理なことかも知れない。デュルケムへの愛着を持つ筆者としては，彼の胸像とまではいかなくても，せめてボルドーかパリに彼の名を付けた「通り」位は，設置されないものかと長年望んでいたが，1996年になってようやく実現した。

　「デュルケム通り」は，パリ13区に新設されたミッテラン国立図書館の南東側の割合大きな通りに命名された。世界に誇る国立図書館の一角を「デュルケム通り」が占めることは，デュルケムにふさわしい。表示は，Rue Émile Durkheim で，その通り名の下に出生年と没年，さらに Sociologue Français と記されている。

　パリで街路名を新設したり，変更したりすることはそう簡単ではない。まず，後世に残る業績をあげた人であることが必須条件である。次に，そうした人の遺族，崇拝者，支持団体などが，故人の名を街路名として採用するように市に申請する。申請を受けた市当局は，申請の中から平均して年に30ほどの候補者名に絞り，新しい通りや広場，河岸などが生まれるたびに「命名委員会」を開催して選定する。この委員会は，パリ市助役を委員長とし，広く各方面から代表者を集める。命名委員会の決定は，さらに直接関係する区議会で討議された後，パリ市議会の議決を経て，正式のものとなる。

　　　　　　　　　（在日フランス大使館広報部「フランス便り」No.47, 1994年3月号より）

　「デュルケム通り」誕生は，デュルケムの孫 E. アルファンを代表として，H. ベナール (C.N.R.S)，M. フールニエル（モントリオール大学），W.S.F. ピッカーリング（オックスフォード大学）等々を中心メンバーとする「エミール・デュルケム友好協会」(Société des Amis d'Émile Durkheim) が申請して，実現した。

又,「デュルケム通り」がパリに設置される前年の1995年5月18日にボルドーで『社会学的方法の規準』出版100年を記念して2つのイベントがあった。1つは,デュルケムがボルドー時代に住んでいた住居跡の建物にプレートを設置し,その除幕式を行ったこと(パリにも同じく,彼の住居跡を記念したプレートが設置された)と,もう1つは,デュルケムの方法論をめぐるコロークの開催である。そのうちプレート設置に関連して,デュルケムがいかなる社会学者であったか,ボルドーの地方紙が記事として載せているのでここで参考までに紹介しておこう。

　　デュルケムは,近代社会学の創設者である。ボルドー大学文学部は1887年にボルドーで初めてユダヤをオリジンとする東部出身の29歳の青年に社会科学と教育学の講座を創設した。彼は,まだ存在しなかった社会の科学の標柱をたてたし,科学に基づいた道徳を創出することに力を注いだ。彼がフランス社会学誕生のためになした本質的研究は,ボルドー居住中のことであった。彼は,社会的諸事実についての実証的科学の誕生を告げ,まったく新しい実証主義的アプローチを提案した。彼は,ジョレスの友人であり,第3共和政の知的合理主義者の模範者とみられている。共和主義者の彼は,ドレフュス事件に際してA.ドレフュスとE.ゾラを擁護し,人権同盟など社会的活動にも力を注いだ。

なお,デュルケム自身が所蔵した資料や文献は,彼の死後どうなったのか。タルドの場合は,正当な家系ゆえに継承し,守られた。アルファン氏によれば,デュルケムの場合は,彼が所有した講義草稿,自筆原稿等々全ては,彼がパリ大学就任に伴い,パリの住居に移し,さらに彼の死後は,彼の遺族であるアルファン一家がパリ16区の自宅の書斎にデュルケムが残したままの形で保管していたが,第2次世界大戦時,ドイツ軍のパリ占領の折に,アルファン家がユダヤ人であったためドイツ兵によって全て焼かれてしまったそうである。デュルケムは,死後にも反ユダヤ主義の被害にあってしまったのである。

▲デュルケムがボルドー時代に過ごした住居

　彼の残した資料や文献が現存していれば，別の側面のデュルケムが発見されたかも知れない。

参考文献

E.Halphen, Préface affective, *Durkheim 100 ans de Sociologie à Bordeaux*, La machine a lire, 1987.

資料3. 甦るコント協会と教会（チャペル）

　タルドとデュルケム以上に現在パリの街角で一般市民が眼にする社会学者の名前は，タルドから単なる形而上学者と批判され，デュルケムからは，社会学の父と，まったく異なる評価を受けたA.コントである。その代表格は，ソルボンヌ大学正面に広がるソルボンヌ広場に建つ，堂々たるコント像である。2つ目は，フランス上院のあるリュクサンブール公園の南面にある「オーギュスト・コント通り」である。又，彼は，サン・ミッシェル大通りとA.コント通りの2ヵ所で「A.コント」というバス停の名前にもなっている。3つ目は，晩年，コントが住んでいたカルチェラタンにあるアパートが，国により歴史的建造物として指定さ

▲コントの家に飾られたA.コント

れ，残されている。4つ目は，彼の最晩年に興した人類教チャペルである。

　そこで，ここでコント社会学を現代に継承し，さらに彼の社会学を復活させ，より一層世界に広めようとするグループの拠点となっている，彼の住んでいたアパート跡と，コント国際協会等々について少しまとめてみようと思う。やや大げさであるが，そこからコントが20世紀を経て今日，どのように受け継がれてきたかの一端を知ることができる。

(1)　Monsieur le Prince 通りのコントの家

　パリのムッシュ・ル・プランス通り10番地には，コントが1841年7月15日から1857年9月5日の彼の死まで住んだアパート跡がある。このアパートでコントは，『実証哲学講義』第6巻や『実証政治学体系』を完成させているし，生活面では妻マッサンとの離婚，その後，人生を変えたクロティルド・ド・ヴォーとの出合いと死別，そして人類教の創設と劇的な晩年を過ごした。

　コントの死後，このアパート跡は，彼の後継者の一人であったP.ラフィットが中心になって財団法人（société immobilière）を創設（1893年）して，コントの遺品とともに保存され，又，長年実証学会本部としても利用されていた。そして，1928年12月12日には，政府布告によりコントのアパート跡は歴史的建造物に指定された。

　1930年当時，パリに留学中にそのアパート跡を訪れた浅野研眞は，コントの部屋には彼が使用した家具，家財，蔵書等々全ての追憶品が整理され，保存されるとともに実証学会本部が置かれていると述べており，その当時，コントのアパート跡が単に歴史的建造物として指定されただけではなく，ラフィットの後継者たちが実証学会を運営していたことがわかる。なお，浅野によれば，1930年当時，人類教を遵守し，コントの方法と学説を忠実に伝え，究めることを目的に創られた国際実証学会（société positiviste internationale）の事務所がパリ6区セーヌ通り54番地に置かれていた。メンバーは，フランスのみならずイギリス，イタリア，ルーマニア，トルコ，メキシコ，ブラジル，アルゼンチンなどにもっと

も多く,機関誌として「国際実証評論」(Revue positiviste internationale) を発行していた。この機関誌は,1906 年以来,当学会会長のエミール・コッラの監修で発行されていたが,元来は,1878 年にラフィットによって創刊された「西洋評論」(Revue occidentale) を継承したもので,ムッシュ・ル・プランス通りの本部と別組織による発行ではない。なお,セーヌ通りの事務所講堂にはコントの胸像が安置されており,そこではコント社会学の研究と講義のみならず人類教にまつわるさまざまな祭礼が執り行われていた[1]という。従って,こちらの事務所の方は人類教の教会堂としての機能も合わせ持っていたことを推測することができる。

現在このアパート跡は,コントの業績を讃えて Maison D'Auguste Comte, Musée et Centre de Documentation et de Recherche のプレートが掲げられている。そのプレートからは,そこにはコントに関する資料などがあって,そこを中心に彼の社会学の研究と啓発が行われているように思われる。しかし,これまでそこが公開されることはなく,入口の大きな扉は長年閉まったままだった。ところが,2003 年 7 月 29 日に筆者がたまたま通りかかったところ,白い紙に手書きでこのアパート跡を 7 月 29 日～8 月 1 日の 4 日間,しかも午後の 3 時間だけ公開すると掲示されており,幸運にも中に入る機会に恵まれた。

係員の説明と配布資料から,コントのアパート跡を中心に,彼に関する国際的な研究協会が存在し,彼らによってコントが生活した当時のままにアパート跡が修復され,公開されたことがわかった。係員の言う国際的な研究協会とは,L'Association internationale Auguste Comte と言い,1954 年にブラジルの大学やユネスコ大使 (P. Carneiro) 等々のイニシアチブでコントに関する情報の発信とコントの家を博物館として再建するために創設されたものである。その一大目的は,コントの蔵書や当時コントが使用した家具調度類等の遺品のみならず,コントの生きたアパートと空間自体を整備し,保存するとともに,コントの社会学,哲学及び実証主義者たちによって後世に残された学問的遺産を現在の研究者に提供するためである。国際協会はムッシュ・ル・プランス通り 10 番地のコントのアパート跡の建物を受け継いでおり,その意味でラフィットが 1893 年に創って以来,

コッラを経て，若干の断絶の後，今日まで約110年間を越えて実証学会は継承されてきていると言える。

　国際協会の活動は，近年までそれほど活発ではなかったため，存在それ自体がほとんど知られていなかったが，今後はメンバーの増加とさまざまな研究機関とのネットワークを構築して，コント研究のみならず，実証主義思想，さらには19世紀の社会思想の潮流等幅広く研究し，その成果の出版やコロークの開催など積極的に行ってゆく，ということである。なお，係員は，もっとも旧いコントの弟子と賛同者の中には，E. リトレ，J. S. ミル，J. フェリー，ガンベッタ，T. ブラガ（ポルトガル共和国創設者），ベンジャミン・コンスタン（ブラジル共和国創設者），C. モーラス（作家・ナショナリスト），クロポトキン（ロシアのアナーキスト），A. リザ（20世紀初頭のトルコ国会議員）等々がいたと説明してくれたが，コントの死後の後継者問題に関しては少し注意が必要である。

　山下雅之によれば[2]，コントの教義を引き継いだ実証主義社会学者の後継者は，2つのグループに分裂した。一方は，エミール・リトレを中心にしたグループであり，もう一方は，ピエール・ラフィットを中心にしたグループである。リトレは，最初は，コントの忠実な友人であったが，コントの死後，彼の実証科学に対する諸観念について高く評価するとともに，彼の思想や観念の再解釈を行い，広めようと努めたが，コント晩年の宗教的な面は拒否する立場をとった。なお，彼は，コント夫人と協力してコントの死後，彼の遺言に異議申し立てを行うなどの活動も行った。リトレは，G. ヴィルボフとともに実証主義思想の擁護と普及を目的に雑誌「実証哲学」を1867年に創刊（1883年廃刊）するとともに，1872年にはコントの社会学（実証主義社会学）を単に受け継ぐだけでなく，社会学の理論的発展に寄与することを目的に社会学会をパリ，セーヌ通り16番地に設立した。学会設立時のメンバーは27名であったが，メンバーの中にはJ. S. ミルも含まれていた。この学会は，わずか3年で解散してしまったが，しかし，この学会の設立によって生み出された成果は，「大変豊かであり，フランス社会学に特徴的な，社会に対する研究の概念化の方法が形を取りはじめ，強められた」

(山下，18頁)。もう1つのラフィットのグループは，人類教を含むコントの全てを受け入れる，正統派の実証主義を信奉するコントの忠実な弟子たちの集まりである。ラフィットは，1878年実証主義者協会の機関誌として雑誌「西洋評論」を創刊している。彼のグループの特徴は，コントの教説をほとんど批判的に検討することなく，世に広めようとしたところにあるとともに，当時代の政治，社会など現実に生じた諸問題にも高い関心をもって研究対象とした。それ故に，ガンベッタのような有力な政治家もメンバーとしてこのグループに参加した。

　こうしてみると，現在の国際協会の母体は，リトレの興したグループではなく，ラフィットのグループの後継者たちに属すると言うことになる。配布資料によれば，現在，この国際協会のメンバーには社会学者，哲学者，歴史学者等世界10カ国から約50人が加入している。メンバーの国籍は，フランス，イタリア，チュニジア，ハンガリー，ルーマニア，ブラジル，アメリカ，イギリス等々である。協会の目的は，すでに述べたようにコントの残した学問的遺産を保持するとともに，彼の研究成果を世界の人々に広く深く理解してもらうための運動を行うことである。そうした目的に沿って，2003年夏，限定された時間とはいえ，コントのアパート跡が，一般の人々に公開されたのである。アパート跡は，コントの生活，彼の人となり，研究拠点，人的交流等々一般の人々にとっても興味をもたせるように工夫されているし，展示の内容も豊富である。

(2)　コントの生活と研究の空間

　コントのアパートの部屋は，台所，著名人を集めて講義したサロン，書斎，居間，寝室の全部で5部屋と入口ホールである。入口を入ると左手の部屋に台所とその斜め奥にトイレがある。その部屋には『実証哲学講義』の第一巻の自筆原稿の一部と自筆の目次が展示されているとともに，彼が当時使用したスプーン，ナイフ，フォークなども展示されている。スプーンやフォーク等々は4つずつ揃っているが，その4人分の食事セットが何を意味するのか興味を持たせる。入口ホールには彼の自筆原稿と著作物が展示されているが，そこで特に目を引くの

は，クロティルド・ド・ヴォーとの関係を示す1845年5月17日と10月31日の自筆の文書や彼女の肖像画，それに1817～24年の7年間に及ぶサン・シモンとの関係を示す展示品である。展示品の中には，1815～16年のles cours et les professeurの手書きの原稿の一部等々，彼の学問的英気をうかがわせる品々が展示されている。

　サロンには，暖炉を中心に，壁にコントの肖像画，ソルボンヌ広場のコント像の写真，コントの胸像等々が飾られるとともにクロティルド・ド・ヴォーとの思い出の品であるソファー，椅子，肘掛椅子，スツールが置かれている。係員によれば，サロンは，かつては人類教の聖なる場所として洗礼，結婚，イニシエーション等々に使用された，いわば聖なる空間である。従って，そこに配されたソファー等々のインテリアはコントの弟子や後継者にとって，聖なるものとして触れることのできない品々であった，という。書斎は，サロンとほぼ同じ広さである。そして書斎の奥のベッドルームにつながっている。書斎には，コントが「3人の天使」と呼んだ母親（ボワイエ），クロティルド・ド・ヴォー，それにカロリヌ・マッサンとの別離後，コントの身辺の世話をし，コントの養女となったとされるS.ブリオーの肖像画が飾られている。

　コントは，1824年2月10日に「大変利発で可愛らしく美しい女性」カロリヌ・マッサンとの同棲を始め，25年2月19日パリ4区の区役所において正式に結婚式をあげている（コント27歳，マッサン23歳）。結婚後何回かの別居生活後，1842年に離別するまで17年間結婚生活は続いたが，その間に『実証哲学講義』（全6巻）の出版，精神病，セーヌ川への投身自殺（未遂）等々さまざまな出来事があった[3]。カロリヌ・マッサンがムッシュ・ル・プランス通りのコントのアパートを出ていったあと，コントのさいごまで，彼とともにアパートで生活し，親身に世話をしたのが，ブリオーと彼女の夫，M.トーマであった。ブリオーがコントの養女になったのかどうかは，研究者によって見解が分かれる。本田喜代治は，『コント研究』（法政大学出版局，1968年）の中で「ブリオーを養女にしようと考えた」という表現に止めている。又，本田は，ブリオー，ド・ヴォー，ボワイエの3人

をコントにおける「神聖なる家族的三位一体」(本田, 162-163頁)とも表現している。なお, コントの死後, 彼の遺言書をめぐって別離したカロリヌ・マッサン (既述のリトレは, マッサンに味方した) との間に争いがあったが, 結局, 遺言書の通りコントの遺産の全ては実証学会 (ラフィットの側) に遺贈され, 今日に至っている。

書斎に続くベッドルームには, ベッドに横たわるコントの絵とクロティルド・ド・ヴォーの死に接して悲嘆し, ひざまずくコントの絵が飾られている。この部屋には, コントが着ていた白い服がたたまれて置かれていて, 今でも彼がそこで生活しているかのような気配さえ感じさせる。ベッドルームと書斎の間にある小部屋には Système de Politique Positive, Traité de Sociologie Religion de la Humanité Ⅰ (1851-52) の資料が展示されている。

5つのコントのアパートの部屋と各部屋に展示されている品々の印象は, クロティルド・ド・ヴォーとの思い出のインテリア以外, 質素な感じをもたせるが, しかし一種の緊張感の中に彼の業績の偉大さを現代の人々に知らせたいという強い思いを感じさせる味わい深い展示品で占められている。

(3) パリの人類教チャペル

カロリヌ・マッサンと1842年に別離した後, 2年後の44年にコントは, クロティルド・ド・ヴォー婦人と知り合う。しかし, 彼女はその2年後 (46年4月5日) には肺病で死去する。生前からコントにとってド・ヴォー夫人は, 崇拝の対象となっていた。コントは, 「彼女の死の5日後…聖クロティルド礼拝の日々の祈りを始めるようになった」[4]。つまり, 1846年4月10日頃を境に彼の学問の客観主義及び科学から主観主義, 感情への転換が始まり, かつ人類教が始まった。

人類教も含めてコントの社会学は, ラフィットを中心とした実証学会に引き継がれた。その人類教は, 現在パリでどうなっているのか。清水幾太郎は, 著書『オーギュスト・コント』(岩波新書, 1978年) の中でパリの人類教教会にコントが死んだ100年後 (1954年) にはじめて行ったと記している。彼は, その場所は,

クロティルド・ド・ヴォーの住んでいたアパート（パイエンヌ通り5番地）を教会に改造したものであった、と言っている。しかし、前述した通り、昭和初期フランスに留学した浅野研眞は、セーヌ通り54番地にあった国際実証学会を訪れた時、その講堂で人類教に基づく祭礼が執り行われていたと言い、浅野が訪問した1930年当時には、ここにも人類教のチャペルというべき施設があったことが想像されるし、かつ実証学会と人類教チャペルとが合体して運営されていたことが想起される。

　現在、ムッシュ・ル・プランス通りの国際協会には、人類教のチャペルはない。そこで協会の係員に人類教教会のことを聞いてみた。それまで浅野の文章の中で示されていた番地を手掛りにコントの人類教教会を何度か探してみたが、見つけることはできなかったので、長い間、人類教教会はフランスでは解体してしまったと勝手に考えていた。しかし、人類教教会は現在も存在していた。その場所はなんと清水幾太郎が1954年に訪ねて行った番地と同じパリ3区のパイエンヌ通り5番地である。そこは、有名なカルナバル博物館やパリ歴史図書館、さらにはピカソ美術館などが近くにある、旧い街並みの一角である。清水は、道路に面した壁面には人類教をシンボライズする美しい女神の姿が大きく書かれていたと記しているが、現在そうした壁画はない。地上階の窓には、中が見えないように緑色に塗られた板が貼り付けられ、美しくはない。しかし、壁面にははっきりと、Religion de L'Humanité（人類教）、L'Amour pour Principe（愛を原則とし）、et L'Ordre pour Base（秩序を基礎とし）、Le Progress pour But（進歩を目的とす）とコントのモットーが読み取れる。さらに、このモットーだけでなく、1階と2階の間には通りをゆく人をながめるかのようにコントの胸像が設置されている。

　このチャペルは1903年に落成したもので、現在ヨーロッパで唯一の本格的な実証主義者の聖堂とされている。チャペル内の祭壇正面には、人類を象徴する女神（女神は人類の未来を象徴する子どもを腕に抱いている）が美しく描かれている。現在もなお、パイエンヌ通りにチャペルが維持されていることは、現にコントの興した人類教を信仰し、その教えを受け継ぎ、広めようと努める人々がいること

がわかる。ムッシュ・ル・プランス通りのコント国際協会の活動といい，パイエンヌ通りの人類教教会の存在といい，コントは決して死んでいない，むしろ着実な研究活動及び宗教活動がすすめられており，コント復活への予兆を感じとることができる。

注
1) 浅野研眞「「コムトの家」の事ども」「社会学徒」第 3 巻，28，29 頁，1929，第 4 巻，16 頁，1930．
2) 山下雅之『コントとデュルケームのあいだ』木鐸社，1996．
3) 浅野研眞「コントの結婚生活」「社会学徒」第 5 巻，11-20 頁，1931．
4) 清水幾太郎『オーギュスト・コント』岩波新書，173 頁，1978．

参考文献
内藤莞爾『フランス社会学史研究』恒星社厚生閣，1988．
浅野研眞「国際実証学会の事ども」「社会学徒」第 3 巻，1929．
http://www.augustecomto.org/site/index.php
http://membres.lycos.fr/clotide/temple.htm

資料 4. Durkheim のカタカナ表記論争

　日本においてフランス社会学及びデュルケム社会学の研究が，田辺壽利，古野清人，牧野巽，松本潤一郎，向井章，山田吉彦，平山高次，浅野研眞，河合弘道，本田喜代治等々によって活発に始められたのは，1920 年代，つまり，大正末期から昭和初期である[1]。そうした，フランス社会学及びデュルケム研究が本格化する時期早々に Durkheim の読み方あるいは片仮名表記をめぐってちょっとした，しかし極めてまじめで真剣な論争があった。ここで，「社会学徒」誌におけるデュルケム表記論争を追ってみる。

　論争の始まりは，1927 年の「社会学徒」誌創刊号に掲載された向井章の小論文「デュルケアンの社会学説の特色と学的生涯」においてである。彼は，この論文を M. モースが「社会学年報」に著した「デュルケアンの遺稿と其の協力者達」の翻訳のまえがきとして書いたのであるが，その内容は，デュルケム社会学の科学研究法や道徳研究が論じられ，かつデュルケムと対峙する E. ブトゥルー，ベルグソン，ルネ・ウォルムス等の学説が簡潔に示され，さいごにはデュルケムの簡単な伝記と主要著作がまとめられている。小論文ながら，それはデュルケム社会学及び 19 世紀末のフランス社会学を鋭く捉えた論文である。その論文の中で向井は，わざわざ注を設けて Durkheim の片仮名表記について次のように主張している。やや長いが全文をそのまま引用する。

　　デュルケアン (David-Emile Durkheim) の発音に就いては日本に於ては，広く「デュルケーム」として通用している。岩崎卯一氏は其著「社会学の人と文献」(1926 年) 小引に於て (五頁)，「宮島綱男教授がパリ大学のフーシェ博士について親しくたづねられたところが，同博士は Durkheim の親友であって，彼の名を日本の仮名にすれば，デュルカイムとするのが正しいと断定され」，「現に本人も自分の名をデュルカイムと発音していたそう」だが，私の知る限りに於ては，パリ大学を通じてフーシェと呼ぶ人は文科大学の印度語及印度文学の講義担任教授 (講座無し) の A. Foucher 氏しか無いが，岩崎氏

の所謂フーシェ博士が其れだかどうかは明らかでないが，よし外の人であっても，同氏であっても，私は其人が日本語をどの位に解するかは知らないから，折角の御調査ではあるが，仮名に直されるとそのままそうですかとは疑深い我々には信ぜられない。あえて岩崎氏を疑う訳ではないが，且つアルザス近くの生れである所から問題の Durkheim 自身が「デュルカイム」とドイツ訛りの発音をしたとすることは可能であるが，私は他の理由からまだそれに疑いを有する。語尾の im はフランス語では，前の音を鼻音にするために付されているものにすぎないものであって，me とない限りどうしても「ム」に近い音は出ない。こうして自らは前の母音を鼻音化するのみで n と異らない発音しか有しないこととなる。それが一般規則である。しかも日本語の「ム」そのものが特殊の場合に略用仮名の「ン」の代り，に用いられるのが mu の誤解を与えるからこの場合，特に「ム」は避けたい。eim の発音は，日本語にすれば「アーン」と「エーン」との中間を行く鼻音でむしろ「エーン」に近い。もし，彼の発音が規則以外の例外的発音であるならば，まちがいか，不穿鑿でない限り，ラルッスのごとき辞書には其旨が指示してあるはずである。しかるに，"Larousse universelle en 2 Volumes", Paris, 1922. には何等の指示もしていない。ゆえに，同辞書を信ずる限り，同辞書の約束に従って本来の規則に従う発音をしなければならない。私が先輩の慣用と指示とを無視してあえて異を立てるゆえんは，それらの理由による。「デュルケアン」としたのは私の信ずる限りで最もフランス音に近いと信ずるからだ。

　この自信に満ちた発言をした向井は当時山口高商の教授であった。彼は京都大学を卒業し，文部省在外研究員としてすでにフランスに留学をはたしていた。向井の発言からは，当時 Durkheim の片仮名表記はデュルケームが一般的に用いられていたところに岩崎卯一の著書でフーシェ説に従ってデュルカイム表記の方が正しい，という説明があったことに端を発していることがうかがえる。岩崎は，関西大学卒業後コロンビア大学に留学し，帰国後 1927 年当時は関西大学教授で

あった。向井自身は，デュルケームでもデュルカイムでもなく，デュルケアンとすべきフランス語の発音の理由をはっきりと述べ，その正当性を言明している。

向井が Durkheim の呼称を問題とした 1927 年は，くしくもデュルケム没後 10 年に当たる。その 10 年の間に日本ではようやくデュルケム研究が始まっている。まず，1917 年に牧野英一が「エミール・デュルケームの訃」(「法学志林」)を著し，1920 年に野村兼太郎が「社会の強制力に就て」(「三田学会雑誌」)を著すと，1922 年以降，続々とデュルケム社会学に関する論文や彼の著作の翻訳が発表される。以下列挙すると，翻訳は，1923 年松永栄訳『社会学的方法の規準』，1924 年田辺壽利訳「社会学と社会科学」，1925 年山田吉彦訳『社会学と哲学』，1926 年松本潤一郎訳「社会学の沿革」(デュルケムの「フランスの科学」に掲載の「社会学」の訳)，次に紹介文及び論文は，1922 年高瀬荘太郎「社会事実の本質に就て」(「商学研究」)，1924 年松本潤一郎「フランス社会学史一瞥」(「社会学雑誌」)，1925 年淡徳三郎「集団意識と其の意義に就て」(「社会科学」)，同「社会学論に就いて」(「思想」)，1926 年田辺壽利「宗教社会学に就て」(「民族」)，同「ソシオロジスムの教育学説」(「社会学雑誌」)[2]，である。

こうした研究成果が発表されるなかで田辺壽利らは，1927 年 11 月にデュルケム没後 10 周年祭を催している。田辺によると[3]，昭和 2 (1927) 年 11 月 16 日に「フランス学会」と「東京社会学研究会」の共同主催でデュルケム没後 10 周年祭を行った。講演者は，コレージュ・ド・フランス教授で，当時，東京日仏会館フランス学長であったサンスクリット学者のシルワン・レヴィ（デュルケム及びデュルケムの協力者たちについて講演），宇野円空，赤松秀景（デュルケムの教育学的業績について講演），それに田辺壽利の 4 人であった。参加者の中にはデュルケムの高弟で当時外務省の法律顧問として来日中のジャン・レイも出席し，大変な盛会であった。なお，田辺は，研究者仲間のすすめもありこの席上でデュルケムの『社会学的方法の規準』を翻訳することを決意し，実際，翌年 (1928 年) に『社会学研究法』のタイトルで翻訳出版をはたしている。この田辺のデュルケム没後 10 周年祭に関する文章は，のちに『社会学的方法の規準』のタイトルで再度

翻訳出版された訳者前がきの中で述べられている思い出話であるが，それらの文章からは，明らかに日本において1927年頃には，デュルケム社会学への関心の高まりがおこっていたことが読みとれる。また，そうした状況にあったからこそDurkheimの呼称へのこだわりが研究者の間で話題になったことは想像に難くない。

さて，そのDurkheimの呼称であるが，田辺壽利は一貫してデュルケームが一般的であった時代からデュルケムを用いている。向井は，田辺の用いるデュルケムには，まったく触れていないが，同じ年の「社会学徒」8月号で，次のようにさらにDurkheimの片仮名表記について述べている。

> デュルケアンの発音であるが，ドイツの上ライン地方の浴泉場にDurkheimなる町があるので，同氏はこの地方と祖先か何か関係がありそうに思われ，もしそのことが証明されれば，彼自身がドイツ流に発音していたということにも理由が生じる。元来固有名詞は，本人がいかに呼んでいたかが最も大切なことであるため，本人がドイツ音を出していたものなら岩崎氏に従わなければならないことになる。この点に就ては疑無きこととして早合点していた私の不注意は遂にブグレ氏に直接質す機会を得ていながらそれを失したことが今となっては惜しいことに思われる。ただしともかくフランス人の間では「デュルケアン」として立派に通用するから，理由のない「デュルケーム」よりは優るとして，私は創刊号以来自分の慣用であった「デュルケアン」を通して来た。

この文章からは，向井が4月の創刊号で述べた片仮名表記説に対して，デュルカイム表記派から文法を離れてドイツなまり論の反撃があったように読みとれる。向井はなまり説に配慮しつつも確認されない以上デュルカイムを用いることに同意しない。デュルケム家がドイツなまりを用いていたかどうかがここで問題にされているが，それは彼のエピナルでの普仏戦争後の反ユダヤ主義運動体験な

どからしてあり得ない。彼と彼の家族はユダヤ教徒であるが，れっきとしたフランス人であり，彼らが，フランス社会に統合することに努めていたことは，彼の個人史及び家族史から明らかである。向井がドイツなまり説を考えられるとすれば，それは彼のオリジンがドイツにある場合であるとしているが，デュルケム家のオリジンがどこにあるかは微妙である。彼の祖先がどこに住んでいたかはアルザスのミューツィッヒ説とアグノー説がある。いずれの村も現在はフランス領内であるが，時代によってはドイツ領に併合されていたこともあるかもしれない。ただし，向井の言ったDurkheimという地名の出身であることを説く研究者は今日いない。地名で言えば，コルマールの近くにTurkheimという村がある。TをDにかえればDurkheimになるが，名前の由来と村の名称との関連性は不明である。わかっていることは，デュルケムの父モイーズ・デュルケムがバ・ラン県のストラスブールから北34kmのアグノーで1805年にラビの子として生まれ，1835年に単身，ラビとしてボージュ山脈を越えてエピナルに移住したことである。従って，エミール・デュルケムの祖父までは少なくともストラスブールに近いアグノーでフランス人として生きていたことがわかる。その点からもドイツなまりは考えにくい。

　1927年の8月号までは，向井章がDurkheimの読み方で自己主張を繰り返しているような状況であったが，9月号になると新たな論客が登場する。それは，大阪高校教授の本田喜代治である。彼は，読者投稿欄に次のように反論する。すなわち，「Durkheimは，純フランス流に発音してもデュルケアンとはなりません。ヂュルケヤンとか，ヂルケンの方が本当のフランス音に近いでしょう。ただし私はフランスで聞いたのではないから強いことは言いません。ただ発音の規則に照らせば，そうです」。本田から批判された向井は，ただちに11月号で本田に反論する。その題名は，「発音論争」となっている。内容は以下の通りである。

　　　クドイがもう一度Durkheimの発音に就いて，…僕の発音が「純フランス流」ではなく，「発音の規則」をも無視していると言われる如き印象を受け

る。『強いことは言われないが,「デュルケアンとはならない』』と断言せられると, まだ其に服せられない私は, 一言しなければならなくなったことを悲しむ。規則によったか, よらないかは創刊号12頁を見てくれる親切があるなら解決できる。そこで争は, 双方で規則によっていると信じている音のいずれがよりよく真実に近いかというだけのことになる。ここまでくると規則も信念によって争ではなくなる。…もう一度私の信ずる所を述べて, 其れ以上には追求しない。デュルケアンをケ＝アンと読まないでケアンと読んでもらえないだろうか。そうすれば…エア音が出るはずだ。そうして語尾の鼻音たるmと最後の節にアクサン・トニックがあることを考慮すれば, ケンやカンよりもむしろケーン, カーン, さらに一層の理由でケアンが正しい発音に出来るだけ近づきはしないか。だが要するに問題は系統の異なる発音を異なる仮名で表す技術の巧拙だけの問題である。やかましくそんな発音がある, ないの規則のという問題ではない。

　向井は, 本田の発言に一歩もゆずらない姿勢を示していることがはっきりと読みとれる。固有名詞を片仮名表記することのむずかしさは, デュルケムに限ったことではないが, Durkheimを向井が問題とした1927年当時は, 少なくともデュルケム, デュルケーム, デュルケアン, ヂュルケヤン, ヂルケン, デュルカイム等の呼び方が混在しており, 統一したいという向井らの気持ちが出てくるのはよくわかる。

　そうした状況の中, 1928年にフランスに留学した1人の社会学研究者がそれらの呼称論争をみて, パリから1つの回答を示している。その社会学研究者は日本大学の卒業生で円谷弘とともに「社会学徒」創刊に力をつくした浅野研眞である。彼は, おそらく1927年のDurkheim呼称論争を静かに受けとめながら, Durkheimの読み方をパリで確認しようと思っていたに違いない。そのことは1928年8月末にパリに到着した彼が, 11月10日付の「ソルボンヌ便り」と称する投稿記事の中でDurkheimの読み方に触れていることから推測できる。浅野は,

その便りで次のように言っている。すなわち、「Durkheim の発音が、本誌でかつて問題になり、日本では未だ一定した発音がないようですが、大体、日本の仮名にうつすとデュルカイムとするのが一番近いようです。デュルケームでは、てんでん通じません。固有名詞ですから文法的にはいかなくとも読みくせは、尊重せうるべきでしょう」。

　ブグレに師事した浅野は、デュルカイムと発音することに絶対の自信を持っていたようである。彼は1930年に日本に帰国後、コントの伝記研究に力を注ぐかたわら、「社会学徒」にいくつかの新刊紹介を投じているが、その中でもDurkheim の発音に触れている。まず、1931年（第5巻1号）で古野清人による『宗教生活の原初形態』上巻の翻訳出版の紹介文中で、古野がデュルケムと片仮名表記をしていることに対して「いうまでもなく、今や社会学の母国たるフランスにおける斯学の主流は、デュルカイム（私は、こう発音すべきであることを繰り返して言うものである）のそれである。今日のフランスの学界は、ベルクソニスムとデュルカイミスムとの二大潮流によって支配されている…」と、名前表記について古野にあえて異を唱える。次は、1932年（第6巻7号）で鈴木宗忠、飛沢謙一共訳による『自殺論』の翻訳出版の紹介文の中で、Durkheim の発音に触れている。「今日日本では多くデュルケムと書かれる慣例になっているが、これはフランス語の発音から言って正確ではない。私は彼の家族がデュルカイムと発音していると聞いたので、あくまでデュルカイムに徹する」。ここでは、浅野が最初にパリから投稿した時のデュルカイムとすることの正当性についてもう少しつっこんで指摘している。それは、「フランスで通用する」から「家族がデュルカイムと発音していたのを聞いた」というものである。こうなると、Durkheim はデュルカイムとするのがもっとも妥当ということになる。さいごにもう1篇、浅野は9号に井伊玄太郎による『社会分業論』前篇翻訳出版の紹介文の中で浅野がこれまで繰り返し主張してきたデュルカイムとする Durkheim の発音を井伊がその発音と同じデュルカイムで翻訳出版したため、「僕の主張するデュルカイムの発音を採用されている点は、はなはだうれしく思う」と、いうものである。浅野のデュル

カイム説の影響かどうかはわからないが，浅野は自分の説が受け入れられたと判断して喜んだのであろう。

　1926年出版の岩崎の著書で用いられたデュルカイム説をきっかけに，向井がデュルケアン説で執拗に異議を唱え，本田が発音で独自のヂュルケヤン説を打ち出し，1928～32年の間は，浅野がフランスで通用するのはデュルカイムと，デュルカイム説を繰り返し強調して，Durkheim の片仮名表記をめぐる論争は，「社会学徒」誌上では行われなくなる。それは，片仮名表記が統一されたからではない。どのような方向で統一されていったのかは，あとで山田吉彦の説明を述べることにして，ここで一応1920～30年当時の片仮名表記を整理すると，以下の6通りである。
　①デュルケム　　高田保馬，田辺壽利，平山高次，古野清人
　②デュルケーム　松本潤一郎，牧野英一
　③デュルケアン　向井章
　④デュルケーム　山田吉彦（1927～28年の「社会学徒」（近親婚の禁止とその起源）
　　　　　　　　　の翻訳での表記）
　⑤デュルカイム　浅野研眞，岩崎卯一，河合弘道，井伊玄太郎
　⑥ヂュルケヤン又はヂルケン　本田喜代治
　さて，Durkheim の呼称について，さいごにやや時代がとぶが，1952年に翻訳出版された『社会学と哲学』の後記に述べられた山田吉彦の説明を聞くことにしたい。

　　Durkheim の片仮名書きを私はデュルケムとしておいた。元来，この学者の名の片仮名書きはいろいろ行われている。私は，従来はデュルケームと書いていた。ケの下のーは抑揚符の印しのつもりである。しかし，本書ではそれを省いた。
　　他にデュルカイムあるいはデュルカン又はデュルキャンという書き方も散見している。そしてそれらの書き方をする学者あるいは翻訳者たちは各々彼

等が知っているフランス人たちがそう発音しているからと言って自説を持っている。これは各々の知ったフランス人がすべてこの学者の名を正しく発音しているという想定に基づいているのであろうが，この種の想定の正しさには疑問があり得よう。デュルケムの協同者たち，例えばモース，シミアン，ブーグレ等は一般にデュルケムあるいはデュルケームと発音している。ということは，デュルケム自体がかく発音していたからであろう。もっと若い知識的世代，例えばソルボンヌの大学生たちからはデュルカイムという発音を聞くことが多い。これは，これらの大学生たちは heim という語尾がフランス語的語尾ではなく，ドイツ的であるため彼等の知っているドイツ語の発音法に出来るだけ準拠してアイムと読んだためであろう。こう発音する人の数が今日ではフランス知識階級では一番多いように思う。デュルカン又はデュルキャンは Durkheim を全くフランス風に発音した場合で，これは外国語の知識や学問と関係のない人々の間に多い。とも角も私は本書ではデュルケムとしておいた。この発音の仕方を私は他人に強要するつもりはない。しかし，別な書き方がより正しいと言い得ないことは上記の通りである。

　この山田の説明はさまざまな説のなかでもっとも説得力がある。それは，山田は 1930 年代約 5 年間パリ留学時に，モースに師事したという事実と，彼がモースから直接 Durkheim の発音を確認した上でデュルケムとしていると推測されるからである。モースは，なんと言ってもデュルケムの甥である。デュルケムとモースの関係は学問的にも私的な関係でも極めて親密であったことはデュルケムの出自研究から明白である。

　昭和の初期日本においてデュルケム社会学の研究が本格的に始まると同時に生じた Durkheim の呼称論争も時間を経て，彼の呼称は今日では，デュルケムかデュルケームに落着している。名前の呼称は，本人及び本人の家族の用いた発音に従うのがもっとも妥当である。そういう点では，本人とともに生活したモースに確認した山田説に従う方向で Durkhein の呼称方法に決着がみられたようにも思わ

れる。

　1927年に創刊された社会学専門の月刊雑誌「社会学徒」誌上で展開されたDurkheimの片仮名表記をめぐる論争を中心にみてきた。積極的に論争に加わった人たちは，昭和初期日本のフランス社会学及びデュルケム社会学研究を先導した向井章，本田喜代治，山田吉彦，浅野研眞などであった。その論争での彼らのひたむきで真剣なまなざしは，当時期の日本のフランス社会学及びデュルケム社会学の興隆を想起させるに十分である。明らかにその論争は，デュルケム社会学研究史からすれば何の意味もないことがらであるが，しかしその論争が昭和初期日本のデュルケム研究の活発な活動を表す1つのシグナルであると考えれば，日本のフランス社会学及びデュルケム社会学研究史をみる上でそれなりの意味を認めることはできる。

注
1)　夏刈康男「「社会学徒」におけるフランス社会学研究」「社会学論叢」No.141, 2001. 田辺壽利は1931年に著した『フランス社会学史研究』の序文の中で，10年以前の日本ではフランス社会学研究は，軽視されていたと述べている。彼のここでの指摘から日本でのフランス社会学研究が重視され，活発に行われるようになったのは，20年代に入ってからと読みとれる。
2)　向井章「デュルケアン学徒（二）」「社会学徒」第1巻8月号，10-11頁，1927. 竹村英樹・川合隆男編『近代日本社会学者小伝』勁草書房，1998.
3)　田辺壽利『社会学的方法の規準』訳者前がき，2-3頁，創元社，1946.

資料5. その後のフランス社会学の展開

1904年にタルドが，17年にデュルケムが没した後，フランス社会学はどのような展開をみせたのか。彼らの後の20世紀のフランス社会学の動向について，2人のフランス人社会学者の見解を簡潔に紹介する。1人は，デュルケム研究でも知られるJ. デュヴィニョーで，もう1人は，『危機の諸形態』(1985年) の著書のあるP. フージェロラスである。

まず，デュヴィニョーの見解であるが，それは第2次世界大戦後のフランス社会学へのデュルケムの影響についての筆者の質問 (1989年3月14日15日パリ第7大学の彼の研究室で) に答えてくれたものである。ここに紹介する彼の見解は，その一部分を要約したものである。なお，彼の言及するギュルヴィッチに関しては，他の文献から少し補筆している。

デュルケムはヨーロッパの実証主義と科学万能主義，あるいは進歩の観念と技術の優位性が，広く蔓延していた精神世界の中で活躍した社会学者で，彼の知的勢力は彼の死とともに衰退した。その後，少なくともフランスでは，第1次世界大戦と第2次世界大戦という2つの戦争を契機に，2つの異なる勢力が生じた。

一方は，両大戦間の勢力で，これらは，いわばデュルケムの最初の弟子たちの勢力モース，アルバックス，ブグレ等であり，もう一方は，1945年 (第2次世界大戦後) 以降の勢力である。両大戦間のデュルケミアンの勢力にも，デュルケムの影響力は「社会学年報」の休刊と彼の死によって衰え始め，彼らの社会学とデュルケム社会学との間の距離は，はっきりと認められるようになった。

両大戦間にフランスの社会学者は，M. ウェーバー，マルクス，パレート，それにアメリカ社会学などに関心を強め，それらの社会学への関心の高まりに伴ってデュルケムとの距離が開いた。その傾向は，ギュルヴィッチ，それにM. ウェーバーの社会学を中心にドイツ社会学をフランスに導入したことで知られ，さらにトクヴィル，パレート研究あるいは産業社会研究，社会構造と政治体制に関する研究など幅広い研究で知られるR. アロンなどの社会学者によって第2次世界大

戦後特に促進された。従って，第2次世界大戦後のフランス社会学は，デュルケムの定量的研究，集合意識論，連帯論，アノミー論などの諸観念の重要性を認めつつも，デュルケムは1人の参考人に過ぎなくなってしまった。

第2次世界大戦後のフランス社会学は，デュルケム学派に代わってギュルヴィッチ学派が，ギュルヴィッチの死（1894-1965）まで一大勢力を誇った。

ギュルヴィッチの社会学は多元論，深さの社会学，全体性の社会学，弁証法的社会観で知られている。そして「それらの諸観念は，彼の知的カリスマ性を発揮した根拠となっている。彼は1920年ロシア革命を逃れてドイツとプラハを経て，1925年にフランスに亡命，フランスで研究活動に入り，マルクス，マルクス主義，社会的権利，革命，現象学などについて研究した。1935年にはアルバックスの後を引き継いでストラスブール大学で教職についた。現象学とマルクス主義を結び付けた彼の研究は当時，フランス知識界に新しい理論的アプローチとして当惑をもって迎えられた[1]」。さらに彼は，第2次世界大戦時ドイツ軍のフランス占領により今度はニューヨークに亡命，フランスに帰国したのは1945年で，すでに51歳になっていた。その後，彼は極めて活発な研究活動を行っている。彼の戦後の教職歴と彼の果した役割について簡単に追ってみると，フランス帰国後，1948年まで再びストラスブール大学に戻り教職についたが，その間に若い社会学者とともに国立科学研究センター（Centre National de la Recherche Scientifique）の中に社会学研究センター（Centre d'Etudes Sociologiques）を創設し，1946年にはこのC.E.S.を中心に「国際社会学雑誌」（Cahiers Internationaux de Sociologie）を創刊している。1948年にソルボンヌに専任講師で迎えられ，1951年に教授となった。この間，1948年には高等研究院，第6部門（Ecole Pratique des Hautes Etudes. Ⅵ）で責任者に選ばれ，かつ1949年にはC.E.S.のセンター長となり，彼のフランス社会学界での影響力を徐々に強める地歩を固めた。P. ボセルマンによると，特にギュルヴィッチは，1946年に創刊された雑誌 C.I.S. に掲載した「社会学の現代的課題」と題した論文によってその力を認められたという。その論文で彼は，マルクス主義，現象学，デュルケムの社会的事実，ベルグソンの生活

力説を取り上げたり，シカゴ学派の社会解体論などの考え方を取り入れながら，深さの社会学，多元論，弁証法など独自の説を開陳し，デュルケム学派の社会学決定論に代わる新しい社会学概念を提示している。1958年にはブリュッセル自由大学の学長H. ジャンヌとともに国際社会学会（Association Internationale des Sociologues de Langue Française）を創設した。

1945年以来，デュルケム学派に代わって台頭し，フランス社会学界を支配する一大勢力を誇ったギュルヴィッチ学派[2]も1968年のギュルヴィッチの死とともに衰退し，68年の学生革命とともに終息に向かった。しかし，ギュルヴィッチの弟子たち（G. バランディエ，P. アンサール，デュヴィニョー等）の多くは，その後もソルボンヌやパリ第7大学で活躍し，彼らによって社会学雑誌 C.I.S. や国際社会学会は立派に継承運営された。特に，デュヴィニョーは，知識社会学，文化社会学の分野でギュルヴィッチの流れを引き継ぎ，それらを発展されることに力を注いだ。

次に，フージェロラスのフランス社会学を見る目は，どうであろうか。彼の分析[3]に基づいて第2次世界大戦後のフランス社会学の動向を見ておこう。

フージェロラスは戦後のフランス社会学を3世代に区分している。第1世代は，戦後20年間活躍した社会学者たちで，例えばタルドとデュルケムという異なる立場に立つ社会学的観念を融合し社会心理学研究・世論研究を行ったJ. ステゼル，社会学研究の分野の中にマルクス主義を導入したH. ルフェーブル，宗教社会学のG. ル・ブラ，産業及び労働社会学のG. フリードマンとP. ナヴィル，文学社会学のL. ゴルドマン，政治社会学のM. デュベルジェ等である。

第2世代には，G. バランディエをはじめ極めて多くの人名が紹介されているが，全てをあげることができないので，ここでは彼のあげた社会学者のうち何人かの名前と専門分野だけをあげることにする。M. レドリュ（都市空間と都市計画），E. モラン（映画社会学），G. ナメ（認識社会学），J. デュヴィニョー（芸術社会学，文化社会学，イマージュの社会学），F. ブリコー（M. ウェーバー及びT. パーソンズに影響され社会構造と支配，権力の諸問題を研究），P. アンサール（認識社会学，イデオロギー

の社会学), F. イザンベル (宗教社会学), J. デュマズディエ (余暇社会学, 文明論), J. D. レイノー, M. モーリス, C. デュラン (労働の社会関係＝労働社会学), E. オンリッケーズ (組織論, 国家論), H. マンドラス (農村社会学, 農村社会学研究グループのリーダー), フージェロラス (危機の社会学) 等々である。彼らの多くは, 大学の現役を退いたり, 数年のうちに退くような年齢の世代である。フージェロラスは, さらに一群の特色ある社会学者として4人の名前をあげて次のように説明する。すなわち, 第2世代として1968年の5月革命に関連して4人の研究者が各々グループをつくり, のちにそれぞれ方法論的, 認識論的同質性から学派を形成した。その研究者[4]とは, M. クロジェ, A. トゥーレーヌ, R. ブードン, P. ブルデューである。

　クロジェは, アメリカ社会学の影響を強く受けたフランス社会学者の1人である。彼の専門は, 官僚制の研究, 組織研究で, 個々人間及び集団間の相互作用の場が組織であるという考え方に基づいて組織研究に専念した。フランスにおける組織研究のリーダーの1人である。

　トゥーレーヌは, 階級闘争とその理論研究, マルクス主義研究を手掛けている。彼の専門の1つは労働社会学であると同時に, 1965年の著書『行為の社会学』以来, 一貫して追及されている研究テーマは人間行為である。彼によると社会学の任務は, 女性, 若者, 学生, エコロジスト, 高齢者それに少数派の「社会運動」の意味をくみあげ, 科学的に研究することである。

　ブードンは, 1968年にはすでにパリ第4大学 (ソルボンヌ) の社会学の教授になっていた。彼は60年代初期にF. ラザースフェルドの助手の経験があり, 彼との共著もある。彼は, アメリカの経験的社会学を体得し, 社会的諸事実の数理的分析に専念した。社会科学方法論を専門とし, 定量的社会学の第一人者となった。1973年に出版された『機会の不平等』では社会移動をテーマに, 特に, 産業社会における教育と社会移動との関連から移動のメカニズムを解明した。そこでの彼の結論は極めて興味深い。すなわち, そこで彼は教育機会の不平等は, 主として社会的成層そのものから生じているが, 就業率が増大し, 教育機会が民主化さ

れても，それらは社会移動の構造を変える力にはならない。つまり，教育による社会移動の上昇の契機は，誰にでも保証されたものではない，より言えば，高等教育が社会移動の上昇のチャンスとはならないということを示し，フランス社会に大きなショックを与えた。

　ブルデューは，トゥーレーヌ同様，極めて難解で独自の研究スタイルとタームを用いて研究をすすめた。彼は，1958年以来，儀礼，親族，世論，国家，スポーツなど極めて幅の広い分野にわたって研究活動をし，多くの著書，論文を発表した。とりわけ，彼の学的生涯初期のアルジェリアにおける民族学的研究は，のちの彼の独自の社会学構築にとって極めて重要な意味をもっている。彼の知的伝統は，M. ウェーバー，マルクス主義，構造主義などとの関連の中に認められているが，とりわけレヴィ・ストロースの構造主義的方法はのちに批判されるものの，彼の民族学の出発点となっている。ブルデュー自身1963年のレヴィ・ストロース記念論文集に発表した論文が良き構造主義者としての最終のものであったと回想している[5]。そしてその後，人間の行為とその様式など人間生活，社会生活における時間的空間的実践の全領域を研究するためには構造主義的客観主義では限界があることに気づき，構造主義的方法を土台としつつもそれを批判し乗り越える方法論を構築することに努めた。彼の社会科学の分野での貢献は「主観主義的方法あるいは客観主義的方法のどちらか一方だけからでは社会的諸事実を十分には分析，説明し得ないし，人間行為の実践の全体を解明し得ない，という考えからそれらの対立する2つの特徴を示しかつそれだけでなく，それらの対立を脱し，より優れた方法を構築したことにある。客観主義と主観主義を同時に凌駕することは客観的分析と主観的分析を並列することではない。客観主義と主観主義とをリンクすることを問題として考えなければならない。ブルデューはそれを実際に企てたのである」[6]。そこには，科学そのものへの根源的な批判がある。

　しかし，フージェロラスは，ブルデューと彼の門人たちはグローバルな社会変動を決定する諸々の矛盾については探求していないと批判し，さらにブルデューのみならず，5月革命に関連し，その後のフランス社会学の中で特に注目された

他の3人の社会学者と各々の学派についても次のように批判的なコメントを与え，彼の属するパリ第7大学を中心とする知識社会学グループと一線を画している様子をうかがわせている。すなわち，彼ら4学派はそれぞれイデオロギー上は相違しつつも，いくらかの共通した特徴をもって組織されることもあった。共通の特徴とは，方法論上，常に進行する社会プロセスの深さと広さについての分析を放棄したこと，社会の根源にある問題の解明の不十分さ，それに社会批判の確実な放棄である。

そして，第3世代である。フージェロラスは，彼らこそ現在のフランス社会学を牽引する社会学者たちとした。彼は，第3世代の社会学者のほとんどは，前述した4人（クロジェ，トゥーレーヌ，ブードン，ブルデュー）の社会学者の外部者（時には，与する者もいるが）とみられている研究者たちである。

フージェロラスがあげた第3世代の社会学者のうち何人かの名前をあげると，政治社会学を専門とし，権力のメカニズムの解明に専念するL.スフェツ，都市問題，メディアの影響力，日常生活の研究など現代社会の諸問題に取り組むA.メダム，H. P.ジョンディ，それにM.マフェゾリ，カードル研究のL.ボルタンスキー，女性労働，家庭での女性問題に取り組むD.ケルゴアル，D.シャボン，それにスポーツを政治社会学的に究明し，新しい研究分野を開拓したJ.M.グロームなどである。中でもフージェロラスは，グロームのスポーツ，特にオリンピックの中に見出される欺瞞的なイデオロギーと金儲け主義に対する批判的研究に高い評価を与えている。

なお，スポーツなどフランスでの余暇研究ではJ.デュマズディエが有名であるが，彼によると[7]フランスの余暇研究は，G.フリードマンが1940年代に行った技術文明の研究の中に認められるという。彼はフリードマンこそ産業社会及び労働の研究から余暇について社会学的考察の重要性を若起させた最初の人で，デュマズディエ自身フリードマンの余暇研究の後継者と位置づけている。フリードマンと同世代にP.ナヴィルもやはり労働のオートメーション化の影響について研究し，労働の減少化は非労働時間を拡大してゆくとして，フリードマンと同

様，労働研究から余暇を捉えた。デュマズディエの説明によると，フランスではこの他，余暇を人間解放という視点から捉えたデュマズディエ，A. ゴルツ，マフェゾリ等の他，前述の「労働と余暇」あるいは「労働からの解放」という2つの異なる視点を融合し，さらに自由時間の拡大という面から余暇生活を研究しているJ.フーラスティエ，R.シュ，N.サミュ等がいる。

注

1) P. Bosserman, "George Gurvitch et les Durkheimiens en France, avant et après la seconde guerre mondiale" pp.111-126, *Cahiers internationaux de sociologie*, vol. LXX, 1981. ギュルヴィッチに関してはデュヴィニョーの話とともに本論文を参照している。

2) P. Bosserman, ibid. なお，彼は学派形成の基準について同論文の中で次のように提示し，それらの基準に従ってギュルヴィッチのグループが1つの学派であったことを認定している。学派形成の基準とは，①カリスマ的リーダー，知的リーダーがいること，②大学内など制度内での重要な地位の確保，③弟子集団の形成，④グループの共同性の確立，⑤出版活動，⑥リーダーの学問に対する解釈者，注釈者がいること，⑦新しい一般的概念の提示等々である。

3) D. Fougeyrollas, "Les Tendances Actuelles de la Sociologie Française" colloque Franco-Japonais de Sciences Sociales, Paris Octobre. 1985. フージェロラスの言説はすべて本論文による。

4) 「4人」に関してはフージェロラス（上記注3）の他に次の著書，論文を参照した。
　・C.Lemert, *The Champ of French Sociology* in *French Sociology*, pp.50-55, C.U.P, 1981. V.Karady, *The Prehistory of Present-Day French Sociology* in *French Sociology*, pp.33-47, C.U.P, 1981.
　・J. Duvignaud, *Anthologie des Sociologues Français Contemporains*, P.U.F, 1970.
　・R. ブードン，宮島喬訳『社会学の方法』白水社，1970.
　・R. ブードン，杉本一郎他訳『機会の不平等』新曜社，1983.
　・A. トゥーレーヌ，大久保敏彦他訳，『行動の社会学』合同出版，1974.
　・A. トゥーレーヌ，梶田孝道訳『社会学へのイマージュ』新泉社，1978.

5) P. ブルデュー，今村仁司・港道隆訳『実践感覚1』16頁，みすず書房，1988.

6) A. Accardo, P.Corcuff, *La sociologie de Bourdieu*, p.13, Le Mascaret, 1986.

7) J. Dumazedier, *Revolution culturelle du temps lible 1968-1988*, pp.256-270, M. K, 1988. ここでの余暇研究に関する論述は全て本書による。

タルドとデュルケムの年譜

	G. タルド	É. デュルケム
1797	父, P-ポール・タルド, サルラで誕生（軍人, 後サルラ裁判所判事）	
1805		父, モイーズ・デュルケム, アグノーでラビの子として誕生
1820		母, メラニー・マルクス・イジドール, シャルムでユダヤ教徒の子として誕生
1822	母, A-アリーヌ・ルー, サルラで誕生	
1835		モイーズ, エピナルにラビとして登録
1837		モイーズとメラニー, エピナルで結婚
1841	ポールとルー結婚 (両家ともサルラで古いルーツを誇る良家)	長兄ジョセフ・フェリックス誕生
1843	**ガブリエル・タルド誕生**	
1844		ラビ職, 王の勅令で公認される
1845		次兄イスラエル・デジレ誕生
1848		長姉ロジーヌ誕生（後にジェルソン・モースと結婚し, M.モースを生む）
1849		宗教局を通してデュルケム家に救済金支給（至1882年）
1850	父, 死去	
1851		次姉セリーヌ誕生
1854	母方のG.タルドの祖父, サルラ市長（至1869年） イエズス会運営の中学校入学	
1857	中学3年生となり寄宿生となる	母, メラニー刺繍店開店
1858		**エミール・デュルケム誕生**
1860	中学校卒業, 文科と理科のバカロレアに合格 エコール・ポリテクニックの進学準備 眼病のため断念	
1862	トゥールーズ大学法学部入学, 眼病再発で退学	ユダヤ教会堂の設置を市当局が認める
1863	眼病のため哲学を独学で勉強始める	
1865	パリ大学法学部入学, 眼病で退学	

1866	眼病のためパリからロックガジェアックに戻る	
1867	サルラ裁判所判事書記助手として就職	
1868		ラビ小学校入学
1869	同上　判事補	
1870		律法教戒師資格試験合格
1871		公立中学校に入学
1872		M.モース誕生
1873	リュフェクで検事代理	
1874		文科バカロレアに合格
1875	サルラで予審判事	理科バカロレアに合格
1876		エコール・ノルマル・シュペリュール進学のためパリへ
1877	マルテ・バルディ・ドリスルと結婚（フィレンツェ，ローマに新婚旅行）	
1878	長男（ポール）誕生	
1879		エコール・ノルマル・シュペリュール入学，ユダヤ教棄教
1880	二男（アルフレッド）誕生	
1882	イタリア犯罪学派に接触	哲学教授資格試験合格，リセ哲学教授となる
1885	三男（ギィローム）誕生 仏革命で失った貴族の称号復活 （de Tardeと名のることができる）	
1886		前期半年間ドイツ留学 モース一家とデュルケムの父母がエピナル・ファール街で同居始める
1887		ボルドー大学文学部講師就任 ルイズ・ドレフュスと結婚
1888		長女（マリー）誕生
1891	母，ロックガジェアックで死去	
1892		モース，ボルドー大学入学，ユダヤ教棄教 長男（アンドレ）誕生

1894	司法省統計局長就任	ボルドー大学文学部助教授
1895	パリ社会学会会長 レジョン・ドヌール勲章受ける ロシア，ヴェネズエラからも受勲	父，エピナルで死去
1896	政治科学自由大学，社会科学自由学院で講義を担当	ボルドー大学文学部教授
1898		「社会学年報」創刊，フランス人権同盟ボルドー支部を組織
1900	コレージュ・ド・フランス教授就任 哲学分野のアカデミー会員	
1902		パリ大学文学部教育科学講師就任
1904	パリで死去（5月12日，61歳2ヵ月）	
1906		ボルドー大学名誉教授 パリ大学文学部教授
1907		レジョン・ドヌール勲章受ける
1913		パリ大学文学部で初めて社会学講座創設され担当
1915		長男アンドレ戦死
1917		パリで死去（11月15日，59歳7ヵ月）

あとがき

　G.タルドへの関心は，それほど古くから持っていた訳ではない。たまたま，日本へのフランス社会学の導入過程に関心を持ち，昭和初期に発行された雑誌，「社会学徒」(昭和2〜19年発行)を調べていて，河合弘道の著した「G.タルド伝」と題する論文に出合ったのが，タルドに強い関心を持つきっかけになった。

　近年，社会学史のテキストの中にはタルドを取りあげない著書もある。これは，日本だけでなくフランス本国においても同様の傾向が見られる。例えば，1992年にラルース社から出版された，社会学史上に残る世界の38名の社会学者を取りあげ，彼らの主著のエッセンスを紹介した分厚いテキストにも，タルドは出ていない。最早，タルドは忘れられた社会学者になってしまったのか。

　そうした状況の中にあって，タルドの文献や資料を収集することは相当難しいと覚悟した。しかし，近年になってフランスで彼への関心を高めるような，タルドの著した出版物が続々と復刊され始め，思いのほか彼の出版物は順調に集めることができた。入手困難と思われた彼の雑誌論文に関しては，フランスのアジャンにある国立刑務行政大学校のガブリエル・タルド・メディアセンター（Médiathèque Gabriel Tarde）が，大きな役割をはたしてくれた。彼の雑誌論文の多くは，そこのWebサイト（www.enap.justice.fr）で入手できた。そうした状況から鑑みると，今後タルド研究が活況を呈するのは必然である。

　本書のタイトルは，「タルドとデュルケム」としてあるが，軸は，タルドがどのようにして社会学者となったのかを彼の個人史，生活史，研究史を通して解明することにある。あくまでもタルドを中心に置きつつ，デュルケムは部分的に登場させて，2人の違いを示すことに努めた。タルドの社会学者へのパルクール（道程）を明らかにする上で，なぜデュルケムを引合いに出したのか。それは，タルドについて調べてゆくうちに2人の学問的な相違だけでなく，ほぼ同じ時代に生きた2人の間の決定的な違いに興味を持ったことに始まる。それは，たわいもな

いことであるが，私にとっては2人を検討してゆく上で重要なきっかけになった。たわいもないきっかけとは，タルドには，いくつもの詳細な伝記研究があり，彼の生活史，個人史，家族史については簡単に知ることができたことである。デュルケムについてのまとまった伝記研究はなく，彼の生活史，個人史等々は，自分自身で彼の誕生地や赴任地に時間をかけて，こつこつと調べ上げなければならなかった。なぜ，タルドには詳細なそうした研究があり，デュルケムにはないのか。その要因を私は，ブルデューの説くディスタンクションにヒントを得て，2人の出自の差に求めて考えてみた。そして，その差は2人の社会学の研究史にもかさなると考えてみた。こうしたたわいもないきっかけからタルドの社会学者へのパルクール解明に，デュルケムを引き合いに出しつつ考察することにしたのである。

　タルドの生まれ故郷のサルラと彼の社会学を生み出したロックガジェアックには，何度か訪問し，そのたびに市立古文書館の係員 Guy Bayrand 氏や市立図書館の係員の人たちに大変お世話になり，G. タルド家の子どもたちの出生証明書や伝記等々貴重な資料の提供をしてもらった。アジャンのタルド・メディアセンターの Jack Garçon 氏にも，非常に貴重なタルドの研究資料の提供を受けたり，情報を与えてもらった。今，私の研究室には，タルドが受けたレジョン・ドヌール勲章の証書の複製品が飾ってある。それは，J. ギャルソン氏の厚意によるものである。因みに，本書に掲載したタルドとデュルケムのポートレートは，タルド・メディアセンターで撮影させていただいたものである。サルラもロックガジェアックもアジャンもパリから遠く，そう気楽に行くことはできない。とりわけロックガジェアックは電車やバスといった簡便な交通手段のない山間の村で，そこに行くだけでも大変であるが，現地のそうした人たちのお陰でかけがえのない研究資料を収集することができた。改めて彼らに感謝したい。

　さいごに，本書は，これまで発表した論文を土台にしている章もある。いずれも大幅に修正したり，書き改めているが，ここに初出を一覧する。
第1章＝タルド社会学へのバイオグラフィカルアプローチ（「社会学論叢」第155

号，日本大学社会学会，2006年）
第2章＝タルド社会学の形成過程研究（「社会学論叢」第158号，日本大学社会学会，
　　　2007年）
第3章＝タルドとデュルケムの争い（「社会学論叢」第161号，日本大学社会学会，
　　　2008年）
第5章＝デュルケム社会概念の研究（「社会学論叢」第85号，日本大学社会学会，
　　　1982年）
　　　デュルケム社会学における社会的結合の諸観念（「研究紀要」第29号，日
　　　本大学人文科学研究所，1984年）
第6章＝19世紀フランスにおけるカトリック社会学の台頭とその観念（「社会学論
　　　叢」第82号，日本大学社会学会，1981年）

　タルド及びデュルケムの生活史や研究史をまとめるに当ってこだわったのは，現地を知ることと，でき得る限り現地を踏査して第1次資料や情報を直接入手することであった。そのために，海外出張の機会を与えてくれた日本大学に感謝するとともに，家族にも感謝したい。

　　　　　　　　　　　　　　　　　　　　　　　　　　　著　者

索　引

あ 行

浅野研眞　180, 186, 193, 197
アノミー論　199
アムラン, O.　152
アルバックス, M.　198
アルファン, E.　176, 177
アロン, R.　198
アンサール, P.　167, 200
井伊玄太郎　194
異常　91
イズレ, J.　104
イタリア犯罪学派　19, 20, 40, 44
一種独特の実在　113
逸脱　95
一般性　97, 115, 116
遺伝　67, 68
稲葉三千男　4, 17, 24
岩崎卯一　188, 189
ウェスターマーク, E.　79
ウェーバー, M.　58, 99, 198, 202
ウォムルス, R.　23, 74, 75, 79, 80, 85, 98, 101, 139, 188
ヴント, W. M.　33, 112
エスピナス, A.　16, 32, 37, 38, 47, 60, 79, 98, 99, 103, 104, 166, 175
エンゲルス, F.　30
大野道邦　24
オンメエ, V.　118

か 行

外在性　114, 115
会話の社会学　78, 80
革新　60
カースト制　123, 124
家父長制家族　160, 163, 158
ガロファロ, R.　19, 28, 31, 36, 40, 55
ガロワ, L.　15
河合弘道　23
観察法　158
慣習行動　132
環節型社会　87, 88, 127
機械的連帯　126, 127
機能論　96
ギュルヴィッチ, G.　101, 116-118, 167, 198
教育機会の不平等　201
クルノー, A. A.　8-10, 12, 24, 34, 107
　──説　36
　──哲学　22
クロジェ, M.　201
軍事型社会　16
群集　142, 143, 145
　──心理　86, 145
　──心理学　143
　──の時代　146
グンプロヴィッチ, L.　98
形而上学的社会学　18, 57, 64
ゲゼルシャフト　99
結合　62
　──の異常形態　123, 124
　──の事実　119, 126
結社の犯罪　142
ゲデス, P.　161
ケトレ, L. A. J.　30
ゲマインシャフト　99
ゲリィ, A. M.　30
現象学　199
行為様式　113, 118
鉱山学校　156
公衆　144-149, 151, 155
　──の時代　146
口述記録　49
拘束性　114, 115
拘束的分業　123, 124
護教論　162, 165, 167

国際協会　181-183, 186
国際実証学会　186
国際社会学派　79, 80
国際社会学会　98
個人源泉説　78
個人主義的社会学　62, 64, 74, 80, 82
個人的行為の連鎖の束　58
個人的創意　39, 60, 81
個人の行為論的観念　123
個人表象　120
コッラ, E.　181, 182
固定的分業　124
古典的犯罪学　28, 31
小林珍雄　24
コント, A.　8, 10, 11, 15, 80, 112, 166, 179

さ　行

催眠状態　56, 62
催眠の連鎖　63
サヴォワ, A.　161, 167, 168
産業型社会　16
サン・シモン　166, 167, 184
3段階の法則　11
シェイソン, E.　161
シェフレ, A.　16, 22, 32, 33, 35, 159
自殺の社会要因説　37
実験心理学　112
実在論　94
実証科学　64, 112
実証学派　28
実証学会　180, 182, 185, 186
実証主義　10, 11, 162, 183, 198
　──社会学者　10
　──哲学　10
自発的行為論　133, 134
清水幾太郎　185, 186
ジャーナリズム　144, 146, 147
社会悪　162, 163
社会意識調査　21
社会移動　201, 202
社会化　115
社会改良　162, 164, 166
社会学主義的社会学　48, 66, 82, 107

社会学年報　i, 82, 106, 152, 176, 188, 198
社会環境説　43
社会環境派　43
社会経済学会　157, 160
社会原因派　44
社会構造　124, 129
社会拘束説　81, 112, 120, 150
社会実在論　32-34, 39, 46, 65, 70, 73, 84, 93, 101, 116, 121, 159
社会的カトリシズム　164
社会的環境　42
社会的基体　117
社会的結合　118
社会的事実　33, 57, 58, 64, 66, 90, 92, 93, 112, 113, 116, 117, 150, 151, 156, 160
　──の結晶化　118
社会的不健康　96
社会統計　10
社会病理現象　96
社会有機体説　16, 32, 38, 48, 62, 74, 75, 80, 85, 101, 104
社会有機体論者　159
ジャネ, P.　15
シャンビジュ事件　48-50
宗教性　128
集合意識　118, 127-130
　──論　96, 199
集合生活　68, 72
集合的精神　74, 120, 121, 142, 143
集合意識論　126, 199
集合表象　120
集合率　116
集団への愛着　122, 123
シュッツ, A.　49
ジュリアン, C.　15
純粋社会学　56
ジョレス, J.　14, 15, 118, 152, 177
進化の原理　16
心間社会学　64, 83, 94, 107
人権同盟　177
人種　67
深層社会学　116, 118
信念と欲望　21, 59, 94, 100

新聞　144
ジンメル, G.　79, 99
心理学的社会学　1, 13, 21, 28, 48, 56-58, 64-66, 82, 83, 85, 107
心理的群集　87
人類教　181, 183, 184
　　――チャペル　181, 185, 186
スティグマ　95
頭脳間関係　81
スペンサー, H.　15, 16, 23, 32, 38, 39, 80, 104, 112
生活の結晶化　117
正常　91, 94
　　――現象　92-94, 101
精神異常　67
生得者（criminel-né）犯罪理論　28
生物学的アナロジー　32
生物学的決定論　40
生来性犯罪者説　42
精神間心理学　94, 107
世俗的道徳　166, 167
全体的社会事実　101, 117
創造的行為論　80
贈答制　101
測定可能な量　57
組織集団　142, 143
ゾラ, E.　147, 151

　　　た　行

タイラー, E. B.　79
対立の法則　75, 76
田辺壽利　11, 188, 190, 191
中間集団　142
直系家族　159, 160, 163
　　――制　164
円谷弘　193
定量的研究　199
適応の法則　75, 76
デモクラシー　103
デュ・マルサム, P.　161
デュヴィニョー, J.　198, 200
デュプラ, G.　79
デュマズディエ, J.　203

デュルケム, A.　108
デュルケム学派　46, 66, 82
典型的な家族　158
伝染　36, 71
テンニース, F.　78, 98
伝播　36
トゥールヴィユ, H.　161
トゥーレーヌ, A.　201
闘争の外在的諸条件　124, 125
道徳性　35
道徳的結合　121, 122
道徳的個人主義　129, 153
　　――観　166
道徳的養育力　120, 121
道徳統計　34
ドゥモラン, E.　161
トクヴィル, A.　15, 164
閉じた社会　103
ドレフュス事件　75, 106, 139-141, 147-149, 177

　　　な　行

内藤莞爾　92
根株家族　159, 160
ノヴィコフ, J.　79
脳間社会学　64

　　　は　行

バカロレア　5
パーソナリティ形成の歴史的解明　49
パーソナリティの形成　81
発明　59, 100
ハビトゥス　132
パラメーター　124, 136
バランディエ, G.　200
パレート, V.　198
反教権　165
　　――主義　162
反教権思想　47
犯罪社会学　28, 29
犯罪人類学派　28
犯罪模倣説　36
反道徳性　35

反復の法則　75
反ユダヤ主義　140, 147, 149, 151, 153, 155, 176, 177
　——運動　3, 6, 17, 148, 150, 154
微視的・巨視的両社会学　157
ピナテル　30
ビュイッソン, F.　47, 103
病態　91
病的社会状態　90
病理現象　92, 93
開いた社会　103
不安定家族　158, 160, 163
フイエ, A.　22, 79
不易性　96, 97
フェルリ, E.　19, 28-31, 36, 40, 55, 98
フォコンネ, P.　47
ブグレ, C.　47, 65, 66, 104, 150, 152, 198
フージェロラス, P.　198, 200
不条理な環境　5
ブース, C.　161
ブトルー, E.　16
ブードン, R.　39, 58, 201
フュステル・ド・クーランジュ　16
ブラウ, P. M.　124, 136
ブーランジズム　148, 149
フランス学派　39
フランス人権同盟　152
フランス犯罪学派　19
フリードマン, G.　203
ブリュンティエール, F.　99, 152, 153
ブルーノ, F.　15
ブルデュー, P.　58, 132, 201, 202
プルードン, P. J.　167
古野清人　194
分業　129, 130
　——の病理形態　123, 124
ヘーゲル, G. W. F.　11, 12
ベナール, P.　64
ベリオ, R. P. A.　164
ベール, H.　15
ベルグソン, H.　15, 75, 102, 103, 105, 188
方法的個人主義　58
ポトラッチ　101

本田喜代治　184, 192, 197

ま　行

マルクス, K.　30, 198
向井章　186, 192, 197
夢遊病　61-63
名目論　94
メーヌ・ド・ビラン　7, 8, 19
モース, M.　100, 101, 104, 105, 117, 118, 186, 196, 198
モーニエ, R.　79
モノグラフ調査　78, 158, 160, 161
模倣　34, 35, 61, 63, 68-73, 89, 92
　——的伝染　61
　——伝染論　35
　——の観念　37
　——論　35, 37, 59
モルセッリ, E.　36

や　行

山下雅之　182
山田吉彦　195-197
有益性　96, 97
優越性　115
有機的社会　88
有機的連帯　126
世論　144, 145, 147, 149, 150, 155

ら　行

ライプニッツ, G. W.　18
ラカサーニュ, A.　19, 20, 41-45, 49, 89, 175
烙印付け　95
ラピ　47, 66
ラフィット, P.　180-183, 185
ラベリング　95
ラルマン, M.　139
リアール, L.　99, 102
リシャール, G.　47, 82, 83
リトレ, E.　182, 183
リボー, T.　15, 20, 21, 99, 102, 104, 112
理由動機　49
リヨン学派　43

リリエンフェルト, P. v.　98
ル・ボン, G.　86, 87, 143, 146
類似　60, 61
ルークス, S.　119
ルナン, J-E.　15
ル・プレー, F.　78, 139, 155
　──学派　139, 160
レヴィ・ストロース, C.　101, 202

レヴィ・ブリュール　99, 101
連帯論　199
ロンブローゾ, C.　19, 28-31, 36, 40, 42, 43,
　　45, 55, 151

わ　行

和辻哲郎　56, 83

著者紹介

夏刈　康男（なつかり　やすお）

日本大学文理学部教授，博士（社会学）

主要著書
『社会学者の誕生』恒星社厚生閣　1996年（単著）
『人間生活の理論と構造』学文社　1999年（共著）
『家族からみる現代社会』八千代出版　2000年（編著）
『児童虐待・DV ―その事例と対応』八千代出版　2003年（編著）
『デュルケーム社会学への挑戦』恒星社厚生閣　2005年（編著）
『日仏社会論への挑戦』恒星社厚生閣　2005年（編著）
『不確実な家族と現代』八千代出版　2006年（共著）

タルドとデュルケム
――社会学者へのパルクール――

2008年4月1日　第1版第1刷発行
2013年4月1日　第1版第2刷発行

著　者　夏刈　康男

発行者　田中　千津子　〒153-0064　東京都目黒区下目黒3-6-1
電話　03（3715）1501 ㈹
FAX　03（3715）2012
発行所　株式会社　学文社　https://www.gakubunsha.com

© 2008 NATSUKARI Yasuo Printed in Japan　印刷／新灯印刷

乱丁・落丁の場合は本社でお取替えします。
定価は売上カード，カバーに表示。

ISBN978-4-7620-1745-2